Führend innovieren

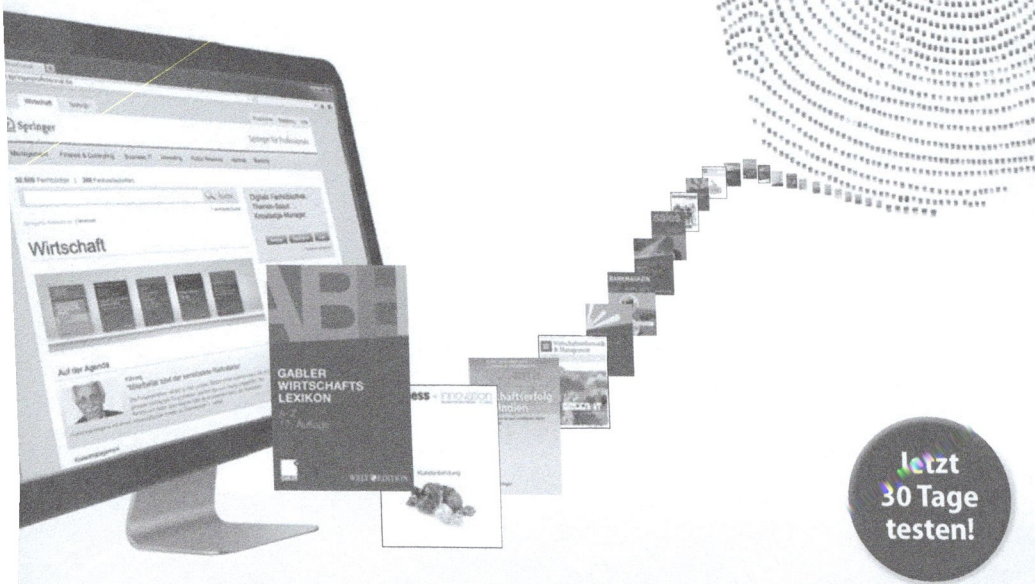 

Werner Seidenschwarz
Friedrich Nitschke
Wolfgang Plischke
Siegfried Russwurm

Führend innovieren

 Springer Gabler

Werner Seidenschwarz
Starnberg
Deutschland

Wolfgang Plischke
Köln
Deutschland

Friedrich Nitschke
München
Deutschland

Siegfried Russwurm
München
Deutschland

ISBN 978-3-658-05467-0   ISBN 978-3-658-05468-7 (eBook)
DOI 10.1007/978-3-658-05468-7

Die Deutsche Nationalbibliothek verzeichnet diese Publikation in der Deutschen Nationalbibliografie; detaillierte bibliografische Daten sind im Internet über http://dnb.d-nb.de abrufbar.

Springer Gabler
© Springer Fachmedien Wiesbaden 2015

Springer Gabler ist eine Marke von Springer DE. Springer DE ist Teil der Fachverlagsgruppe Springer Science+Business Media
www.springer-gabler.de

Vorwort

Innovation ist Pflicht. Sie ist überlebenswichtig, wenn wir als Unternehmen und als Volkswirtschaft unseren Wohlstand auch für die nächsten zehn, fünfzehn und mehr Jahre bewahren wollen. Gerade weil sich die Welt um uns herum so rapide verändert, brauchen wir selbst den Willen zu ständiger Erneuerung. Andernfalls werden unsere alten und neuen Mitbewerber schon dafür sorgen, dass wir uns anders und gravierender verändern als uns lieb ist.

Markterfolg entsteht entweder durch günstige Preise oder dadurch, dass man besser ist, höhere Qualität und – das heißt in der Regel auch – das innovativere Produkt bietet. Der erste Weg scheidet für Deutschland in den meisten Fällen aus. Es gibt kaum ein Produkt oder eine Dienstleistung, das/die in der globalisierten Welt nicht irgendjemand anders zu besseren Preisen anbieten könnte als wir. Wenn wir also Erfolg haben wollen, dann gilt der Satz, den die Kanzlerin gerne zitiert: „Wir müssen so viel besser sein wie wir teurer sind."

Der Schlüssel für dieses „besser sein" liegt in der Innovation. Wir Unternehmen haben dies wegen des intensiven Wettbewerbs mit den weltweiten Konkurrenten lange erkannt. Bei Produkten, Methoden oder Markterschließungen sind viele – gerade auch Mittelständler – innovativer, mutiger und oftmals erfolgreicher. Und das übrigens seit Jahrzehnten, sodass viele deutsche Weltmarktführer ihre Position seit langer Zeit verteidigen konnten.

Gesamtgesellschaftlich jedoch scheint der Wille, sich Neuem zu öffnen, eher zurückzugehen. Bei neuen Großprojekten – Flughäfen, Bahnhöfen und dergleichen mehr – ist der Chor der Kritiker regelmäßig lauter als die Befürworter. Bei neuen Technologien stehen durch die Bank zuerst die Risiken im Zentrum der öffentlichen Diskussion, nicht die Chancen. Und auch die Tatsache, dass die Venture-Capital-Kultur in Deutschland bei Weitem nicht so ausgeprägt ist wie andernorts, kann man als Symptom einer gewissen Innovationsscheue lesen.

Sind wir ein Land der Angsthasen geworden? Ein Land, in dem viele sich in ihrer jeweiligen „comfort zone" allzu behaglich eingerichtet haben? Vor allem eines, in dem die Freude am Neuen, am Entdecken und Erneuern zu verkümmern droht? Ein Land, in dem der Mut zum Ausprobieren von Neuem sich auf das Herunterladen von Smartphone-Apps beschränkt?

In jedem Fall ist die Notwendigkeit größer, Innovationen zu erklären und für sie zu werben. Mehr denn je gilt heute: Innovation braucht Führung. Sie braucht Menschen, die von der Kraft neuer Ideen begeistert sind und dafür eintreten. Sie braucht Persönlichkeiten, die selbst Ideen haben und andere davon überzeugen. Persönlichkeiten auch, die in ihrem Umfeld die Voraussetzungen für Innovation schaffen. Menschen also, die für das Prinzip Innovation leben. Um solche Menschen geht es in diesem Buch.

Ditzingen, im Juli 2014   Dr. Nicola Leibinger-Kammüller

Einleitung

In den 25 Jahren der täglichen Arbeit mit und in Unternehmen der internationalen Innovationspraxis durfte ich eine Vielzahl von außergewöhnlichen Unternehmern und Führungskräften kennenlernen, in deren Leben das Innovieren eine große Rolle spielte – und wohl auch immer spielen wird. Hinter jeder dieser Persönlichkeiten, egal ob sie deutscher, amerikanischer, chinesischer oder anderer Herkunft waren, stehen eine Menge faszinierender Geschichten.

Einige dieser innovativen Persönlichkeiten haben in ihrem unternehmerischen Alltag im Laufe der Jahre zusätzlich den Spaß am Führen entdeckt: Sie waren nicht nur selbst innovativ, sondern führen heute auch diese innovativen Unternehmen oder bedeutende Bereiche davon. Dahinter versteckt sich die eine Bedeutung des Buchtitels „Führend innovieren".

Die zweite Bedeutung liegt in der Tatsache begründet, dass es sich bei den Unternehmen, die hinter den an diesem Buch beteiligten Führungspersönlichkeiten stehen, um Unternehmen mit einer langjährigen Tradition im „Führend innovieren" handelt – diese Firmen stehen dafür seit vielen Jahrzehnten, in einem Fall für nun fast 100 Jahre (BMW), in zwei Fällen sogar seit über 150 Jahren (Bayer und Siemens).

Welche Personen und welche Unternehmensverständnisse sorgen dafür, dass solche Erfolge so nachhaltig gelingen können? Vielleicht kann man als Leser nach dem Lesen dieses Buches ein klein wenig besser nachvollziehen, warum es gerade in diesen Unternehmen über eine so lange Zeit so gut funktioniert.

Die Zeitläufte wollten es, dass ich drei außergewöhnliche Führungskräfte im Wirkungskreis unseres Unternehmens – in gemeinsamen Projekten, Veranstaltungen und/oder im Meinungsaustausch über die Jahre hinweg – etwas näher kennenlernen durfte. Alle drei stehen für das „Führend innovieren".

So entstand die Idee zu diesem Buch – einem Buch, das vielleicht etwas anders ist als sonst üblich. Alle Beteiligten haben in ihrem bisherigen Leben bereits Außergewöhnliches geleistet. Was gibt es da Schöneres, als sich einmal die Zeit zu nehmen, sich ganz in Ruhe ein paar Mal zu treffen und über ausgewählte Facetten des Führens und Innovierens zu unterhalten? Und so soll auch das Buch sein. Es soll sich leicht lesen lassen. Man sollte es an einem langen Abend, einer langen Zugfahrt oder auf einem Überseeflug nicht mehr weglegen wollen.

Diejenigen, die sich mit dem Thema „Führend innovieren" in ihrem Alltag beschäftigen, sollen sich „einfach" durch ein Buch lesen können, um den ein oder anderen Gedanken spiegeln zu können und/oder auf den ein oder anderen Gedanken für den eigenen Unternehmensalltag zu stoßen. Diejenigen, die zwar innovieren, aber nicht oder noch nicht führen, sollen ein Gefühl dafür bekommen, „was mit ihnen passiert". Denjenigen, die sich bisher nicht so sehr mit dem Thema „Führend innovieren" auseinandergesetzt haben, soll es leicht gemacht werden, sich mit diesem Thema befassen zu können. Und diejenigen, die noch vor oder am Beginn ihres Berufslebens stehen, werden vielleicht eine erste Idee bekommen, wie facettenreich, anspruchsvoll und – gerade deshalb – kurzweilig das Innovieren ist.

Es ist vielleicht ein etwas verwegener Versuch, den Anspruch des einfachen Verstehens mit einem Gespräch mit Führungskräften zu verknüpfen, die in ihren Unternehmen eher komplexe Produkte und Kundenlösungen verantworten. Denn hinter den dazugehörigen Innovationen verstecken sich typischerweise jede Menge anspruchsvoller Technologien. Auch die daraus entstehenden Leistungen sind nicht „einfach" an die Kunden zu „verkaufen", sondern werden typischerweise aus komplexen Kundenumfeldern heraus entwickelt und sind dorthin dann auch wieder komplex zu vermarkten.

Aber ist es nicht diese Art von Unternehmen, Menschen, Produkten und Technologien, die den Reichtum unseres Landes zu einem wesentlichen Teil mit ausmachen? Und kann es sein, dass man mit diesem Themenkreis in der Allgemeinheit vielleicht noch vertrauter sein könnte, als es heute schon der Fall ist?

Umso mehr ist es den Partnern dieses Buches zu danken, dass sie immer entspannt und unkompliziert in die Gespräche gingen und daraus sehr kurzweilige und unterhaltsame Stunden wurden.

Auf dass es Ihnen, liebe Leserin und lieber Leser, auch so ergehen möge!

Solch ein Buch entsteht sowohl durch die Autoren als auch durch einen erweiterten Personenkreis, der ganz wesentlich zum Gelingen beigetragen hat.

Mein besonderer Dank gebührt zuallererst Herrn Dr. Nitschke, Herrn Professor Plischke und Herrn Professor Russwurm für ihr Mitwirken an diesem gemeinsamen Projekt. Jedes Treffen war erfrischend, unkompliziert, anregend und von einer äußerst angenehmen Atmosphäre geprägt.

Ebenso möchte ich ganz besonders den Herren Kranz, Ratz und Feist vom project i-Team von BMW für ihren Beitrag danken.

Gleiches gilt für das Unterstützerteam der Autoren. Dabei seien aus der Vielzahl der Beteiligten auf Seiten der drei Mitautoren – stellvertretend für viele – besonders Herr Dr. Brauer, Herr Dr. Meier sowie die Herren Odoj und Büdel hervorgehoben. Und ein besonders herzlicher Dank gebührt Herrn Dr. Bieringer, der bei der Geburt des Werkes mit großem Engagement wesentlich dazu beigetragen hat, die Voraussetzungen dafür zu schaffen. Seitens der Seidenschwarz & Comp. gebührt der herzliche Dank meinem Geschäftsführerkollegen Dominik Veit als wiederkehrendem Sparringspartner entlang des Buchprozesses sowie unserem Unterstützungsteam hinter den Kulissen, das den Entstehungsprozess auch über die Gespräche hinaus immer am Laufen gehalten hat.

Bücher von Autoren aus der Unternehmenspraxis entstehen eigentlich immer abends und an Wochenenden. Deshalb erlaube ich mir, stellvertretend für alle Autoren, auch allen Familien der Autoren den allerherzlichsten Dank für ihre Unterstützung und ihre Nachsicht auszusprechen.

Auf Seiten des Springer-Verlages gilt unser aller Dank Frau Juliane Wagner, die unsere Projektabsicht von Beginn an vollumfänglich unterstützt und immer bereichernd und unkompliziert begleitet hat.

Starnberg, im Juni 2014 Prof. Dr. Werner Seidenschwarz

Inhaltsverzeichnis

1   Vom Glück in Krisenzeiten bis zur Gefahr der Austauschbarkeit ...   1

2   Wiederkehrend innovieren – sich selbst immer wieder neu erfinden ...   15

3   Strategische Leitplanken für das Innovieren   39

4   Innovieren in Regionen und alte Denkmuster brechen   53

5   Innovation ist, wenn es dem Kunden nützt   69

6   Das Umsetzen einer Innovationsstrategie am Beispiel des
BMW project i   79

7   Wer innoviert und wie führt man die Innovationsorganisation?   95

8   Welche Rolle spielen Tools beim Innovieren?   127

9   Kunden warten nicht auf jede Innovation   147

10   Wird alles immer kopierbarer?   153

11   Woher kommt der Nachwuchs?   157

12   Innovationen ohne Grenzen?   163

13   Epilog   167

Die Autoren

 **Dr. Friedrich Nitschke** ist Geschäftsführer der BMW M GmbH, Gesellschaft für individuelle Automobile. Als Tochtergesellschaft der BMW Group ist die BMW M GmbH für das Angebot von M Automobilen, M Performance Automobilen, M Sportpaketen, BMW Individual, Sicherheits- und Einsatzfahrzeugen sowie der BMW Driving Experience verantwortlich.

In seinen 36 Jahren Tätigkeit für BMW war er unter anderem Vice President Inhouse Consulting für das Entwicklungs- und Produktionsressort und Senior Vice President Strategie, Ziele und Prozesse im Entwicklungsressort. Zusätzlich war er verantwortlich für die Forschung sowie die Entwicklungsstandorte in USA, China und Japan.

2007 wurde Friedrich Nitschke zum Senior Vice President der Modellreihe MINI ernannt, bevor er 2011 Geschäftsführer der BMW M GmbH wurde.

Sein Wirtschaftsingenieurstudium absolvierte Friedrich Nitschke an der Hochschule für angewandte Wissenschaften in Würzburg und promovierte 1998 an der Universität Rostock zum Thema „Markt- und prozessorientiertes Kostenmanagement von Entwicklungsvorhaben im Automobilbau".

Prof. Dr. Wolfgang Plischke war bis April 2014 Mitglied des Vorstands der Bayer AG.

Die Bayer AG erwirtschaftet mit ihren drei selbständigen Teilkonzerngesellschaften Bayer Crop-Science, Bayer HealthCare und Bayer Matieral-Science international auf den Gebieten Pflanzenschutz und Saatgut, Gesundheit sowie mit hochwertigen Materialien einen Jahresumsatz von rund 40 Mrd. €.

Im Rahmen seiner 34-jährigen Tätigkeit im Konzern durchlief Wolfgang Plischke eine Reihe von Positionen innerhalb der Gesundheitssparte des Konzerns, die heute Deutschlands größtes Pharmaunternehmen und weltweit die Nummer zwei im Markt der nicht verschreibungspflichtigen Medikamente ist. So verantwortete er das Gesundheitsgeschäft von Bayer in Japan und war vor seiner Berufung in den Vorstand unter anderem Leiter der Pharmasparte von Bayer HealthCare, zunächst für die USA und zuletzt mit globaler Verantwortung.

Als Vorstandsmitglied des Konzerns war Wolfgang Plischke für die Bereiche Technologie, Innovation und Nachhaltigkeit zuständig und betreute die Region Asien/Pazifik. Vor seinem Eintritt in den Bayer Konzern 1980 studierte er Biologie an der Universität Hohenheim und promovierte dort im Bereich Pflanzenphysiologie am Institut für Genetik.

Seit 2011 ist Wolfgang Plischke Honorarprofessor für Wirtschaftchemie an der Ludwig-Maximilians-Universität München. Er ist Vorsitzender des Aufsichtsrats der Evotec AG, Mitglied im Universitätsrat der Universität Hohenheim und im Beirat verschiedener Forschungsinstitute. Darüber hinaus ist er im Vorstand der Robert-Koch-Stiftung und im Kuratorium der Bayer Science & Education Foundation tätig.

Prof. Dr. Siegfried Russwurm ist Mitglied des Vorstands der Siemens AG und Chief Technology Officer und Personalvorstand des Unternehmens. Als einer der weltweit führenden Industriekonzerne liefert Siemens innovative Produkte, Technologien und Lösungen in den Bereichen Industrie, Energie, Gesundheit, Infrastruktur und Städte.

Seine 22-jährige Tätigkeit für Siemens begann Russwurm als Fertigungsplaner und Projektleiter im Bereich Medizinische Technik. Es folgten zahlreiche zentrale Führungspositionen in Deutschland und Schweden, darunter die Leitung des Geschäftsgebiets Motion Control Systems.

Ab 2006 war Siegfried Russwurm Mitglied des Bereichsvorstands von Siemens Medical Solutions. 2008 wurde er als Leiter Corporate Human Resources und Arbeitsdirektor in den Vorstand der Siemens AG berufen. 2010 übernahm Siegfried Russwurm die Leitung des Sektors Industry. 2014 wurde er zum Chief Technology Officer und Leiter Corporate Technology benannt und übernahm zusätzlich als Personalvorstand erneut die Leitung von Corporate Human Resources. Zudem ist er im Siemens-Vorstand verantwortlich für die Regionen Mittlerer Osten und Russland/GUS.

Sein Studium der Fertigungstechnik absolvierte Russwurm von 1983 bis 1988 an der Universität Erlangen-Nürnberg. Anschließend war er dort als wissenschaftlicher Mitarbeiter am Lehrstuhl für Technische Mechanik tätig und promovierte.

Seit 2009 ist er Honorarprofessor für das Fachgebiet Mechatronik an der Universität Erlangen-Nürnberg. Russwurm ist außerdem Mitglied des Aufsichtsrats der Deutsche Messe AG.

 **Prof. Dr. Werner Seidenschwarz** ist geschäftsführender Gesellschafter der Seidenschwarz & Comp. GmbH, Starnberg, einem Unternehmen für Management Consulting mit den Schwerpunkten Strategie, Innovation und Vertrieb.

From idea to value® unterstützt er mit seinem Team Technologieunternehmen in ihren internationalen Märkten dabei, Strategien zu erarbeiten und zu implementieren, profitable Produkte und Kundenlösungen mit den dazu passenden Vertriebsmodellen zu entwickeln und Geschäftsmodelle und Strukturen neu auszurichten. Neben der Projektarbeit an sich stehen die Prozessführung von erfolgskritischen Durchbruchsprojekten, die Moderation von Groß-, Klein- und Mehrgruppen sowie das Team-Coaching von Veränderungsprojekten im Mittelpunkt seiner Arbeit.

Werner Seidenschwarz ist seit 25 Jahren in führender Position als Fachexperte, Partner, Vorstand und Geschäftsführer in Industrie- und Dienstleistungsunternehmen aktiv. Neben seiner Tätigkeit in der Unternehmenspraxis lehrt/e er u. a. an renommierten Universitäten wie der London School of Economics and Political Science, der Technischen Universität München und der National University of Singapore.

1993 promovierte Werner Seidenschwarz zum Thema „Target Costing" und verfasste damit, nach dem ersten Artikel zum Thema „Target Costing" in Deutschland, auch die weltweit erste Monografie zu diesem Thema außerhalb Japans. Beim Target Costing handelt es sich um eine Methodik zur Entwicklung von profitablen und auf den Kundennutzen ausgerichteten Produkten. 2001 habilitierte er zum Thema „Führen unternehmerischen Wandels" an der Universität Stuttgart. Seit 2010 ist er Honorarprofessor der Technischen Universität München.

Werner Seidenschwarz ist Gründer der Starnberger Management-Tage, zahlreicher Foren zum Erfahrungsaustausch von Führungskräften sowie Lern- und Sparringspartner führender internationaler Unternehmen.

© Springer Fachmedien Wiesbaden 2015
W. Seidenschwarz et al., *Führend innovieren,*
DOI 10.1007/978-3-658-05468-7_1

Das Bild aus dem Harper Magazine zeigt wunderbar, wie Innovieren nicht geht. Man kann es nicht befehlen. Man kann es nicht einfach abrufen. Aber es ist das A und O, wenn Unternehmen über viele Jahre hinweg erfolgreich sind."

Joseph Schumpeter formuliert es so: „Erfolgreiches Unternehmertum ist mit dem Erkennen von Innovationspotenzialen verknüpft, dem Einreißen von innovationshemmenden Barrieren und der Weiterentwicklung von Methoden und Verfahren, die Veränderungsfähigkeit, Kooperationsfähigkeit und Innovationsfähigkeit in der Unternehmung fördern." (Schumpeter 1926).

Und damit ist Innovationsfähigkeit natürlich erst einmal ein nicht übertragbares Gut. Einzelne Produkte können schnell kopiert werden. Das dahinter ablaufende Zusammenwirken der beteiligten Menschen und die Innovationen an sich lassen sich aber nicht so einfach kopieren.

Das gilt umso mehr für das Innovieren in Unternehmen wie Bayer, BMW oder Siemens, von dem wir gleich sprechen werden. Bei deren Geschäftsmodellen, Produkten, Dienstleistungen und Kundenlösungen handelt es sich in der Regel um Investitionsgüter und komplexe Gebrauchsgüter. Komplexe Gebrauchsgüter sind den meisten noch gut vertraut, allen voran das Lieblingsgut der Deutschen, das Automobil. Weniger vertraut ist die Allgemeinheit mit dem Entstehen und Entwickeln von Investitionsgütern wie der Medizintechnik, von Arzneimitteln, von Fertigungsautomatisierung oder der Wartung von Pipelines und dem Betreiben von chemischen Anlagen.

Wir haben für dieses Buch einige Fragenkomplexe herausgegriffen, die sich darum drehen, wie man solche innovativen Unternehmen über viele Jahre hinweg mit außerordentlichem Erfolg führen kann. Dass es sich dabei immer um Führungsteams und die Summe der Mitarbeiter in einem Unternehmen handelt, soll dabei nicht vergessen oder gar unterschätzt werden. Da diesen Führungs- und Innovationsprozessen aber immer einzelne Personen voranstehen, haben wir für dieses Buch den Weg gewählt, mit drei Persönlichkeiten dazu ein Gespräch zu führen.

Wie begegnet einem das Neue, das Innovieren im persönlichen Alltag, und was hat einen beim Innovieren über die Jahre hinweg eigentlich so geprägt? Das erläutern Fritz Nitschke (N), Wolfgang Plischke (P) und Siegfried Russwurm (R) im Gespräch mit Werner Seidenschwarz (S).

S: Innovation war und ist in Ihrem Leben immer ein zentraler Bestandteil. Was treibt Sie generell an, an Neues zu denken?

R: Die Vermeidung von Langeweile und die Lust am Staunen. Das Bekannte wird irgendwann eintönig. Mein Antrieb zur Veränderung ist ein innerer Drang und die pure Lust, Neues zu machen und das erfolgreich auf den Markt zu bringen.

N: Weil Stillstand Rückschritt bedeutet. Wer auf der Höhe der Zeit bleiben will, ob beruflich oder privat, muss sich laufend verändern, und dazu gehört, an Neues zu denken und die Möglichkeiten zu reflektieren, die die Welt bietet.

P: Eigentlich treibt mich die Neugierde, und die Lust auf Neues. Und manchmal ist es auch die Notwendigkeit, Dinge wieder neu aufzumischen, neu zu gestalten, für Veränderung zu sorgen, damit sich etwas bewegt in der Organisation. Und ich bin gerne operativ tätig. Da macht es Spaß, zu beobachten, wie man Dinge von einem Punkt zum anderen bewegen kann: indem man neugierige Fragen stellt. Meistens reicht das schon.

S: **Wann fallen Ihnen persönlich die besten Sachen ein?**

N: Am häufigsten im Gespräch, wenn man sich frei austauscht; man bekommt Impulse und hat eigene Gedanken. Das ist ein Quell der Inspiration: mit Kollegen zu diskutieren. Und dann kurz vor dem Einschlafen, wenn man den Tag Revue passieren lässt: Neben dem Bett liegt immer ein Block.

R: Oft in Interaktion mit Menschen, weil Trigger und Stichworte häufig eine Vernetzung auslösen. Manchmal auch unter der Dusche, aber meist aus einer Interaktion, nicht notwendigerweise mit einem F&E-Chef.

P: Ja, ganz klar im Dialog. Und zwar nicht in einem sehr formalisierten Dialog, sondern in einem Dialog, bei dem man sich Zeit nimmt, Zeit für die Beschreibung der nächsten Etappe. Und im Dialog mit anderen, die anders denken. Wo mir auch gute Ideen kommen, ist, wenn ich mir Vorträge anhöre, die nicht direkt etwas mit dem zu tun haben, was ich selber mache. Die am Rande dessen stattfinden. Da ist vielleicht ein bisschen Klau, Kopie, Analogieschluss im Spiel, aber was soll's! Von anderen Erfahrungen kann man bestens lernen.

S: **Was war Ihre größte Herausforderung beim Innovieren, auf die Sie persönlich bisher gestoßen sind und warum war sie das?**

R: Für mich ist die größte Herausforderung das Übersetzen von neuen technischen Möglichkeiten auf bekannte Anwendungsfelder. Der Kitzel, die Box des Bewährten zu sprengen, zum Beispiel, mir ein traditionelles Anwendungsfeld anzuschauen, dann zunächst ganz für mich alleine zu plausibilisieren, ob eine neue Herangehensweise mit neuen technischen Möglichkeiten passen würde. Und dann andere überzeugen, es in Zukunft ganz anders zu machen. Von Big Data zu Smart Data ist so ein Thema: Jedes Unternehmen will seine Effizienz steigern, also mit weniger Input mehr Output schaffen – und das schneller, billiger, flexibler, mit höherer Qualität. Was kann Smart Data dazu beitragen? Ich versuche in solchen Fällen, zu überlegen, was so eine neue Technologie leisten kann, das ist die große Herausforderung: Was gibt es dafür an aktuellen oder potenziellen Anwendungen in der Industrie? Und am Ende muss ich andere begeistern, dass das etwas Großes, etwas Interessantes sein könnte – und sie zum Brennen bringen für meine Überlegungen.

N: Zu den größten Herausforderungen zählt sicherlich die Frage, wie und mit welchen Mechanismen man aus einer Vielzahl von guten Ideen die richtigen auswählen und dann priorisieren kann. Und dann vor allem die Umsetzung, hier gibt es häufig massive Widerstände, die zu überwinden sind.

P: Die größte Herausforderung, die ich hatte, war vor zehn Jahren, als Bayer unter enormem wirtschaftlichen Druck stand und wir nichts in der Pharma-Pipeline hatten. Diese Kombination „Nichts in der Pharma-Pipeline" und „Sparen müssen", das war schon eine echte Herausforderung. Die Antwort war Fokus! Das ist aber eine Herausforderung für sich. Das heißt nämlich, aktiv Verzicht zu üben und Risiko einzugehen.

S: **Das widerspricht doch eigentlich der Annahme, dass man unter Druck nicht innovieren kann, oder?**

P: So heißt es. Unter Druck sein, keine Ressourcen haben, keine Risiken streuen können, macht innovieren schwierig. Insofern war das schon eine Grenzsituation. Aber scheinbar geht es doch!

S: **Was hat dann bei der Lösung geholfen? Glück?**

P: Glück hat hundertprozentig geholfen, und auch noch ein paar andere Sachen. Da kommen wir sicher noch drauf.

S: **Von welcher Innovation waren Sie total überrascht, egal ob in Ihrem Unternehmen oder woanders? Man spricht ja gerne vom Dilemma der Innovatoren, die sich um Kunden, Innovationen und Technologien kümmern und dann trotzdem immer mal wieder frontal von der Seite von etwas Disruptivem überrascht werden (Christensen 1997). Ähnlich hat es einmal Jeffrey Immelt von General Electric formuliert, der dazu gerne sagt: „Wir sind alle nur einen Wimpernschlag von der Commodity[1]-Falle [sprich: von der Austauschbarkeit; Anm. d. Verf.] entfernt."**

---

[1] Mit Commodities sind austauschbare Produkte gemeint, deren Qualität sich anhand eindeutiger Kriterien identifizieren lässt, wodurch der Markt für die Nachfrager transparent wird und dadurch Menge und Preis zu den einzigen relevanten Kaufkriterien werden. Wird ein Markt mehr und mehr zu einem Commodity-Markt, so wird es für die Wettbewerber zunehmend schwieriger, sich von den Wettbewerbern abzuheben. Insbesondere für die Hersteller von Investitionsgütern und komplexen Gebrauchsgütern liegt darin ein besonderes Preisrisiko, sobald solche Effekte Einzug in die Wettbewerbsarena halten.

R: Es steckt ja in der Natur der Sache, dass Innovationen überraschen – sonst wären sie keine. Mit der Commodity-Falle würde ich Jeff Recht geben. Andererseits wirken Commodities oft auch sehr prägend: Auf diese Art und Weise ist zum Beispiel die Konsumelektronik im B2B-Geschäft extrem relevant geworden – an der Bedienerschnittstelle und für neue Applikationen. Das hätte ich vor Jahren auch nicht geglaubt. Meine grundsätzliche Skepsis gegenüber der Konsumelektronik hatte mich damals davon abgehalten, diese Chance früher zu erkennen.

N: Für mich war das ganz klar das iPad von Apple – an der Idee eines solchen Produktes hatten sich vorher verschiedene Firmen die Zähne ausgebissen. Das iPad hat diese Idee der radikalen Vereinfachung aufgegriffen, verfeinert und wurde so erfolgreich, dass die Tablets mittlerweile den Laptops den Rang ablaufen. Der Newton[2] hatte ja auch schon eine Handschrifterkennung und war leicht zum Mitnehmen. Aber der ist gescheitert. Und das iPad hat mit derselben Grundidee den Durchbruch geschafft.

Ich habe aber auch ein persönliches Beispiel, von dem ich total überrascht war: Als ich für die Steuerung und Betriebswirtschaft der 3er Reihe von BMW in den 1990ern verantwortlich war, haben wir viel über Durchbruchsinnovationen nachgedacht. Ein großer Halo-Effekt war dann aber eigentlich eine Kleinigkeit: das Hochdimmen des Innenraumlichts beim Öffnen und das Abdimmen beim Schließen der Tür in einer so langsamen und feinen Art. Das war eigentlich gar nicht als Innovation gedacht, kam aber in der Presse und bei den Kunden groß an. Es sind oft die scheinbar einfachen Dinge, die einem Ingenieur vielleicht im ersten Moment als zu banal erscheinen, die dann aber einen unheimlich großen Effekt haben.

P: Wenn ich mir die Innovation in unserem Bereich Chemie und Pharmazie anschaue, tue ich mich schwer, vermutlich deshalb, weil ich ganz nah dran bin – an der Commodity-Falle. Wahrscheinlich kommt schon was von links oder rechts, nur ich hab's noch nicht gesehen. In unseren Bereichen sehe ich aber keine Beispiele wie das iPhone oder das iPad. Ich kann mich noch sehr gut erinnern an die ersten Kommentare, als diese beiden Produkte auf den Markt kamen und die meisten Experten gesagt hatten: „Das ist ja nix!" „Was soll das Ding?" Und dann waren diese Produkte schon auf dem Markt und es wurde immer noch nicht wahrgenommen, dass diese einfach zu handhabenden Produkte die anderen total vom Tisch schoben. So etwas sehe ich in unserem Bereich eher nicht. Oder? Das beunruhigt mich jetzt fast ein bisschen nach Ihrer Frage …

---

[2] Der Apple Newton war eine Produktreihe von Personal Digital Assistants von Apple und anderen Firmen.

S: Na ja, wir sind ja noch nicht am Ende des Buches angekommen ...

S: **Welches Unternehmen genießt Ihren besonderen Respekt ob seiner Innovationsfähigkeit?**

N: Auch wenn ich jetzt noch mal in das gleiche Horn blase: Für mich war das in den letzten Jahren ganz klar Apple. Diese Firma ist in kurzer Zeit über Innovation an die Weltspitze gekommen und hat über Kontinente hinweg mit ihren Ideen unser Verhalten und unsere Einstellungen geprägt.

R: Speziell im deutschen Mittelstand gibt es viele innovative Unternehmen. Ich schätze zum Beispiel einen deutschen Werkzeugmaschinenhersteller seit vielen Jahren wegen seiner Innovationsfähigkeit. Aber der kämpft heute auch. Und wir alle haben Jahrzehnte etwas neidisch auf 3M geschielt. Aber auch deren Glanz ist inzwischen etwas verblasst. Müsste ich ein einzelnes Unternehmen benennen, wäre das wahrscheinlich Samsung.

S: **Wegen deren außergewöhnlichen Kompetenz, Technologien und Anwendungen zu produktisieren[3]?**

R: Ja, genau. Die Umsetzungskompetenz von Samsung ist wirklich enorm. Und am Ende entsteht ein klar verständliches, fast immer prickelndes Produkt. Es fällt mir schwer, zu sagen, was mir mehr imponiert: die Innovation selbst oder die gnadenlose Exekution, also die Fähigkeit, Ideen in so klare Produkte zu gießen. Samsung lässt sich dabei selbst von einer Ikone wie Apple nicht abschrecken. Und siehe da: Bei allem Hype um Apple wandern die jungen Leute mehr und mehr zu Samsung ab, weil sie merken: facettenreicher, interessanter, cooler ist es eigentlich mit Samsung. Irgendwie dachten alle lange Zeit etwas naiv, dass Steve Jobs mit Apple die ultimative, ewig funktionierende Marketingmaschine und Innovationsikone erschaffen hat. Nicht ausgeschlossen, dass Apple bald zwar so eine stolze Historie wie Nokia hat – aber vielleicht auch eine so schwierige Gegenwart wie die Finnen heute.

P: Also in unserem Bereich der Pharmazie ist das Roche – und zwar der Genentech-Bereich[4]. Die haben einen enormen Ruf, eine tolle Innovationskultur und

---

[3] Mit „produktisieren" ist gemeint, dass es gerade koreanischen Unternehmen wie Samsung oder Hyundai in mittleren Preissegmenten immer wieder besonders gut gelingt, für scheinbar komplexe Kundenherausforderungen hochattraktive und relativ einfache Massenprodukte zu entwickeln und diese dann in hohen Stückzahlen in den Markt zu bringen, wofür andere Unternehmen ganze Produktfamilien benötigen.

[4] Zu Genentech: Genentech wurde am 26. März 2009 von F. Hoffmann-La Roche für 46,8 Mrd. US-Dollar übernommen. Genentech ist heute eine Tochtergesellschaft von Roche. In 2008 machte Genentech ca. 13,4 Mrd. US-Dollar Umsatz und war damit – nach

großartige Produkte gemacht. Und im Bereich Pflanzensaatgut ist sicherlich Monsanto das innovativste Unternehmen. Die haben ganz neue Technologieplattformen[5] marktfähig gemacht. Nicht dass sie die Ersten waren. Aber sie haben es marktfähig gemacht.

Amgen – das zweitgrößte Biotechnologieunternehmen der Welt. Zu Produkten mit besonderem Interesse von Genentech: Trastuzumab ist ein biotechnologisch hergestelltes Protein – ein Antikörper. Als Arzneistoff kann er bei bestimmten Formen von Brustkrebs und Magenkrebs verwendet werden. Antikörper binden als Teil des Immunsystems nach dem Schlüssel-Schloss-Prinzip spezifisch an sogenannte Antigene. Das Antigen, an das Trastuzumab bindet, ist der Humane Epidermale Wachstumsfaktor Rezeptor 2 (HER 2). Dieser ist vor allem auf Krebszellen zu finden. Bindet Trastuzumab an den Rezeptor, so wird das Wachstum der Zellen gehemmt. Als Medikament wurde Trastuzumab im Jahr 1998 in den USA und zwei Jahre später in der Europäischen Union zugelassen. Auch wenn biotechnologische Medikamente bereits seit einiger Zeit bekannt sind (z. B. rekombinantes Insulin oder Blutermedikamente wie Faktor VIII), so ist Trastuzumab ein Pionierprodukt und das erste prominente Beispiel für den Ansatz der sogenannten „personalisierten Medizin". Personalisierte Medizin ist die medikamentöse Therapie von Krankheitsbildern in Abhängigkeit von einer spezifischen genetischen Analyse des Patienten bzw. seiner Krankheitsform. Im Fall von Trastuzumab ist dessen Anwendung an die Diagnose einer sogenannten Überexpression – ein vermehrtes Auftreten – von HER 2 gebunden. Dies ist in etwa einem Viertel der weltweit rund einer Million Brustkrebsneuerkrankungen von Frauen der Fall. Als „monoklonaler, humanisierter" Antikörper wurde Trastuzumab entwickelt, indem Labormäuse mit HER 2-Proteinen geimpft wurden. Das Immunsystem der Mäuse reagierte mit der Bildung von entsprechenden Antikörpern, unter denen jene mit besonderer Wirksamkeit (d. h. Bindungsfähigkeit an den HER 2-Rezeptor) selektiert wurden. Molekularbiologisch wurden dann viele „Klone" dieses Antikörpers erzeugt. Daher stammt die Bezeichnung „monoklonal". Bei dem Medikament Trastuzumab handelt sich also stets um Kopien des ursprünglich gefundenen Antikörpers. Die Tatsache der exakten Kopie ist allerdings nur für den Teil des Antikörpers gegeben, der für die eigentliche Wirkung relevant ist. Der übrige – weitaus größere – Rest des Antikörpers wird biochemisch durch Bestandteile – genetisch gesehen – menschlichen Ursprungs ersetzt. Erst durch diese „Humanisierung" kann das Medikament seine Wirkung entfalten, ohne zuvor durch das Immunsystem des Patienten zerstört zu werden.

[5] Mit Technologieplattformen sind allgemein Technologien gemeint, die – nach dem Verständnis von Bayer – in mehr als einem Anwendungsfall verwendbar sind. Ein einfaches und verständliches Beispiel aus der Vergangenheit ist etwa die „Turmbiologie" zur Abwasseraufbereitung aus den späten 70ern des 20ten Jahrhunderts. Ein anderes Beispiel mit sowohl historischem als auch perspektivischem Charakter ist die sog. Computational Biology oder auch „Computational Biomedicine". Diese Technologieplattform geht (bei Bayer) auf 1993 zurück. Damals erwarb Bayer einen der berühmte Cray-Supercomputer, um chemische Prozesse zu simulieren, bevor neue Anlagen konzipiert und gebaut wurden. Analog dazu wird heute (zusammen mit den Erkenntnissen aus der Molekularbiologie und der Medizin) die Wirkung von Medikamenten im Menschen simuliert. Die Anwendbarkeit solcher Technologieplattformen ist bezüglich der Prädiktivität am Menschen sicher noch ausbaufähig. Aber bereits heute gibt es Erfolge bei der Vorhersage von geeigneten Dosie-

S: Monsanto ist gleich zu Beginn ein exzellentes Beispiel dafür, welche Vielfalt an Meinungsbildern, Einschätzungen, aber auch welche kontroversen Diskussionen Innovationen hervorrufen können und sicherlich auch müssen.

Digital Framing – Monsantos Transformation vom Chemiekonzern zum integrierten Datendienstleister

Monsanto wurde 1901 mit dem Ziel der Herstellung des Süßstoffs Saccharin gegründet. Ab dem Jahr 1960 erfolgte dann vor allem der Ausbau des landwirtschaftlichen Bereichs. Dieser umfasste zunächst nur Dünge- und Pflanzenschutzmittel. Seit 1979 gelangte dann die Biotechnologie immer mehr in den strategischen Fokus. Und dreizehn Jahre später gelang es Monsanto-Wissenschaftlern erstmals, die gentechnische Veränderung einer Pflanzenzelle durchzuführen. Bereits im Jahr 1996 wurden dann die ersten genetisch veränderten Nutzpflanzen in das Produktportfolio aufgenommen. Diese Pflanzen haben die Eigenschaft, gegen das ebenfalls von Monsanto vertriebene, nicht-selektive Herbizid Glyphosat tolerant zu sein.

Dieser geringe Zeitraum von nur 15 Jahren – von der wissenschaftlichen Neuerung bis zur Innovation am Markt – ist auch auf Monsantos strategischen Ansatz zurückzuführen, Innovationen durch gezielte, technologisch getriebene Unternehmenszukäufe und Kooperationen zu forcieren. Analog verfuhr Monsanto bezüglich des sogenannten Digital Farming.

„Digital Farming" oder auch „Precision Farming" bezeichnet das orts- und zeitdifferenzierte Bewirtschaften landwirtschaftlicher Nutzflächen. Ziel ist es, den Ertrag pro Nutzfläche durch Abstimmung der Bewirtschaftung auf die jeweiligen Gegebenheiten wie Wetter, Bodenbeschaffenheit, Pflanzeneigenschaften und Pflanzenpathogen- bzw. Unkrautprävalenz zu maximieren. Technologisch erfordert „Precision Farming" damit die Integration von mechanischer Landwirtschaft, Biotechnologie, Geologie und Meteorologie.

---

rungen oder Nebenwirkungen. Der Nutzen bezüglich des gesteigerten Erkenntnisgewinns war in der Vergangenheit noch zweigeteilt. Einmal bezog er sich auf das Wissen um die chemischen Prozesse. Diese aus der Technologieplattform hervorgegangene Nutzenkategorie ist für die Weiterverfolgung im Rahmen der „Computational Biomedicine" heute nur noch am Rande von Belang. Andererseits ist die zweite Nutzenkategorie, die sich auf das Wissen um die Algorithmik und die Implementierung von mathematischen Modellen (Informatik) bezieht, noch sehr aktuell und wird in diesen Forschungsgebieten nach wie vor kontinuierlich genutzt.

Die Weiterentwicklung des „Digital Farming"-Konzepts wird besonders durch den dramatischen Anstieg des weltweiten Nahrungsmittelbedarfs – um rund 50 % bis zum Jahr 2030 – getrieben.

Zugleich schafft die rasante Entwicklung der Informationstechnologie neue Möglichkeiten zur Erfassung, Speicherung und Übermittlung großer Datenmengen. Unter dem Schlagwort „Big-Data-Handling" wird hierbei die Herausforderung zusammengefasst, diese Datenflut in geeigneter Weise zu analysieren und aufzubereiten, sodass sie für den Menschen wertschaffend nutzbar ist.

Monsanto verfügt historisch bereits über alle für dieses Geschäft notwendigen biotechnologischen Daten. Durch den Zukauf der Firma Precision Planting – ein Spezialist für IT-gestützte Pflanztechnik – im Mai 2012 hat Monsanto seine eigene Basis um die Erfassung von Daten aus der mechanischen Landwirtschaft komplementiert. Dies sind beispielsweise Informationen zu Pflanzabständen, Pflanztiefe, aber auch zur Bodenverdichtung.

Durch den Zukauf der Climate Group – einem Anbieter von Wetterdaten und in diesem Zusammenhang Technologievorreiter im Big-Data-Handling – für rund 930 Mio. US-Dollar im Oktober 2013 erhielt Monsanto Zugriff auf benötigte Meteorologiedaten sowie die notwendigen Kompetenzen zu ihrer Analyse.

So beabsichtigt Monsanto nun, 2014 seine ersten kommerziellen Produkte im Bereich „Digital Farming" auf den Markt zu bringen. In einigen ausgewählten US-Bundesstaaten wird „FieldScripts" eingeführt, das eine bessere feldspezifische Sortenwahl mit dem Ziel einer höheren Produktivität ermöglichen soll. Auch der Zukauf der Climate Corporation soll schon in diesem Jahr das Monsanto-Portfolio erweitern: Climate Basic und Climate Pro sind zwei Online-Serviceprogramme, die Entscheidungshilfen über die Vegetationsperioden hinweg bieten.

Neben der Integration von Erfassung, Analyse und Aufbereitung der relevanten landwirtschaftlichen Daten als technologische Innovation verfolgt Monsanto hierbei auch ein für die Saatgut- und Agrochemikalienbranche innovatives Geschäftsmodell: So ist der Verkauf von Datenanalyse-Soft- und dazu passender Hardware an den Erwerb des zugehörigen Saatgutes – zunächst Mais – gekoppelt.

S: **Wer ist der innovativste Typ, den Sie kennengelernt haben?**

P: Da fallen mir bei uns schon eine Menge Leute ein. Da ist zum Beispiel einer, der Herz-Kreislauf-Forschung macht. Das ist eigentlich ein ganz bodenständiger Forscher. Der hat diese gut ausgewogene Mischung von Eigenschaften von erfolgreichen Innovatoren: Fokus auf Machbarkeit, Kundenorientierung, Wettbewerbsorientierung. So ein innovativer Typ ist für mich jemand, der mit Begeisterung und Hartnäckigkeit ein Produkt macht, das nachgefragt wird, weil es einen neuen Standard setzt. Der kann, muss aber nicht selbst die besten Ideen haben. Der muss ein Gefühl dafür haben, was machbar ist, was realisierbar ist. Und er muss auch den Wettbewerb kennen. Und er muss vor allem den Kunden kennen.

R: Der innovativste Typ war für mich ein Software-Experte, der von der DASA zu Siemens kam. Kürzlich habe ich mit Überraschung festgestellt, dass er jetzt im Ruhestand ist: Ich hatte ihn glatt für 20 Jahre jünger gehalten – auch wegen seiner frischen Art, sich zu unterhalten. Er kam aus dem beschaulichen Bremen, war kein CEO und auch kein Innovationsverantwortlicher – aber er war einfach als Typ innovativ.

S: Welche Eigenschaften hatte der?

R: Der wusste, was die Nutzer seiner Software damit wirklich machen konnten. Er kannte ihre Themen bis ins Detail. Und diese Themen, für die er Anwendungen entwickelte, waren wirklich sehr breit angelegt: von der Satelliten- bis zur Produktionstechnik. Er wusste, was in seinen Anwendungsfeldern wirklich relevant war – und hat dann neue Technologien darauf appliziert oder aus Bruchstücken ganz neue Lösungen entwickelt. Hoch kreativ, aber immer auf den Kundennutzen als letzten Zweck bedacht. Und er war bis ins kleinste Detail vertraut mit den Prozessen beim Kunden; eigentlich ein ganz ähnlicher Typ wie ihn Wolfgang Plischke mit seinem Herz-Kreislauf-Mann beschrieben hat.

N: Mich hat Steve Jobs am meisten beeindruckt, nicht nur aufgrund seiner Innovationen, sondern auch durch die Inszenierung seiner Produkte und seiner Person. Er hat den Raum ausgefüllt. Ich hatte einmal die Gelegenheit, mit ihm mehrere Stunden zu diskutieren. Zu diesem Treffen kam er mit kurzen Hosen und T-Shirt. Er hat Konventionen außer Kraft gesetzt. Und trotzdem war er sofort der Mittelpunkt des Gespräches. Ein Quell von Inspiration, der jede Idee sofort aufgegriffen und an die Wand skizziert hat.

Das Thema „Auto" als Innovationsgegenstand oder als Kultobjekt hat er nie so gesehen. Er sah es eher als Gebrauchsgegenstand. Konsequenterweise hat er dann auf die Frage, ob er mit BMW eine MMI-Entwicklung (eine Entwicklung für die Benutzerschnittstelle) vorantreiben möchte, abgelehnt – nicht, ohne auf die vorhandenen Lösungen in der Industrie zu schimpfen. So konnte er allerdings auch nicht beweisen, dass er es besser kann.

S: **Was war Ihrer Meinung nach die größte Innovationsleiche, die nicht umgesetzt wurde?**

R: Gute Innovationen setzen sich durch. Und um die Leichen ist es nicht schade.

N: Also generell entstehen meiner Ansicht nach solche Innovationsleichen, wenn man den Technologielebenszyklus überschreitet, wenn man zu lange auf eine Technologie setzt und einfach auf diesen alten Technologien weiterentwickelt, ohne auf den „Iconic Change" zu achten. Wenn man den nicht mitbekommt und entsprechend reagiert, dann wird es gefährlich. Dazu gehört natürlich der Mut, sich von alten Dingen zu verabschieden. Die Glühbirne wurde auch nicht durch die Weiterentwicklung der Kerze erfunden. Und es gibt viele Beispiele wie Kodak oder Nokia, die diese Sprünge verpasst und sich zu lange auf die bestehenden Felder konzentriert haben.

P: Wir haben natürlich selbst auch Sachen nicht umgesetzt. Da fallen mir zwei Projekte ein. Eines war ein Projekt ausgerechnet auch im Innovationsfeld „Herz-Kreislauf-Erkrankungen". Das hätten wir realisieren können. Aber wir haben es damals nicht gemacht, weil wir dachten, wir kämen zu spät mit dieser neuen Klasse von Produkten auf den Markt. Andere waren damals in der Entwicklung schon weiter als wir. Und damals haben wir noch gedacht, wir müssten unbedingt der Erste, Zweite oder Dritte im Markt sein, um eine Chance auf Markterfolg zu haben. Aber das war eine Fehleinschätzung. Man konnte damals als Fünfter, Sechster oder Achter immer noch wirtschaftlich erfolgreich sein. Es lag einfach an der Fehleinschätzung des Marktpotenzials. Das zweite Beispiel war auch ein Arzneimittelprojekt. Das hatte bei einem Krankheitsbild nicht gewirkt – der Sepsis. In einer entscheidenden klinischen Prüfung mit einer großen Anzahl von Patienten waren die Ergebnisse einfach nicht eindeutig. Und wir dachten, damit hätte das Produkt kein Potenzial, obwohl es eigentlich noch andere Krankheitsbilder gab, für die man dieses Therapieprinzip hätte ausprobieren können. Aber wir haben damals geglaubt, dass der Markt in diesen anderen Therapiegebieten zu klein wäre, um die Entwicklung letztendlich zu finanzieren. Auch hier hat eine Fehleinschätzung der Marktentwicklung diese Innovation verhindert. Andere Wettbewerber haben das später gemacht, genau in diesem Krankheitsbild, und sind extrem erfolgreich damit geworden. Und wir waren eigentlich einer der Pioniere auf diesem Gebiet.

S: **Den sehr erfolgreichen deutschen Automobilbauern ist das ja auch mal so ergangen. Sie waren nicht die ersten, die auf den SUV-Zug aufgesprungen sind. Das waren damals vor allem die US-Amerikaner und die Japaner. Warum sind da zwei Jahrzehnte ins Land gegangen, bis dieses neue Thema an die deutschen Hersteller herangekommen ist?**

N: Ja, da ist viel Zeit ins Land gegangen. Allerdings muss man hierbei ein biss-
      chen in die Historie schauen, um das verstehen zu können. Die SUVs der
      ersten Stunde, gerade die von den Amerikanern und von den Japanern, waren
      Fahrzeuge, die im Wesentlichen von der Lkw-Technik abgeleitet wurden:
      Leiterrahmen mit einem aufgesetzten Chassis, geländegängig, schwer, daher
      keine dynamischen Fahrzeuge und für Zielgruppen gebaut, die viel offroad
      unterwegs sind, wie z. B. Jäger, Landwirte, Waldbauern oder Safaribesucher.
      Der Durchbruch der SUVs kam dann erst, als man damals – BMW nennt es
      SAVs (Sports Activity Vehicles) – die Bauform mit Leiterrahmen und auf-
      gebauten Chassis verlassen hat und SUVs wie Pkws baute, also mit selbst-
      tragender Karosse. Damit hat man natürlich die Geländeeigenschaften ein
      wenig verlassen. Aber man hat dafür die Fahrzeuge leichter werden lassen.
      Sie waren damit auch auf der Straße besser zu handhaben als die SUVs der
      ersten Generation. Ich glaube, dass erst mit dem Umstellen von Entwicklung
      und Produktion in Richtung selbsttragende Karosserie, in Richtung Leichtig-
      keit, in Richtung Straßentauglichkeit der Siegeszug der SUVs begonnen hat.
      Somit war mit dem X5 erstmals eine markenadäquate Umsetzung für BMW
      möglich. Man hatte den Kunden anfangs auch falsch eingeschätzt: Warum
      sollte ein Kunde ein deutlich größeres und wuchtigeres Fahrzeug fahren,
      ohne im Innenraum mehr Platz zu haben und dabei auch noch mehr Kraftstoff
      zu verbrauchen? Aber das Gefühl von Sicherheit und das Einnehmen einer
      „erhabenen" Command-Sitzposition waren Argumente, die dem Konzept
      zum Durchbruch verholfen haben. Und jetzt sind die Europäer hier führend.

S: **Das Thema „Kunden kennen" war also damals noch nicht in der heutigen
      Ausprägung üblich? Und vielleicht auch das Thema „Nur die Wahrheit
      des Kunden zählt, auch wenn wir ingenieurmäßig vielleicht viel mehr
      über eine Technologie und natürlich unsere Produkte wissen, als es der
      Kunde überhaupt kennen kann?" Und vielleicht war es auch das heute
      weiterhin zu oft vorkommende Thema, dass man viel lieber mit den aktu-
      ellen Kunden spricht als mit den Kunden, die einen verlassen haben, oder
      mit den Nichtkunden, also denen, die noch nie bei einem gekauft haben?**

N: Exakt. Kunden bzw. Marktabfragen haben ihre Grenzen. In der Regel bewer-
      ten die Kunden vorwiegend bestehende Angebote. Grundsätzlich Neues (z. B.
      die Command-Position ohne Abstriche bei Fahrdynamik/-komfort) kann man
      vom Kunden nur schwer abfragen. Aber genau diese Eigenschaften erweitern
      den möglichen Kundenkreis. Heute sind wir mit Conjoint-Analysen sowie
      innovativen Marktforschungsverfahren viel weiter.

R: Das heißt, man hatte auch gar nicht die richtigen Entscheider befragt, z. B.
      keine Frauen in finanziell guten Verhältnissen. Meine Frau etwa fährt einen

SUV. Aber nicht, um damit durch den Wald zu düsen, sondern weil ihr diese
Command-Sitzposition so gefällt.

N: ... und sie damit ein Gefühl von Sicherheit bekommt.

S: Aber man hätte sie nicht gefragt?!

N: Voraussichtlich nicht.

S: Von wem haben Sie persönlich am meisten gelernt?

N: Als junger Mensch lernt man natürlich viel von den Erfahreneren, von Vorgesetzten, von den eigenen Eltern, die Erfahrungen weitergeben. Irgendwann
dreht sich das dann um, zumindest war es bei mir so.

Und in meinem jetzigen Lebensabschnitt als Leiter eines Unternehmens
im Unternehmen, seit 36 Jahren im Beruf, lerne ich viel von Kollegen und
Mitarbeitern. Am meisten lerne ich aber von jungen Menschen. Ich bin Mentor der BMW-Doktoranden und die Gespräche mit den jungen, motivierten
Doktoranden inspirieren mich immer neu. Ich habe zwei Söhne, die mir viel
weitergeben, zum Beispiel bei einer Recherche zu bestimmten Themen, bei
der Art, wie man kommuniziert. Was ist gerade en vogue? Hier kann man
sehr viel lernen. Und meine Generation braucht da sicher länger, um das zu
verstehen. Meine Söhne waren schon sehr früh international unterwegs, hatten dadurch einen sehr vielfältigen internationalen Freundeskreis in anderen
Kulturkreisen und sind damit sehr früh schon an viele Themen mit einem ganz
anderen Ansatz herangegangen.

P: Sehr viel gelernt habe ich von meinem Doktorvater: Akribie und Disziplin.
Und später waren es dann die ersten Chefs. Von denen habe ich vor allem
die Managementwerkzeuge gelernt. Noch später, als ich dann das erste Mal
Geschäftsführer einer großen Einheit war und ein großes interdisziplinäres
Team anvertraut bekommen hatte, da habe ich auch zum ersten Mal viel von
den eigenen Mitarbeitern gelernt. Die wussten anfangs ja viel mehr als ich. In
dieser Lebensphase habe ich eigentlich am meisten gelernt. Und die schönste,
wenn auch schwierigste Zeit war im Arzneimittelgeschäft, als wir in der vorher schon angesprochenen sehr kritischen Phase des Geschäfts sozusagen „im
Keller" waren. Damals hatte ich dann allerdings auch das große Privileg, mir
zum ersten Mal die Leute selbst aussuchen zu können. Und dort begann das
Risiko. Ich habe relativ radikale Entscheidungen für eine sehr diverse, internationale und multikulturelle Teamzusammensetzung getroffen. Und von diesem Team habe ich unendlich viel gelernt.

R: Ich nehme für mich in Anspruch, dass ich immer noch lerne. Lebenslanges
Lernen ist das Wichtigste. Wenn man sich mit interessanten Leuten umgibt,
ergeben sich ständig neue Chancen zum Lernen. Lange Zeit waren das zuerst

meine Vorgesetzten. Dann gab es eine Phase, in der es die Kollegen waren. Und jetzt, wo ich hierarchisch etwas aufgerückt bin, sind es zunehmend junge Mitarbeiter. Und zwar gar nicht unbedingt diejenigen, für die ich disziplinarisch direkt verantwortlich zeichne. Aber egal von wem und wie man lernt: Besonders bedeutend ist, permanent gerade die Dinge zu hinterfragen, die scheinbar selbstverständlich sind. Da geht es dann nicht um Faktenwissen, sondern um ein neues Herangehen auf Metaebene. Am wichtigsten ist es, sich diese Offenheit in alle Richtungen zu erhalten. Man darf nicht nur nach oben schauen!

Literatur

Christensen, C.; Matzler, K.; von den Eichen, S. F.: The Innovator's Dilemma. Warum etablierte Unternehmen den Wettbewerb um bahnbrechende Innovationen verlieren, München 2011
Schumpeter, J. A.: Theorie der wirtschaftlichen Entwicklung, 2. Aufl., München 1926

Wiederkehrend innovieren – sich selbst immer wieder neu erfinden

2

S: Wolfgang Reitzle hat im Rahmen seiner Antrittsvorlesung zur Verleihung der Honorarprofessur an der Technischen Universität in München Innovation als ein Produkt aus Zufall, Fleiß und Disziplin beschrieben. Was ist für Sie Innovation?

R: Diese Beschreibung verdeutlicht gut, wie eine Innovation entsteht. Mindestens ebenso interessant finde ich die Frage: „Wie wirkt sie?" Minimalbedingung ist, dass sie jemandem nutzt. Wenn das nicht der Fall ist, ist sie wertlos. Und Innovation bedeutet für mich auch stets, dass etwas Anderes entsteht, dass eingetretene Pfade verlassen und unbekanntes Terrain erobert werden.

N: Bei uns gilt das geflügelte Wort von Thomas Edison: Innovation ist 10 % Inspiration und 90 % Transpiration. Innovieren ist einfach, aber daraus eine erfolgreiche Innovation zu machen, bedeutet viel schweißtreibende Arbeit: Hart und mit viel Einsatz an den Themen dran bleiben. Ideen zu entwickeln ist dagegen relativ einfach.

P: Dazu gesellen sich für mich noch andere Dinge, vor allem wegen unserer langen Innovationszyklen bei Bayer und weil die Erfolgswahrscheinlichkeit für eine Innovation sehr gering ist. Das ist anders als in der Automobilindustrie oder in einem Bereich, der durch Ingenieurtechnik geprägt ist. Wenn wir in der frühen Phase einer Innovation sind, dann liegt die Erfolgswahrscheinlichkeit bei 5 oder 10 %. Was da sehr wichtig ist, ist Fokus. Nicht versuchen, alles zu machen, lieber weniger machen. Und Fokus ist auch gepaart mit Selbstbeschränkung: „Nicht Allem Geld hinterher werfen." Man muss ein bisschen knapp mit Geld sein, um sich für oder gegen etwas entscheiden zu müssen. Das schärft den Blick für das richtige Projekt. Das zweite wichtige Element

© Springer Fachmedien Wiesbaden 2015
W. Seidenschwarz et al., *Führend innovieren*,
DOI 10.1007/978-3-658-05468-7_2

ist die Beurteilungskompetenz in den verschiedenen Phasen der Forschung und Entwicklung. Und gerade wenn die Erfolgswahrscheinlichkeit gering ist, kommt der persönlichen Einschätzung – trotz aller Tools und Hilfsmittel – eine entscheidende Rolle zu. Wenn man eine solche Entscheidungskompetenz als Einzelner und im Team hat, dann macht das den Unterschied aus, ob man Wettbewerbsführer ist oder nicht.

S: **Braucht Innovation visionäre Idealisten in Labors und Think Tanks? Oder findet Innovation eher darüber statt, dass es um den logischen nächsten Schritt der Zivilisationsgeschichte geht, dass etwas aus ökonomischen Gründen oder aus Gründen der Funktionalität, der Verständlichkeit und der Alltagstauglichkeit in die Zeit passt?**

P: Man braucht beides. Ohne Schrittinnovationen wird sich nichts tun. Und größere Innovationen sind oft auch nur die Summe von verschiedenen Schrittinnovationen. Da sind nicht immer die kreativsten Denker gefragt.

R: Kreativität kann nicht ohne Berücksichtigung der Randbedingungen und der Zeit, in der die Kreativität etwas verändern soll, wirken. Innovationsmanagement ist die Kunst, beides miteinander zu verbinden.

N: Wenn es in die Zeit passt, kann man tatsächlich auch mit Schrittinnovationen schon vieles erreichen. Wenn man beispielsweise durch Innovationen Gesetzesansprüchen gerecht werden muss, ist es sicher nicht zielführend, das über Labors oder Think Tanks anzugehen. Hier braucht man in der Automobilbranche große Netzwerke. Hier muss das Ganze interdisziplinär zusammenpassen. Die Entwicklung der Efficient-Dynamics-Maßnahmen lief nach diesen Regeln ab. Unser project i würde ich eher in die Kategorie „Think Tanks" zuordnen.

S: **Und die Sprunginnovationen?**

P: Dafür brauchen wir jetzt die wirklich kreativen Denker. Da geht es beispielsweise darum, welche neue Technologieplattform wir im Unternehmen etablieren wollen, auf deren Basis wir auch in 20 Jahren noch Produkte auf den Markt bringen können.

N: Ja, dann funktionieren Labors und Think Tanks sehr gut. Da braucht man dann auch keine großen Mannschaften, sondern visionäre Idealisten, die 10 bis 15 Jahre vorausdenken. So wie Science-Fiction-Autoren, die das wohl am besten können.

Und dann muss man diese großen Ideen auch durch die Organisationen tragen können. Durchbruchsinnovationen kommen deshalb eben auch häufig von Leuten, die an eine Idee glauben und diese gegen alle Widerstände und Ratgeber verfolgen, die ihnen im wahrsten Sinne des Wortes „zum Durchbruch" verholfen haben. Wenn man nur auf Technokraten hört, dann wird es immer Argumente gegen neue Innovationsfelder geben, und die Firma wird sicher kein Innovationsführer. Bei BMW haben wir um wichtige Themen wie der Elektromobilität einen Schutzraum gezogen, bis sich das Pflänzchen entfaltet hat.

S: **Bleiben wir noch mal beim Vorausdenken: Bei Cisco gibt es dazu eine Freidenkergruppe von 250 Mitarbeitern, die sich dort ohne speziellen Auftrag um Innovationen kümmern können.**[1]

N: Ja, ich habe auch lange mit Marc Girardot von Cisco darüber gesprochen. Wir haben bei uns im Hause keine zentrale Freidenkergruppe nach dem Vorbild von Cisco. Die sind bei BMW verteilt in verschiedenen Funktionen. Ein Beispiel sind Designer, die auf der ganzen Welt neue Inspirationen aufsaugen über Farben, Geschmäcker und Ähnliches. Daneben gibt es auch Innovations-Scouts, die neue Themen aus den verschiedensten Ländern zurückmelden. Das müssen wir dann filtern und sehen, was einfach eine nette Idee ist oder was sehr vielversprechend ist – und auch zu unseren Produktwerten und zu den Markenwerten passt!

Die Mobilität in Mega-Citys war beispielsweise ein großes Thema bei BMW. Dass in der Zukunft Elektroautos hier eine entscheidende Rolle spielen, war uns bald klar. Wir haben uns schnell Know-how zu diesem Thema aufgebaut, aber auch vorhandenes Know-how in dieser Richtung weiterentwickelt. BMW nutzt z. B. sein exzellentes Fertigungs-Know-how bei Verbrennungsmotoren, um auch bei der Entwicklung und Fertigung von Elektromotoren den Maßstab zu setzen.

S: **Wird BMW damit langsam ein Konkurrent für die E-Motoren bei Siemens?**

R: Selbstverständlich. BMW und Siemens werden Wettbewerber. Das ist aber nichts Schlimmes. Im Gegenteil: Es motiviert uns zusätzlich. Ich bin fest davon überzeugt, dass die „Mengenanwendung Automobil" die spezielle Innovation oder Leistungsfähigkeit zukünftiger Elektromotoren stark prägen wird. Für uns ist es keine Option, sich aus dem Thema „Elektrische Antriebstechnik im Automobil" rauszuhalten – weil wir sonst insgesamt zurückfallen würden. Also sind wir dann Wettbewerber von BMW & Co. Es wird in absehbarer Zeit mehr elektrische Antriebe in Pkws geben als in der industriellen Anwendung. Wenn wir nicht auch da auf der Höhe der Zeit sind, würden wir auf Sicht auch in der industriellen Antriebstechnik verlieren.

---

[1] Vortrag von Marc Girardot, Managing Director der Global Automotive Practice der Cisco Internet Business Solutions Group, bei den Starnberger Management-Tagen 2009 zum Thema „Der Wettlauf um die besten Startplätze nach der Talfahrt".

S: **Auch der Gesetzgeber kann Innovationen auslösen. Manche sind beispielsweise der Meinung, dass das Thema „Erneuerbare Energien und Smart Grid" im Energiesektor eigentlich vorrangig durch den Gesetzgeber getrieben wurde.**

N: Stimmt, der Gesetzgeber kann bremsen oder beschleunigen, z. B. in den USA, wenn ein Thema im nationalen Interesse als wichtig angesehen wird, geht alles ganz schnell. Ein weiteres Beispiel sehen wir zurzeit in China. Der Gesetzgeber verlangt von jedem OEM, der in China produziert und verkauft, dass er mindestens ein Elektrofahrzeug in China entwickelt. Das heißt, dass der ausländische Mutterkonzern eines entwickeln muss, der chinesische Partner und das Joint Venture. So kann man Innovationen antreiben, die sonst nicht so schnell in einem Land kommen würden.

S: **Lassen Sie uns einen Blick tiefer in die Innovationshistorie Ihrer Unternehmen schauen. Alle drei stehen für eine jahrzehntelange, bei Bayer und Siemens sogar über ein Jahrhundert hinweg reichende, Historie außergewöhnlicher Innovationserfolge. So gibt es beispielsweise in der über 165-jährigen Firmengeschichte von Siemens jede Menge von Meilensteinen in der Innovationshistorie. Für das Entstehen einer solchen Breite von Innovationen gilt es, die entsprechenden Voraussetzungen zu schaffen.**

Die Innovationshistorie von Siemens

Siemens ist seit mehr als 160 Jahren in zahllosen Geschäftsfeldern und Ländern aktiv gewesen. Immer mit dem Ziel, Marktführer zu sein, hat sich das Unternehmen seit dem 19. Jahrhundert mehrfach neu erfunden, neue Märkte erschlossen und sich auch aus weniger attraktiv gewordenen verabschiedet. Siemens versteht sich seit seiner Anfangstage als kreatives Erfinderunternehmen mit globaler Ausrichtung. Ursprung des Erfolgs war und ist eine profunde Innovationsstrategie und der entschlossene Wille zu deren Umsetzung.

Das führte etwa zur Erfindung des Zeigertelegraphs (1847), der ersten elektrischen Eisenbahn (1879), der automatischen Ampelschaltung (1924), des ersten voll implantierbaren Herzschrittmachers (1958), der Einführung der elektronischen Industrieautomatisierung (1959) oder zum ersten Echtzeit-Ultraschallsystem (1965).

Auch in jüngerer Vergangenheit hat Siemens immer wieder mit bahnbrechenden Innovationen auf sich aufmerksam gemacht. Die Spannbreite und Einsatzbereiche umfassen die unterschiedlichsten Segmente. Das reicht etwa von umweltfreundlichen und energieeffizienten Corex-Stahlwerken, die keine Kokskohle mehr benötigen (2008), über die derzeit leistungsstärkste Gasturbine des Typs SGT5–8000 H (2009) bis hin zu dem SIMATIC-Prozessleitsystem PCS 7, das als weiterentwickelte Gesamtlösung der seit Jahrzehnten bewährten SIMATIC-Familie komplette Produktionsanlagen steuert.

Für großes Aufsehen im Gesundheitswesen sorgte 2011 der Biograph mMR – der weltweit erste voll integrierte molekulare Ganzkörper-Magnetresonanztomograph (MR). Mit ihm werden zwei wichtige bildgebende Verfahren in einem Gerät vereint: die Positronen-Emissions-Tomographie (PET) und die Magnetresonanztomographie (MRT). Damit können Ärzte erstmals Veränderungen im Aufbau von Organen, der Funktion von Organen und Gewebe sowie Stoffwechselaktivitäten gleichzeitig abbilden. Im Kampf gegen Krankheiten wie Krebs und Demenz ist diese neue Technologie der medizinischen Bildgebung ein bedeutender Fortschritt.

Eine weitere Innovation von Siemens, die sich heute im eigenständigen Unternehmen Osram wiederfindet, hat ganz neue Möglichkeiten in der Beleuchtung und im Lampendesign geschaffen: die 2010 vorgestellten organischen Leuchtdioden (OLED), die zum Beispiel Wände oder Möbel zu Lichtquellen umfunktionieren können.

Ein Meilenstein in der Stromübertragung gelang 2010 auch mit der weltweit ersten Hochspannungs-Gleichstrom-Übertragungs –(HGÜ)-Anlage mit 800 kV Spannung. Die in China in Betrieb genommene Anlage überbrückt eine Distanz von 1400 Kilometern. HGÜ-Technik mit ultrahohen Spannungen ist ein wichtiger Baustein für den verlustarmen Transport großer Mengen regenerativer Energiequellen. Auch die derzeit leistungsfähige Windkraftanlage mit 6 MW ohne Getriebe (2011) stammt von Siemens. Die Anlage, die insbesondere für den Einsatz auf dem Meer konzipiert ist, kann rund 6000 Haushalte mit sauberem Strom versorgen und setzt damit neue Maßstäbe in der Offshore-Windindustrie. Um eine zuverlässige Stromversorgung auch aus Erneuerbaren Energien sicherzustellen, hat Siemens zudem den modularen Energiespeicher Siestorage (2011) entwickelt. Er gleicht Schwankungen in der Erzeugungsleistung in Millisekunden aus und sichert dadurch einen stabilen Netzbetrieb.

Im Zuge der Digitalisierung spielen bei Siemens Softwareinnovationen eine zentrale Rolle. Diese umfassen alle Bereiche – ob Industrieproduktion und Gebäudeautomatisierung, klinische Bildgebung, Energieleittechnik oder Verkehrssteuerung. So lassen sich mit Industriesoftware von Siemens einzelne Maschinen und Fabriken virtuell entwickeln, simulieren und testen, noch bevor sie real gefertigt werden. Kernelement ist dabei die Siemens Product-Lifecycle-Management (PLM)-Software. Ein weiterer Effizienzsprung in der industriellen Produktion gelang Siemens 2010 mit der Software-Plattform Totally Integrated Automation Portal (TIA Portal).

Ein anderes Beispiel für Softwareinnovationen ist die Bildbefundungssoftware Syngo.via (2009), mit der Ärzte Befunde aus CT-Herz-Untersuchungen deutlich schneller erstellen können. Für die Kontrolle des weltweit zunehmenden Auto- und Lastwagenverkehrs werden effiziente Verkehrssteuerungssysteme immer wichtiger. Ein von Siemens entwickelter komplexer Algorithmus analysiert seit 2011 die Verkehrssituation auf der neu eingerichteten „Fast Lane" – eine spezielle Spur auf der Autobahn zwischen Jerusalem und Tel Aviv. Er definiert eine von der jeweiligen Verkehrsdichte abhängige, dynamische Maut und sorgt auf der „Fast Lane" für ein zügiges Vorankommen.

Softwarelösungen für intelligente Stromversorgungsnetze, sogenannte Smart Grids, zählen ebenfalls zu den Siemens-Innovationen. Das 2013 von Siemens auf den Markt gebrachte Verteilnetzmanagementsystem Spectrum Power ADMS (Advanced Distribution Management System) ist speziell für den Auf- und Ausbau von Smart Grids entwickelt worden. Es ermöglicht Netzbetreibern, nicht nur ihr Verteilnetz zuverlässiger steuern und überwachen zu können, sondern auch Wartungs- und Reparaturarbeiten effizienter auszuführen.

© Mit freundlicher Genehmigung der Siemens AG

Innovation bei Siemens in Zahlen
Siemens ist in rund 190 Regionen der Welt aktiv und erwirtschaftet mit 362.000 Mitarbeitern (davon 244.000 außerhalb Deutschlands) einen Umsatz von rund 76 Mrd. €.

Das Unternehmen besitzt weltweit insgesamt 188 wesentliche Forschungsstandorte, davon 92 in Europa, 69 in Amerika und 27 in Asien.

Insgesamt arbeiten rund 29.800 Forscher und Entwickler für Siemens. Siemens hält rund 60.000 erteilte Patente. Allein im Jahr 2013 wurden rund 8400 Erfindungen von Siemens-Mitarbeitern in Forschung und Entwicklung gemeldet. Das entspricht 38 Erfindungen pro Arbeitstag. Zugleich wurden 4000 Patenterstanmeldungen bei den zuständigen Ämtern eingereicht. Im Patentranking des Europäischen Patentamts für das Jahr 2013 liegt Siemens auf Rang 2.

Rund 5,7 % des Umsatzes flossen 2013 in den Etat für Forschung und Entwicklung. Das sind umgerechnet etwa 4,3 Mrd. € pro Jahr oder fast 11,8 Mio. € pro Kalendertag.

© Mit freundlicher Genehmigung der Siemens AG

S: **Wie gerade gesehen, gab und gibt es jede Menge von Meilensteinen in der Innovationshistorie von Siemens. Was bedeutet Innovation für das Haus Siemens im Laufe seiner Firmengeschichte?**

R: Wir sind ein Unternehmen, das auch nach 160 Jahren immer noch eine prägende Kraft und ein gemeinsames Grundverständnis von Innovieren hat: Kein deutsches Unternehmen hat zum Beispiel im Jahr 2013 mehr Patente beim Europäischen Patentamt eingereicht als Siemens. Innovationen müssen relevant sein für die Welt, in der wir leben. Und sie müssen innovativ sein im Sinne von „neu und anders". Das ist nichts, was man jemandem in den Arbeitsvertrag schreiben kann. Dabei geht es um eine kulturelle Grundhaltung, die man hegen und pflegen muss – im breiten Konsens. Das funktioniert bei Siemens sehr gut, wie mir die vergangenen 21 Jahre im Unternehmen gezeigt haben.

S: **Welche Geschichte repräsentiert Ihr Haus am besten, wenn jemand neu zu Ihnen ins Team stößt und Sie ihm erklären wollen, was so eine richtige fundamentale Innovation bei Siemens ausmacht?**

R: Das kommt ein bisschen darauf an, was sein Hintergrund wäre. Ein exzellentes Beispiel waren die Entwicklungen für die Schnittbildverfahren der Diagnostik, egal ob Röntgen oder Kernspin, als ein Beispiel für etwas Neues, mit dem man eine Idee industrialisieren kann. Ein zweites Beispiel ist die Geschichte der Automatisierung mit der SIMATIC, also die Übertragung der Mikroelektronik auf die Produktion. Das begann schon vor 50 Jahren, ist heute noch immer innovativ und wird sicherlich mit fundamentalen Weiterentwicklungen über die nächsten Jahrzehnte auch so weitergehen. Das ist grandios.

Innovation im Wandel der Zeit: SIMATIC

Seit mehr als 50 Jahren prägt die Automatisierung von Siemens den Wandel in der industriellen Fertigung.

Feste Bestandteile der Steuerungstechnik waren Mitte der 1950er Jahre Relais und Schütze. 1955 wurden bei Siemens erste Reglerschaltungen mit Germanium-Transistoren entwickelt.

Im Jahr 1958 wurde SIMATIC als Warenzeichen eingetragen (Germanium-basierte SIMATIC G). 1964 folgte ein grundlegender Umstieg in der Technologie: Steuerungs- und Schaltkreissysteme wurden in dem temperaturunabhängigeren Silizium realisiert.

Ende der siebziger Jahre stand die Industrie vor den neuen Herausforderungen einer rapide wachsenden Produktvielfalt. Unternehmen traten verstärkt in Konkurrenz um die Gunst der Kunden. Und parallel zu den Veränderungen in der industriellen Fertigung in den siebziger Jahren setzte ein neuer Steuerungstyp seinen Siegeszug an: die speicherprogrammierte Steuerung (SPS), bei der die Funktionalität nicht mehr verdrahtet, sondern als Programm hinterlegt war. Diese Erfolgsgeschichte der SPS unter dem Namen SIMATIC begann auf der Hannover Messe 1979 (SIMATIC S 5).

Gleichzeitig wuchsen die Anforderungen der Kunden an die Funktionalität und die Bedienbarkeit der Systeme. Um die Programmierung der Systeme weiter zu vereinfachen, hielten in den 1980ern Bildschirme und die grafische Programmierung Einzug in die Steuerungstechnik. Mit dem Aufkommen der Feldbustechnik gelang der dezentralen Peripherie der Durchbruch. 1993 wurde Profibus als Norm anerkannt. Die Vernetzung wurde zu einem wichtigen Aspekt in der Automatisierung.

1996 stellte Siemens sein Konzept der Totally Integrated Automation vor, das sowohl die vertikale als auch die horizontale Durchgängigkeit der Automatisierung sicherstellt: horizontal vom Wareneingang über die Produktionskette bis zum Warenausgang, vertikal über alle Ebenen der Automatisierungspyramide. Gleichzeitig erfolgte die Integration von Fertigungs- und Prozessautomatisierung: Das Prozessleitsystem SIMATIC PCS 7 baut auf Standardkomponenten aus dem SIMATIC-Spektrum auf. Die dezentrale Peripherie erhielt eigene Intelligenz und übernahm Aufgaben der Datenverarbeitung und auch der Steuerung. Parallel dazu gewann die Sicherheitstechnik an Bedeutung. Mit dem Safety-Integrated-Konzept wurde es ermöglicht, Standard- und Sicherheitsautomatisierung in einem System zu kombinieren.

Mit der Jahrtausendwende gehört es heute zum industriellen Alltag, dass selbst komplexe Produkte wie Autos oder Computer innerhalb des automatisierten Fertigungsprozesses nach den individuellen Spezifikationen des Kunden zusammengebaut werden. Die hohe Flexibilität der Linien ermöglicht es, neue Produkte schneller auf den Markt zu bringen. Mit dem Manufacturing Execution Systems (MES) werden dazu Maschinen, Mitarbeiter und Prozesse koordiniert und synchronisiert. Mit der SIMATIC IT führte Siemens 2002 ein solches System in den Markt ein, das als einziges konsequent die Vorgaben des Standards ISA −95 für MES umsetzte.

Schließlich trugen leistungsfähige Simulationstools dem zunehmenden Wunsch der Kunden Rechnung, Anlagen komplett zu modellieren, virtuell zu testen und in Betrieb zu nehmen. Damit erfolgte 2006 der Einstieg in den nächsten Schritt der Geschichte der Automatisierung: in die „Digitale Fabrik", die heute unter dem etwas weiter gefassten Begriff „Digitale Enterprise" noch fortgeschrieben wird. Ein Teil dieses Wegs ist zurückgelegt, doch eine vollständige informationstechnische Durchgängigkeit und Datenharmonisierung vom „Top Floor" zum „Shop Floor" ist bei Weitem noch nicht erreicht.

Totally Integrated Automation minimiert in diesem Zusammenhang den Engineeringaufwand durch das effiziente Zusammenwirken aller Automatisierungskomponenten.

2010 führte Siemens Industry deshalb mit dem Totally Integrated Automation Portal (TIA Portal) auch einen innovativen Engineering-Framework für alle Automatisierungsaufgaben in den Markt ein. Damit wird ein effizienteres Projektieren mit einer Zeitersparnis von bis zu 30 % bei der Programmierung von Controllern und visuellen Komponenten sowie der Konfiguration von Antrieben, Netzwerken und fehlersicheren Applikationen ermöglicht.

© Mit freundlicher Genehmigung der Siemens AG

S: Wie hat sich das Innovieren bei Siemens Ihrer Meinung nach im Laufe der Geschichte verändert (s. Abb. 2.1)?

R: Die entscheidendste Veränderung ist für mich, dass der Innovationsprozess deutlich offener geworden ist. Die Zeit der Closed Shops in den Laboren ist vorbei. Wenn ich allein auf meine eigenen zwei Jahrzehnte bei Siemens schaue oder noch weiter zurück – da hat sich wahnsinnig viel getan. Es gab zum Beispiel nach dem Zweiten Weltkrieg ein Labor von Siemens für die

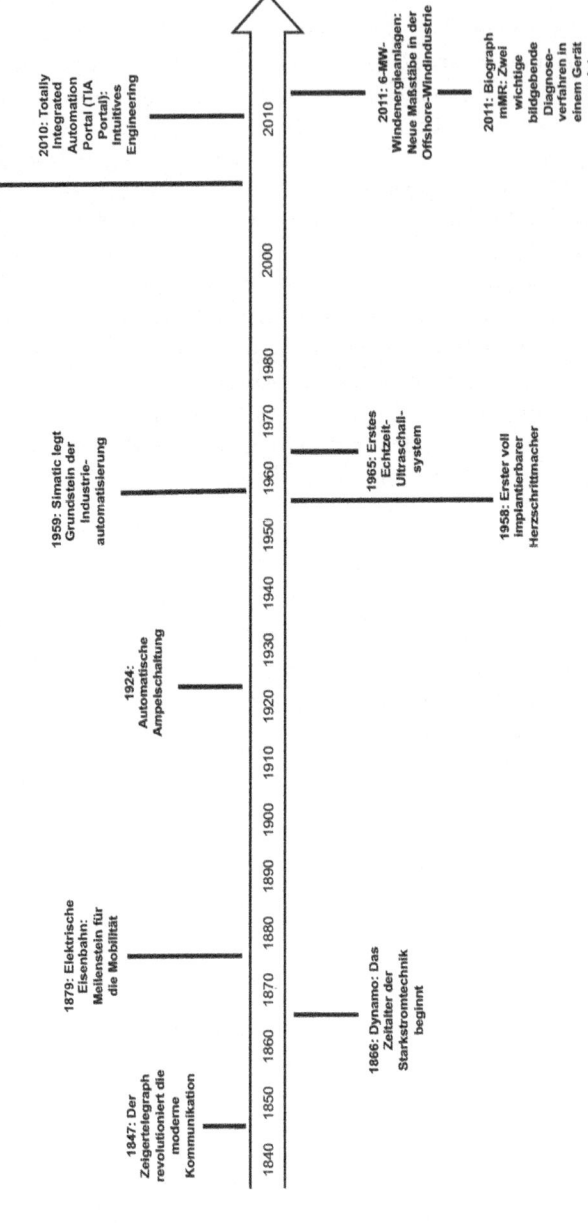

Abb. 2.1 Ausgewählte Beispiele aus der Innovationshistorie von Siemens

Grundlagenforschung im Bereich der Halbleiterphysik und Elektronik in der fränkischen Schweiz, das sehr abgeschottet war. Dort saß mit Walter Schottky ein überragender Physiker und Elektrotechniker. Das Labor hatte Siemens extra für ihn und einige wenige Mitarbeiter gebaut, 50 Kilometer vor Erlangen, um ihn aus dem operativen Geschäft herauszuhalten. Die wenigen Mitarbeiter dort haben allenfalls per Post mit der Welt kommuniziert. Heute würde man so etwas völlig anders aufstellen, viel intensiver im Netzwerk arbeiten. Die Herausforderungen sind in einem solchen Umfeld ganz andere. Das beginnt mit der nur scheinbar einfachen Frage, ob ein Thema nicht vielleicht schon als Open-Innovation-Aufruf im Netz steht. Da läuft auch die Kommunikation mit den Wissenschaftlern ganz anders – viel offener. Und ich erlebe immer öfter, dass auch gerade bei jungen Innovatoren die Ansprüche andere sind. Ihnen geht es weniger um die Frage: „Ist es meine Innovation?" Was zählt, ist: „War ich dabei, wird das in meiner Community wahrgenommen und anerkannt?" Für sie ist es wichtig, Teil einer größeren Innovation zu sein. Viele arbeiten ja in großen Projekten, die weltweit vernetzt sind.

Auch Bayer blickt auf eine große Innovationshistorie von 150 Jahren zurück. Und wenn man auch hier die aktuellen Zahlen betrachtet, dann wirkt dies nach 150-jähriger Firmengeschichte, die man im Jahre 2013 gefeiert hatte, nicht nur ausdauernd und nachhaltig, sondern gleichzeitig auch sehr facettenreich über die bis zuletzt drei doch sehr unterschiedlichen Geschäftsschwerpunkte hinweg.

Bayer ist und war dabei immer im Wandel. Auch makroskopisch. Ganze Geschäftsschwerpunkte sind in den 150 Jahren hinzugekommen oder komplett verschwunden. Auch das ist kennzeichnend für Innovation.

Innovation bei Bayer in Zahlen

Bayer ist mit rund 290 konsolidierten Gesellschaften in fast allen Ländern der Erde vertreten und beschäftigt rund 113.200 Mitarbeiter – davon 77.900 außerhalb von Deutschland.

Bayer besitzt weltweit insgesamt zwölf wesentliche Forschungsstandorte, davon sechs in Europa, drei in Amerika und drei in Asien. Insgesamt arbeiten mehr als 13.600 Forscher und Entwickler für Bayer.

Bayer forscht und entwickelt auf den Gebieten der Gesundheit von Mensch, Tier und Pflanze sowie bis zuletzt im Bereich der hochwertigen Materialien. Die jeweiligen Forschungs- und Entwicklungsprojekte der sogenannten Life Sciences unterscheiden sich fundamental von den materialwissenschaftlichen.

Bei Bayer MaterialScience dauert ein durchschnittliches Entwicklungs-projekt zwischen einem Monat und drei Jahren. Hierbei geht es primär um die Anpassung der Materialien an die Bedürfnisse der Kunden. Typischer-weise führen etwa 80 % der Projekte zum technischen Erfolg.

Ganz anders in den „Life Sciences". Bei einem Pharmaprojekt dauert es zum Beispiel acht bis zwölf Jahre, um einen chemischen Wirkstoff vom Labor bis zu einem fertigen Medikament zu entwickeln. Mit modernen bio-chemischen Methoden werden unter Millionen chemischer Substanzen die aussichtsreichsten Leitstrukturen gesucht und diese dann optimiert, bis sie dann in umfangreichen klinischen Studien auf ihre verbesserte Wirksamkeit hin geprüft werden. Für biotechnologische Produkte (Proteine), die als Arz-neimittel verwendet werden sollen, ist das Vorgehen analog. Es sind weniger Substanzen, die getestet werden müssen, dafür sind die darauf folgenden Untersuchungen und die Herstellung umso aufwendiger. Die Zeiten bis zur Markteinführung sind daher oft sogar länger als bei rein chemisch herge-stellten Medikamenten.

Die durchschnittliche Erfolgswahrscheinlichkeit eines Pharmaentwick-lungsprojektes bis zur Markteinführung liegt bei etwa 4 % (Pammolli/Magazzini/Riccaboni 2011). Dennoch hat Bayer im Bereich Pharma in den Jahren 2012 und 2013 vier neue Medikamente zur Zulassung und auf den Markt gebracht. Ein außerordentlicher Erfolg!

Im Jahr 2013 hat Bayer etwa 3,2 Mrd. € für Forschung und Entwicklung aufgewendet.

Bayer HealthCare benötigt wegen aufwendiger klinischer Studien und des höheren Risikos bei der Medikamentenentwicklung mit 65 % den größ-ten Anteil des F&E-Budgets, gefolgt von Bayer CropScience mit 26 % und Bayer MaterialScience (6 %). Die übrigen 3 % entfallen auf die Service Gesellschaften des Bayer-Konzerns, wie Bayer Technology Services und Bayer Business Services.

© Mit freundlicher Genehmigung der Bayer AG

S: **Was bedeutet Innovation für das Unternehmen Bayer in der Gesamtheit?**

P: Bayer ist heute die einzige Firma in den Lebenswissenschaften, die Produkte für die Pflanzen, Tier- *und* menschliche Gesundheit anbietet. Vor 15 bis 20 Jahren hatten das noch viele Firmen. Aber die meisten haben ihr Pflan-zengeschäft abgegeben, ein paar haben noch Tierarzneimittel *und* Human-arzneimittel, aber alles zusammen hat niemand mehr. Der Grund war: Die

Analysten haben die Investoren gedrängt, ihr Geschäft zu konzentrieren. „Ihr müsst nicht diversifizieren. Da gibt es keine Synergien." Es kam aber anders. Es entstanden die Fortschritte in der modernen Biologie: DNA, genetischer Code und diese ganzen Kenntnisse über Proteine und Eiweiße, die wir im Körper haben. Über alle diese Biologiefelder gibt es heute ganze „Landkarten". Und die haben dazu geführt, dass Synergien zwischen den Bereichen entstanden. Manche Mechanismen sind oft in der DNA und auf Proteinebene bei Tieren oder Pflanzen ähnlich wie bei Menschen, bspw. zentrale biologische Mechanismen wie die Signalübertragung oder der Energiestoffwechsel. Und da können wir etwas lernen von der Pflanze für den Menschen und umgekehrt. Und daran arbeiten wir jetzt. Dabei können Technologieplattformen über die Artgrenzen hinweg genutzt werden. Das eröffnet uns heute natürlich eine ganz neue Perspektive. Ich hoffe, dass wir schon in wenigen Jahren die Erfolge dieser Forschung über die Artgrenzen hinweg in unserem Entwicklungsportfolio erkennen werden.

S: **Wie hat es Bayer geschafft, den eingangs erwähnten Analysten- und Investorendruck auszuhalten?**

P: Also bei uns war es so, dass wir uns in der Phase der Umstrukturierung, Anfang des letzten Jahrzehnts, auf drei Geschäfte konzentriert haben: MaterialScience, das Geschäft mit hochwertigen Polymeren; CropScience, das Pflanzenschutz- und Saatgutgeschäft; und HealthCare, das Geschäft mit Arzneimitteln und Medizintechnikprodukten. Gemeinsames Merkmal all dieser Geschäfte war, dass sie innovationsgetrieben sind, durch Innovationen wachsen können, und dazu beitragen können, wesentliche Herausforderungen der Zukunft zu lösen. Alles unter dem Leitbild „Bayer: Science For A Better Life". Diese inhaltliche Klammer mit ihrer langfristigen Perspektive hat die Investoren überzeugt!

S: **Und wie hat sich das Innovieren bei Bayer Ihrer Meinung nach im Ablauf der Geschichte verändert?**

P: Wir haben das Leitmotiv „Science For A Better Life" vor mehr als zehn Jahren eingeführt. Das ist unser genetischer Fingerabdruck, den wir seitdem auch prägnant ausdrücken können. Forschung und Entwicklung, Innovation, vor allen Dingen Produktinnovationen. Das hat Bayer immer getrieben und geprägt. Auch heute! Aber wir entwickeln uns weiter. Wir erweitern unser Verständnis von Innovation über die Produktinnovation hinaus. Es geht darum: „Wo können Innovationen im Unternehmen zu einem besseren, attraktiveren Kundenangebot beitragen?" Wir wollen heute in allen Bereichen des Unternehmens Innovationen fördern, nicht nur in der Forschung und Entwicklung, die uns zu einem besseren Wettbewerber machen.

Wenn man das Innovieren von vor 30 oder 40 Jahren mit heute vergleicht, hat sich aber vieles enorm verändert. Heute ist das eigentlich eine Maschine. Eine total durchstrukturierte Maschine, die in manchen Bereichen einer Produktionsmaschine gleicht. Mit Meilensteinen, mit stringentem Projektmanagement, mit Tools zur Beurteilung von verschiedenen Meilensteinen, mit Tages- und wöchentlichen Zielsetzungen, wann es was zu erreichen gilt.

Und wir innovieren viel mehr mit Dritten, mit Partnern, als in der Vergangenheit. Kooperationen gab es früher natürlich auch schon. Aber wir haben damals gedacht, wir könnten es selber am besten. Das hat sich massiv geändert. Wir machen heute vieles mit Partnern, weil die Wahrscheinlichkeit des Erfolges einfach viel größer ist. Das ist anders geworden und hat auch wieder mit Fokus zu tun!

S: **Welche Geschichte steht Ihrer Meinung nach denn für Ihr Haus am meisten für so eine richtige fundamentale Innovation?**

P: Aspirin spielt da bei Bayer natürlich eine große Rolle. Das war die erste Marke, die wir angemeldet haben. Da war es das erste Mal gelungen, dass wir auf wissenschaftlicher Basis Produkte entwickelt hatten. Der Naturstoff Salicylsäure war ja schon vorher bekannt. Und der wurde dann das erste Mal synthetisch stabil hergestellt. Es entstand die Acetylsalicylsäure. Das war dann unsere Basis bzw. unser Selbstverständnis für das Weiterarbeiten: Wissenschaft nutzen, um Produkte zu machen. Ich glaube, das war auch aus gesellschaftspolitischer Sicht interessant. Damals gab es keine große Trennung zwischen den beiden Welten, der akademischen und der industriellen Forschung. Da standen sich alle nahe. Das spüren Sie, wenn Sie Berichte aus der damaligen Zeit lesen. Auf Symposien hatten sich die Kollegen aus den Labors der Industrie mit den renommierten Wissenschaftlern getroffen. Diese Nähe war in der zweiten Hälfte des letzten Jahrhunderts in einigen unserer Forschungsbereiche nicht mehr gegeben. Aber besonders in den letzten zehn Jahren rücken die beiden Welten wieder mehr und mehr zusammen. Eine sehr positive Entwicklung.

Aspirin hat also bei Bayer eine riesige Rolle gespielt. Aber da gibt es natürlich noch ein paar ganz andere, ganz große Innovationen in unserer nun 150-jährigen Geschichte.

Zum Beispiel Polyurethan. Wenn Sie früher einen Schwamm hatten, in der Zeit vor Polyurethan, war das ein gewachsener Schwamm aus dem Meer. Heute ist das ein Polyurethanschwamm. Oder früher war in der Matratze Pferdehaar oder Stroh drin. Heute ist das Polyurethan. Das war schon eine richtige Sprunginnovation und die hat die Welt in verschiedenen Markt- oder Technologiesegmenten total verändert. Und Polyurethan wurde später auch eine starke Basis für Schrittinnovationen, bspw. für Innovationen in den Innenräumen der Automobile.

Oder im Arzneimittelbereich, wo ein Bayer-Forscher, ein späterer Nobelpreisträger, praktisch die ersten synthetischen, antibiotisch wirksamen Substanzen entwickelte. Das war in der Zeit vor dem Penicillin. Das war natürlich noch nicht so wirksam wie Penicillin. Aber es führte zu einem beträchtlichem therapeutischen Fortschritt.

Oder kennen Sie Ciprofloxacin? Das war ein Antibiotikum, das in den 1980ern auf den Markt gebracht wurde.[2] Es war quasi das Vorläufer-Antibiotikum einer neuen Wirkstoffklasse. Das hat die Welt der Antibiotikatherapie verändert. Es wirkt bei vielen bakteriellen Infektionen. Das ist das wahrscheinlich erfolgreichste Antibiotikum aller Zeiten. Neben den Penicillinen vielleicht; die haben aber auch einige Jahrzehnte Vorsprung.

Und auch die Informationstechnologie hat für eine wesentliche Weiterentwicklung der Innovationsprozesse bei uns im Haus gesorgt.

Der Einfluss der Informationstechnologie und computergestützter Simulationen auf den Innovationsprozess am Beispiel des Blutgerinnungsmittels Rivaroxaban

Die rasante Entwicklung in der Informationstechnologie erlaubt heute bei Weitem komplexere computerunterstützte Simulationen als noch vor wenigen Jahren. Hierzu zählt mittlerweile die Möglichkeit, „in silico" biologische Prozesse in sehr hohem Detailgrad nachzustellen. Wir sind beispielsweise nicht mehr allzu weit davon entfernt, alle Vorgänge in einer vollständigen Zelle zu simulieren.

Das Berechnen und Visualisieren von lebenden Organismen ist nicht nur für die frühe Forschung zur Aufklärung molekularer Interaktionsmechanismen zwischen Medikament und Ziel(-protein) von Nutzen, sondern auch in der pharmakologischen Entwicklung von Medikamenten.

Die Technologieplattform „Computational Life Science" und hierunter die Arbeitsgruppe Systembiologie bei Bayer hat dieses Know-how beispielsweise auch zur Unterstützung der Entwicklung des pharmazeutischen Wirkstoffes Rivaroxaban hin zum Medikament genutzt.

---

[2] Ciprofloxacin gehört zur (bei Bayer entdeckten) neuen Stoffklasse der sog. Chinoloncarbonsäuren. Ein Erfinder bei Bayer (Professor Klaus Grohe) hat damals eine (nun nach ihm benannte) Methode entwickelt, die diese Stoffgruppe überhaupt erst darstellbar machte. Ciprofloxacin war das erste einer von Bayer (in der Folge) entwickelten Präparatreihe aus dieser Stoffklasse. Es folgten beispielsweise Enrofloxacin und Moxifloxacin.

Rivaroxaban ist ein direkter Inhibitor des sogenannten Faktors Xa und damit ein Hemmer der Blutgerinnung zur Verhinderung von Thrombosen, die unter anderem in einem Schlaganfall oder Herzinfarkt münden können.

Biologisch ist die Blutgerinnungskaskade ein zwar komplexer, aber gut verstandener Mechanismus mit definierten Einflussfaktoren. In einem interdisziplinären Projekt aus Modellierern und Biologen konnte daher ein detailliertes mechanistisches Computermodell des gesamten Blutgerinnungsmechanismus erstellt werden.

Das Modell besteht im Wesentlichen aus einem großen Satz von miteinander interagierenden Differentialgleichungen, das um relevante pharmakologische Prozesse sowie patientenspezifische Parameter ergänzt wurde. Die schlussendliche Simulation umfasst alle Teilschritte der Blutgerinnung von der molekularen Wechselwirkung bis hin zur Interaktion von Blutplättchen mit der Oberfläche der Adern.

Hierdurch konnte dann die Wirkung von Rivaroxaban auf die zu verhindernde Thrombosebildung unter ganz verschiedenen Bedingungen bereits im Vorfeld und spezifisch für bestimmte Patientengruppen simuliert werden.

Diese Simulationsergebnisse verkürzten die Entwicklungszeit des Medikamentes signifikant.

Dies war in doppelter Hinsicht gut für die Patienten: Zum einen konnte das Medikament so früher auf den Markt gebracht und damit den Menschen verfügbar gemacht werden. Zum anderen wurde hierdurch frühzeitig das Nutzen-Risiko-Profil dargestellt.

An der Entwicklung von Rivaroxaban waren schlussendlich nicht nur Chemiker, Biologen und Mediziner beteiligt, sondern auch Computerexperten.

© Mit freundlicher Genehmigung der Bayer AG

P: Bei Bayer gibt es also nicht eine Geschichte, sondern, ohne anzugeben, einen Korb von Geschichten über zahlreiche Sprunginnovationen und eine Vielzahl von Schrittinnovationen über die 150-jährige Firmengeschichte hinweg (s. Abb. 2.2).

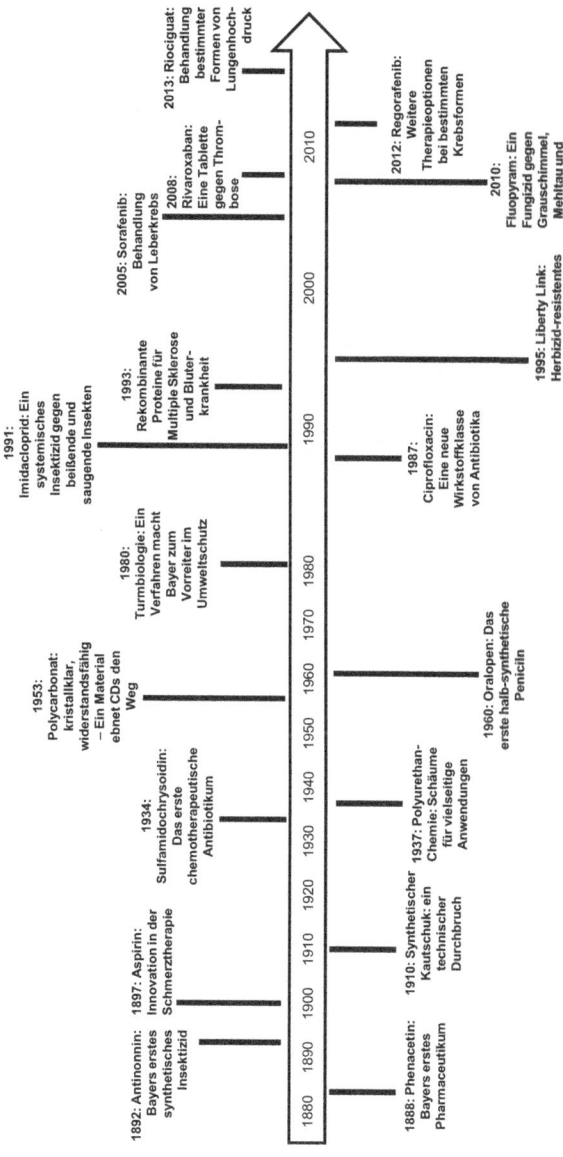

Abb. 2.2 Ausgewählte Beispiele aus der Innovationshistorie von Bayer

Im Gegensatz zu Siemens und Bayer mit seinen weit gestreuten Produktspektren ist BMW im Produktangebot eher homogen und auf einen Markt fokussiert: den Markt der Premium-Automobile. Gleichzeitig ist BMW von den drei hier angesprochenen Unternehmen aber sicherlich marktseitig das komplexeste Unternehmen, da Autokäufer in der Regel ja nicht nur „ein Auto" kaufen, sondern „eine Emotion". Bevor darauf eingegangen werden soll, lohnt sich aber in jedem Fall auch bei BMW erst einmal ein kurzer Blick auf die Innovationshistorie.

Innovationshistorie BMW

Seit ihrer Gründung im Jahr 1916 hat sich die BMW AG durch zahlreiche Innovationen in unterschiedlichen Mobilitätsbereichen (Flugmotoren, Motorräder, Automobile) ausgezeichnet. Dabei waren und sind Innovationen für BMW nie Selbstzweck, sondern immer Mittel zum Zweck (Ziel ist es, Produkte, Prozesse, Services, Technologien oder Ideen mit höherem, nachweisbarem Nutzen für die Kunden anzubieten). In diesem Sinne stand bei BMW von Beginn an das Streben im Mittelpunkt, aus den besten technischen Einzellösungen ein „optimales Gesamtpaket" für die übergreifende Zielsetzung des jeweiligen Produkts zusammenzufügen.

Hierbei wurde im Zeitablauf eine große Bandbreite an Innovationen eingeführt, die hier beispielhaft in den Kategorien Konzept-, Einzel- und Prozessinnovationen dargestellt werden sollen.

Prägende Beispiele für Konzeptinnovationen (s. Abb. 2.3):

- Der BMW-Höhenmotor für Flugzeuge erreichte 1919 mit einem speziell konstruierten Vergaserprinzip eine Flughöhe von 9760 m und damit den ersten von vielen BMW-Weltrekorden.
- Am ersten BMW-Motorrad BMW R32 war 1923 zwar für sich genommen keine Komponente neu, aber die Zusammenstellung setzte Maßstäbe, brachte zahlreiche Vorteile und war demnach ein Meilenstein für die Motorradgeschichte. Der längs eingebaute Boxermotor führte zu einer sehr guten Kühlung der Zylinder sowie des kritischen Bereichs der Auslassventile. Durch die Antriebswelle zum Hinterrad wurde zudem im Gegensatz zu den damaligen Ketten- oder Riemenantrieben eine fast völlige Wartungs- und Verschmutzungsfreiheit erreicht.
- Die Einführung der sportlichen Familienlimousinen („Neue Klasse" 1962) und der sportlichen Kompaktlimousinen (02er Reihe 1966) begründeten durch den erfolgreichen Motorsporteinsatz den Ruf der

sportlich dynamischen Automobilmarke BMW mit dem Fokus auf die „Freude am Fahren".

- 1980 wurde mit der BMW R80 GS das erste Geländemotorrad für die Straße eingeführt, das mit seiner konkurrenzlosen Vielseitigkeit bis heute das Benchmark bei Reiseenduros darstellt.
- 1986 Einführung des ersten M3, der als kompakte Sportlimousine kompromisslose Sportlichkeit mit einem Höchstmaß an Effizienz und Alltagstauglichkeit verband.
- 1989 Einführung des Roadsters Z1. Dieser zeichnete sich durch eine Frontmittelmotorkonstruktion mit optimaler Gewichtsverteilung, eine Kunststoffkarosserie in Sandwichbauweise sowie eine neuartige Hinterachskonstruktion aus. Des Weiteren konnten die innovativen, senkrecht zu hebenden Türen während der Fahrt für ein unvergleichliches Fahrerlebnis offen bleiben.
- 1999 wurde mit dem X5 das inzwischen etablierte Fahrzeugsegment der Sports Activity Vehicles (SAV) begründet und mit X3, X1, X6 und X4 konsequent ausgebaut. Höchst komfortabel und äußerst flexibel verbinden die Modelle sportliches Fahrverhalten mit hohem Nutzwert und sind für Herausforderungen des Alltags ebenso ideal geeignet wie für größere Reisen und überzeugen auf und abseits der Straße.
- Mit der Einführung des Innovationspakets BMW EfficientDynamics 2007 wurde eine deutliche Reduzierung von Verbrauch und Emissionen bei gleichzeitig gesteigerter Leistung und Fahrfreude über die gesamte Modellpalette erreicht. Mit intelligentem Energiemanagement und Leichtbau sowie Aerodynamik- und Motoreneffizienzmaßnahmen wurde dabei eine Vielzahl von Einzelmaßnahmen verknüpft.
© Mit freundlicher Genehmigung der BMW AG

Im Zeitablauf wurden auch vielzählige technische Einzellösungen als Enabler für die Gestaltung optimaler Gesamtlösungen entwickelt (s. Abb. 2.4):

- 1975 wurde die konsequent ergonomisch gestaltete, fahrerorientierte Instrumententafel im BMW 3er eingeführt.
- 1979 wurde erstmals die elektronische Motorsteuerung eingesetzt.
- 1982 folgte die aktive Überwachung der Fahrzeugfunktionen mittels „Check Control".
- Elektronische Lichtweitenregulierung (BMW 7er, 1986).
- 1991 Einparkhilfe („Park Distance Control", BMW 7er).

- 2001 Bedienkonzept iDrive (BMW 7er). Durch Integration aller Komfort- und Einstellfunktionen wird bei Erhöhung der Funktionsvielfalt die Übersichtlichkeit erhöht und die Fahrzeugbedienung erleichtert.
- 2003 Aktivlenkung (BMW 5er).
- Durch die branchenübergreifende Übertragung von Technologien konnten wichtige industrieprägende Transferinnovationen umgesetzt werden. Beispiele hierfür sind die Nutzung der Rohrrahmentechnologie aus der Motorradentwicklung für den Automobilleichtbau (1933) sowie die Übertragung des ABS vom Auto auf das Motorrad (1988).

Flankiert werden die technischen Innovationen durch Prozessinnovationen, die deren Entwicklung sowie deren sinnvollen Einsatz häufig erst ermöglichen (s. Abb. 2.5). So wurden 1976 bei BMW die ersten Roboter in der Automobilfertigung eingesetzt oder 2013 im BMW-Werk Leipzig die erste CFK-Großfertigung in Betrieb genommen.

Schlussendlich wurden durch die Inbetriebnahme des BMW- Forschungs- und Innovationszentrums (FIZ) eine direkte Vernetzung aller Entwicklungsbereiche und damit die interdisziplinäre Bearbeitung von Innovationen erreicht. Dies wird durch das internationale Entwicklungsnetzwerk mit weltweit zehn Entwicklungszentren in Europa, Asien und Amerika untermauert.
© Mit freundlicher Genehmigung der BMW AG

Dahinter stehen aktuell folgende Kennzahlen zum Innovieren bei BMW:

Innovation bei BMW in Zahlen
Die BMW Group ist als führender Premium-Automobilhersteller weltweit tätig und hat 2013 nahezu 2 Mio. Fahrzeuge der Marken BMW, MINI und Rolls-Royce ausgeliefert.

2013 wurde mit 110.000 Mitarbeitern ein Umsatz in Höhe von rund 76 Mrd. € erzielt.

In der Summe arbeiten bei der BMW Group nahezu 11.400 Mitarbeiter an 12 Standorten in 5 Ländern direkt im Forschungs- und Entwicklungsnetzwerk.

Im Jahr 2013 wurden ca. 4,8 Mio. € für Forschungs- und Entwicklungsleistungen und damit 6,3 % vom Umsatz investiert.
© Mit freundlicher Genehmigung der BMW AG

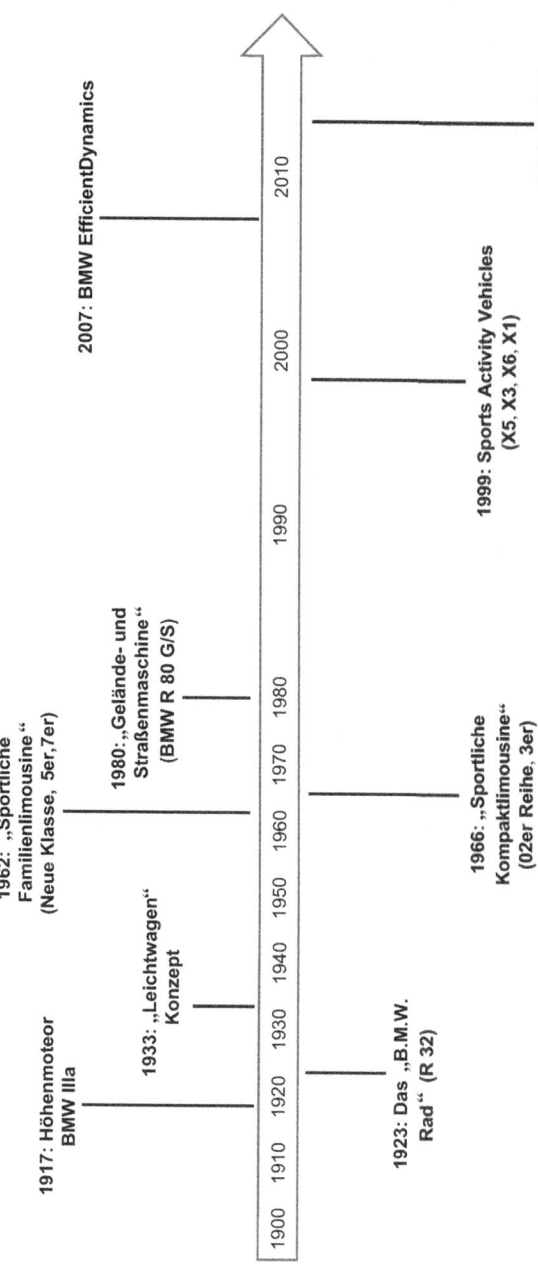

Abb. 2.3 Ausgewählte Beispiele für Paket- und Konzeptinnovationen aus der Innovationshistorie von BMW

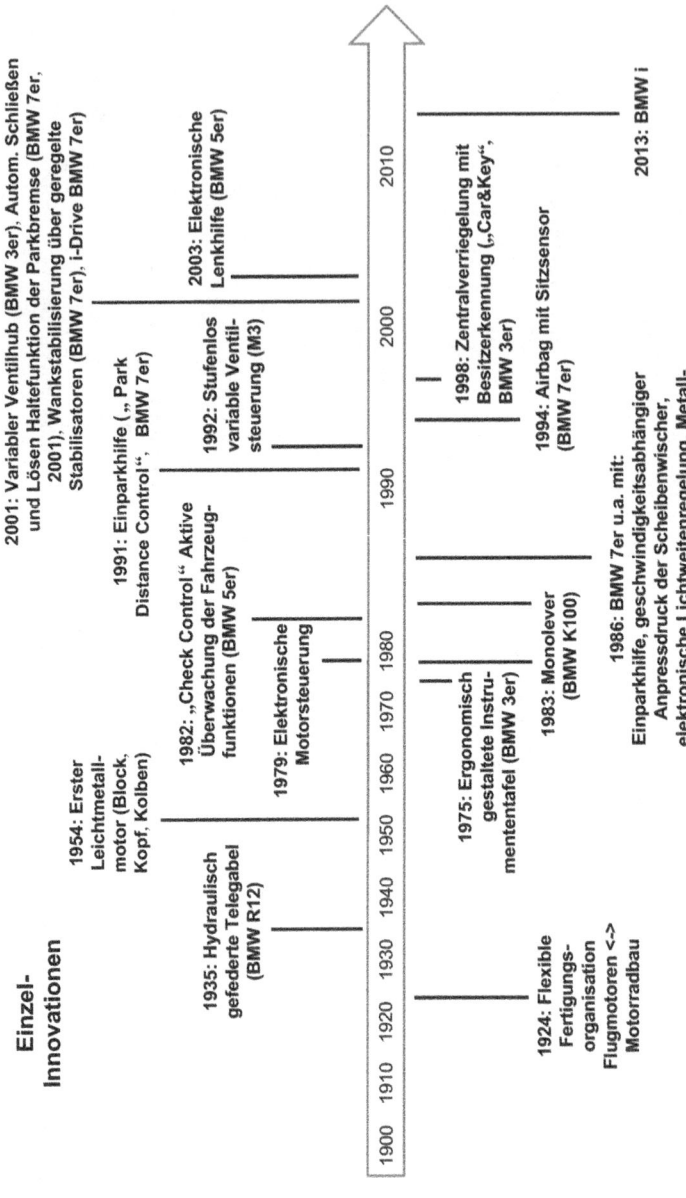

Abb. 2.4 Ausgewählte Beispiele für Einzelinnovationen aus der Innovationshistorie von BMW

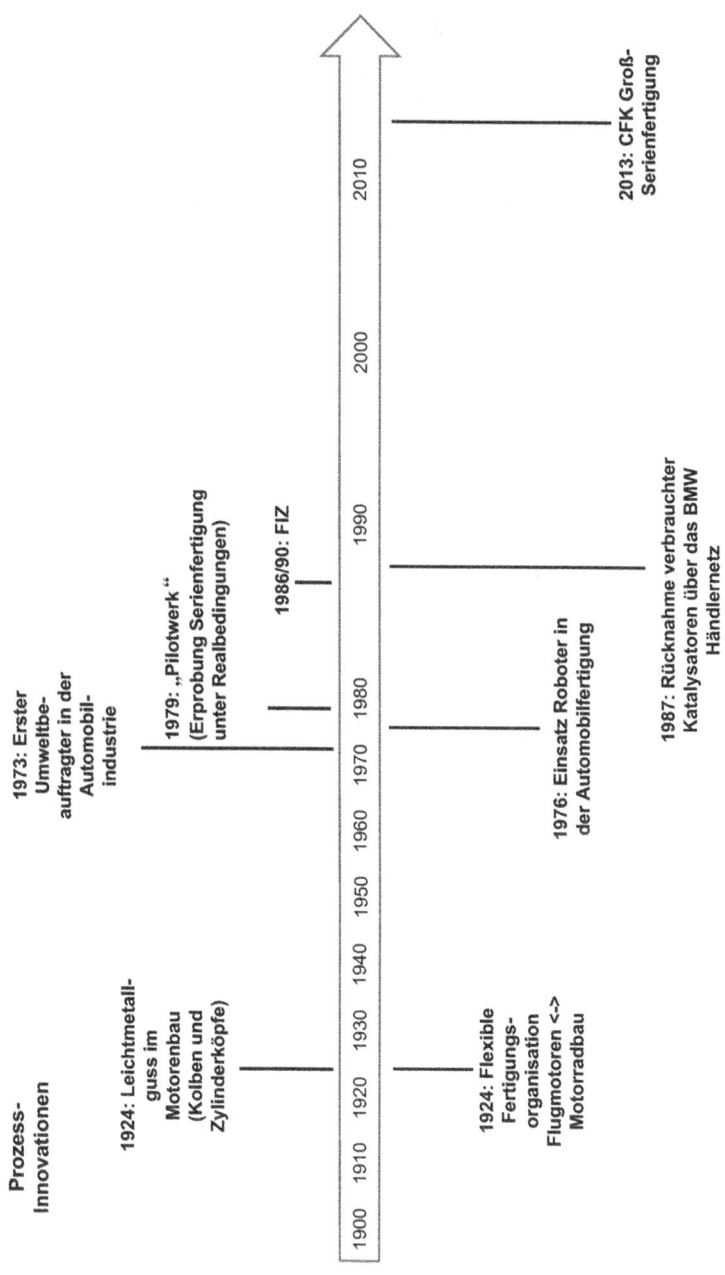

Abb. 2.5 Ausgewählte Beispiele für Prozessinnovationen aus der Innovationshistorie von BMW

S: **Welche Geschichte repräsentiert Ihrer Meinung nach denn für Ihr Haus eine fundamentale Innovation?**

N: Die wichtigsten Geschichten für BMW liegen sicherlich in der Zeit nach dem 2. Weltkrieg. Gerade nach der großen Krise ist BMW Anfang der 1960er Jahre durch besondere Produkte wieder auf die Überholspur gekommen: kompakt, gut motorisiert, mit gutem Fahrwerk. Damals ist der sportliche Nimbus von BMW wieder auferstanden. Ob das schon Innovation ist, in kleine Fahrzeuge große Motoren zu packen? Ich würde sagen: ja. Zumindest hat BMW die damalige Branchenregel „Große Autos – starke Motoren" umgedreht und damit den Erfolg von heute begründet.

S: **Viele Experten sagen, dass sich die Automobilindustrie in den letzten 100 Jahren nicht wesentlich verändert hat. Die jüngere Zeit aber ist für alle Automobilhersteller in jedem Falle durch große Umbrüche geprägt. Wie hat sich die Innovationskultur in Ihrem Hause über die Jahre hinaus verändert?**

N: Da hat sich in den letzten Jahren viel getan. Lange Zeit lag das Hauptaugenmerk auf den Motoren („Bayerische Motoren Werke"), immer mehr Leistung bei weniger Verbrauch. Beim Branding gab es innovative Ansätze, wie man in einem Konzern mehrere Marken erfolgreich führen kann. Und bei aller Bescheidenheit: BMW hat bewiesen, dass man mit BMW, MINI und Rolls-Royce drei Marken sehr erfolgreich führen kann. Und alle drei Marken haben eigene Markenwerte und daraus abgeleitet unterschiedliche Innovationsprofile.

Seit 100 Jahren gab es beim Auto eigentlich keine gravierende Veränderung – jetzt ist die Zeit für den „iconic change" angebrochen, was für BMW bedeutet, Alternativen zum Verbrennungsmotor wie Elektro, Wasserstoff (vielleicht auch mit der Brennstoffzelle) aufzubauen. Die dafür notwendigen Kompetenzen wollen wir zu unseren Kernkompetenzen machen. Und mit dem i3 und i8 schaffen wir jetzt Leuchttürme, mit denen wir uns an die Spitze dieser Branchenveränderung setzen.

Literatur

Pammolli, F.; Magazzini, L.; Riccaboni, M.: The productivity crisis in pharmaceutical R&D, in: Nature Reviews Drug Discovery Juni (2011) 10, S. 428–438.

Strategische Leitplanken für das Innovieren

S: **Wie würden Sie die Innovationsstrategie von Siemens beschreiben? Will Siemens immer der Erste sein?**

R: Siemens ist von jeher Pionier auf vielen Gebieten gewesen. Das heißt aber nicht notwendigerweise, dass wir immer und überall die Ersten sein müssen. Die Standardbegriffe „Innovation Leader" oder „First Follower" greifen beide zu kurz. Unsere Rolle ist vielmehr die des Trendsetters. Das kann einerseits bedeuten, als „Fast Follower" die Relevanz von etwas bereits Entdecktem und Bestehendem zu erkennen und das dann auf die richtige Spur zu bringen. Es kann andererseits aber auch bedeuten, neue Gedanken durchschlagend relevant zu machen, in Lösungsangeboten zu manifestieren. Und dabei ist es egal, ob diese Ideen aus dem eigenen Haus kommen oder außerhalb entstanden sind. Das sollte für den Kunden dann so relevant sein, dass für ihn – wie selbstverständlich – unsere Lösung die erste ist, die ihm einfällt. Das ist die Strategie, die ich mit dem Begriff „Trendsetter" verbinde.

Trendsetterstrategie Siemens am Beispiel PLM Software
Ein Beispiel für diese Trendsetterstrategie ist Siemens PLM Software, heute der globale Marktführer für Product Lifecycle Management in der Industrie. Siemens ist bereits seit Jahrzehnten weltweit Innovations- und Marktführer für Automatisierungslösungen in der Fertigungs- und Prozessindustrie. Bei Software für die der Automatisierung vorgelagerten Bereiche Produktentwicklung und virtuelle Produktionsplanung war das Unternehmen hin-

gegen lange Zeit nicht vergleichbar stark aufgestellt. Im Jahr 2007 erwarb Siemens daher für rund 3,5 Mrd. US-Dollar das hierauf spezialisierte texanische Unternehmen UGS und gliederte es in seine Division Industry Automation ein. Bis zum Jahresbeginn 2014 hat Siemens gut ein Dutzend weitere Softwareunternehmen erworben und eingegliedert. Dazu gehören kleinere spezialisierte Unternehmen wie Perfect Costing Solutions oder Kineo, aber auch Schwergewichte wie LMS. Die Lösung von Perfect Costing Solutions erlaubt es schon in frühen Designphasen eines Produktes, die Kosten des fertigen Produktes zu optimieren. Das ist wettbewerbsentscheidend, wenn man bedenkt, dass während der Produktdesigns 80 % der späteren Produktkosten durch Materialauswahl festgelegt wird – und später kaum noch geändert werden kann. Die Spezialsoftware von Kineo hilft bei der Optimierung von Bahnberechnungen, die z. B. wichtig sind für Schweißroboter oder Montageroboter in der Fabrik; je kürzer und mit weniger Energie sie arbeiten, umso effizienter ist die Produktion. Das umfangreiche Angebot von LMS schließlich hilft Unternehmen bei der Simulation und Optimierung von Fahrzeugen aller Art. So können Flugzeugzellen, Autokarosserien oder gar Mars-Landefähren in ihrem Verhalten simuliert und optimiert werden. Dazu kann Siemens heute sowohl die Software zur reinen virtuellen Prüfung als auch die Hardware zur anschließenden Verifikation am realen Modell liefern. Seit der Eingliederung dieser Softwareunternehmen führt für Kunden in den Fertigungs- und Prozessindustrien heute kaum mehr ein Weg an Siemens vorbei. Weltweit kann kein anderer Konzern eine vergleichbare Integration von physischen Automatisierungstechnologien mit extrem innovativen Softwaretools für Werksdesign, Produktdesign und digitale Kooperation liefern. So beliefert Siemens PLM Software beispielsweise fast alle großen Automobilhersteller der Welt (inklusive der meisten Formel 1-Rennställe), hat 77.000 Kunden in 62 Ländern und rund 9 Mio. Lizenzen vergeben – und damit seine ohnehin schon starke Position als Trendsetter und umfassender Anbieter von kompletten Lösungen, nicht nur von einzelnen Produkten, weiter ausgebaut.

Die Konzentration auf die Rolle eines Trendsetters bedeutet jedoch nicht, dass Siemens in Einzelfällen nicht auch Positionen als First Mover besetzen würde. Ein Beispiel: In der Fertigungsindustrie kommt es auf eine zeitlich extrem präzise Koordination der Abläufe bei allen Fertigungsschritten an. Die Übertragung von Daten über kabellose Funknetze, etwa WLAN, galt für diese Industrie lange Zeit als ungeeignet, da Funknetze kein Real-Time-Erfordernis erfüllten. Daher kam für die Datenübertragung traditionell allein eine aufwändige Verkabelung der Maschinen infrage. Siemens beschäftigte sich mit dem Thema und entwickelte mit IWLAN (Industrial Wireless Local Area Network) im Jahr 2005 die Möglichkeit einer drahtlosen Vernetzung. Das erspart nicht nur eine kostenintensive Verkabelung, sondern die Produktion wird dadurch auch schneller, günstiger und die Arbeitsbedingungen und die Produktqualität verbessern sich.

© Mit freundlicher Genehmigung der Siemens AG

S: **Wie kann man die Innovationsstrategie von BMW kurz beschreiben?**

N: Das ist bei uns ähnlich. Abgeleitet von den Markenwerten von BMW oder den anderen beiden Marken wollen wir Trendsetter sein. Bei BMW ist das Profil sehr klar: Sportlichkeit, aber auch Effizienz und Umweltverträglichkeit. Das schlägt sich im Suchfeld „Efficient Dynamics" nieder. Ein zweites großes Feld ist das Thema „Connectivity". Wir sind davon überzeugt, dass das Automobil zukünftig nicht mehr nur singulär als Fortbewegungsmittel dient, sondern auch als mobiles Büro oder als Wohlfühloase.

Mit der neuen Sub-Brand „i", die 2014 unter dem Stichwort „Born Electric" in den Markt kommt, wollen wir im Bereich Elektromobilität viele Innovationen zeigen: vom Fahrzeug selbst über Ladestrategien, Reichweitenmanagement und viele zusätzliche Angebote, die das Fahrzeug z. B. im urbanen Bereich noch besser nutzbar machen, also etwa einer Parkstrategie.

S: **Der Kampf um ein Markenprofil oder das Einführen einer neuen Marke ist in den Unternehmen in der Regel sehr veränderungsintensiv. Häufig ist man aber doch eher „ingenieurgetrieben".**

N: Das ist sicherlich nicht einfach ein Schalter, den man umlegt. Eine Strategie zu definieren ist einfach, die Umsetzung ist deutlich schwieriger. Man braucht einen langen Atem über Monate und Jahre, um nicht aus dem Konzept gebracht zu werden. Für uns ist es einfacher, weil wir die innovativen Themen auf die Marken aufteilen können. Die Submarke „i" steht für Elektromobilität; die Submarke „M"[1] als besonderes Bookmark für Power, Komponentenleichtbau und Präzision, MINI für unkonventionell. Und natürlich tauschen wir uns im Konzern über die Marken und die Disziplinen hinweg auch umfassend aus.

---

[1] Die Sub-Marke M steht im Hause BMW für das Markenversprechen Dynamik, Innovation und Ästhetik und hat den Anspruch, rennsportähnliche Leistungscharakteristika mit absoluter Alltagstauglichkeit zu verbinden.

S: **Und das Innovieren geht dann deutlich über das Produkt hinaus?**

N: Richtig, nur auf Produkte zu schauen, wäre zu kurz gesprungen. Wenn man nur aufs Produkt schaut, ist die Wahrscheinlichkeit, dass etwas als innovativ angesehen wird, sehr gering. Man muss dem Kunden schon fast ein „Rund-um-Sorglos-Paket" anbieten, eben so, wie wir es mit dem Angebot zur Elek-tromobilität mit einem ganz neuen Environment tun wollen. Dazu gehört neben dem Produkt die Marke an sich, der Service, das Lifecycle Manage-ment, die Garantieseite, eben alles um das Produkt Automobil herum.

S: **Also besitzt BMW auch Stärken im Dienstleistungsbereich, auf die man setzen kann?**

N: Hier muss man vom Kunden kommen und auf das ganze Umfeld schauen, in dem der Kunde z. B. ein E-Fahrzeug bewegt. Haupteinsatzgebiet ist sicher der städtische Raum, verbunden mit Pendeln, Einkaufen, Parken, Laden, Reich-weitenmanagement etc. Hier gilt es, Verträge mit Parkhäusern zu machen, mit Spezialisten im Bereich Connectivity zu arbeiten u. a., um möglichst ein komplettes Package anzubieten, und nicht nur ein E-Fahrzeug. Wenn man das nicht tun würde, wäre die Akzeptanz sicher geringer. Der Kunde kann also mit einem Elektrofahrzeug in eine Innenstadt fahren, hat einen reservier-ten Parkplatz, kann dort laden und bekommt die Rechnung monatlich, wie eine Handyrechnung. Ein solches Gesamtpaket bringt einen großen Kunden-nutzen mit sich.

S: **Die Innovationsstrategie bei Bayer dürfte noch etwas heterogener sein, wenn man sich die Unterschiedlichkeit der Produkte anschaut?**

P: BMW baut Autos, wir helfen BMW die Autos zu bauen – mit unseren Poly-meren. Aber wir machen natürlich noch Arzneimittel, Medizintechnikpro-dukte, Pflanzenschutzmittel und Saatgut. Wir haben ein diversifizierteres Angebot und entsprechend ist unsere Innovationsstrategie heterogen. Aber es gibt ein Merkmal, das uns auszeichnet: Wir beschäftigen uns mit Mole-külen – bei Arzneimitteln, beim Pflanzenschutz, bei Polymeren; das zieht sich immer durch. Ein weiteres gemeinsames Element ist die gesamtheit-liche Sichtweise auf „Pflanzen und Tiere und Menschen" im Bereich der Lebenswissenschaften.

Und da gibt es Synergien, bei den Technologieplattformen. Und es gibt Ansätze bei Wirkprinzipien und Wirkorten, die ähnlich sind. Was die Innova-tion im Polymerbereich anbelangt, da geht es nicht um die Entwicklung neu-er Moleküle mit ganz neuen Eigenschaften (wie im Bereich Pflanzengesund-heit oder Tier- und menschlicher Gesundheit). Da geht es um inkrementelle Verbesserungen, vor allem um neue Anwendungen der Polymere. Sie sehen, da hat sich in den letzten Jahrzehnten einiges Verändert. Innovation bei MaterialScience unterscheidet sich mittlerweile fundamental von Innovation in den Life Sciences. Obwohl alles Innovation bleibt! Wenn wir heute aber Arzneimittel entwickeln, da muss der Innovationssprung groß sein. Wir müssen Therapeutika entwickeln, die merklich besser sind als der heutige Therapiestandard. Wenn das nicht gelingt, dann bezahlt das Gesundheitssystem nicht mehr dafür. Da wird mit einem anderen Maß gemessen. Das bedeutet: Ich muss heute bei der Forschung und Entwicklung ein noch größeres Risiko eingehen, in einem Forschungsgebiet, in dem die Erfolgswahrscheinlichkeit schon immer gering war, besonders, wenn man beispielsweise ein neues Arbeitsgebiet, Therapeutika für eine bestimmte Erkrankung, zum ersten Mal betritt. Dann muss man erst lernen. Man muss seine Erfahrungen machen. Bis man in einem neuen Arbeitsgebiet in den Lebenswissenschaften etwas Signifikantes entwickeln kann, benötigt man 10 bis 20 Jahre! Da ist die Gefahr des Scheiterns sehr groß, ebenso wie die Gefahr der Ablenkungen über so einen langen Zeitraum. Denn Fokussieren ist bereits schwer. Fokus zu behalten aber noch viel schwieriger.

Es gibt also bei Bayer fundamentale Unterschiede der Innovationsstrategien zwischen den Bereichen Polymerchemie und den Lebenswissenschaften: beim Risikoprofil, bei den Größenordnungen der finanziellen Aufwendungen, bei der Komplexität der Projekte und beim Anspruch, was es an Innovationszielen zu erreichen gilt. Deshalb wollen wir bewusst nicht immer Pionier sein. Das kann man auch gar nicht.

S: **Ein ganz zentraler Strategieaspekt für Innovationen ist der Faktor Zeit, insbesondere die Time-to-Market. In unserer Diskussion hier im Buch sprechen wir ja nicht über von Natur aus schnelldrehende Märkte wie Konsumerelektronik oder das Geschäft mit Damen- und Herrenmode. Dort zielt die Time-to-Market auf Halbjahrestaktungen oder sogar Saisontaktungen ab. BMW, Siemens und Bayer beschäftigen sich mit Investitionsgütern und komplexen Gebrauchsgütern. Was bedeutet bei Ihnen dann schnelldrehend? Und welche fundamentalen Unterschiede sehen Sie beim Innovieren zwischen schnelldrehenden und langsam drehenden Branchensegmenten? Schnelldrehend ist wahrscheinlich eine Marke wie MINI. Wie schafft man es überhaupt, ein Auto in 21 Monaten auf den Markt zu bringen? Hat man in der Regel etwas im Köcher, damit man den Markt schnell bedienen kann?**

N: Sie haben Recht. Wenn man in Richtung Unterhaltungselektronik schaut, dann sind 21 Monate alles andere als schnell. Bei komplexen Gebrauchsgütern wie unserem ist es allerdings außerordentlich schnell. Letztendlich ist das ungefähr eine Halbierung der normalen Zeit. Wir rechnen je nach Komplexität eines Fahrzeugs ja eher mit 36 bis 60 Monaten, bis man ein Fahrzeug auf die Straße bringt.

Die 21 Monate, die wir bereits mit einigen Fahrzeugen erreicht haben, sind hier natürlich ein Maßstab. Voraussetzung hierfür ist tatsächlich, dass man etwas „in den Schubläden" hat. Das sind dann verschiedene Innovationen, die über die Zeit gereift sind, die man dann aber auch abrufen und schnell zur Serienreife bringen kann. Dann steht sie uns aber just-in-time so zur Verfügung, dass sie auch in das neue Fahrzeug integriert werden kann.

Wir gehen aber immer davon aus, dass ein neues Fahrzeug immer mehrere Unique Selling Propositions (USP) braucht, um erfolgreich am Markt platziert werden zu können. Nur ein geändertes Außendesign, 10 % weniger Verbrauch oder 5 % mehr Platz veranlasst heutzutage keinen Journalisten mehr, einen großen Artikel über ein neues Produkt zu schreiben. Es müssen schon USPs sein, über die man Geschichten schreiben kann und die die Neugierde der Konsumenten wecken.

Um eine solche zeiteffiziente Innovationsstrategie fahren zu können, müssen also erstens die Schubläden soweit gefüllt sein, dass man daraus auch etwas abgreifen kann. Diese Projekte dann realisieren zu können, funktioniert wiederum nur, wenn man eine gute Mischung aus erfahrenen Projektleitern und hochinnovativen, neuen Mitarbeitern zusammenstellen kann. Diese bewusste Mischung ist dann erfolgskritisch, denn „nur alte Hasen" garantieren nicht, dass die Innovation sich auch wie gewünscht im Produkt wiederfindet, und „nur hochinnovative Kreative" würden dazu führen, dass man das Fahrzeug niemals fertig bekäme.

S: **Wie kann man diese USPs verdeutlichen?**

N: Also, wenn man von MINI ausgeht, dann ist der MINI von den Grundgenen her ein Fahrzeug mit Frontantrieb. Die zentrale USP ist hierbei aber, dass er sich wie ein heckangetriebenes Fahrzeug fährt, also sehr wendig und agil. Dazu gibt es immer zwei bis drei USPs, die den Kunden ein „Wow" entlocken – seien es die Coach Doors oder die zwei zu öffnenden Hecktüren. Kundennutzen hin oder her, dieses Anderssein vom Rest der mobilen Welt ist genau das, was der Kunde bei MINI will. Oder das Thema „Connectivity", bei dem man mit dem MINI über das iPhone interagieren kann: Mit einer spezifischen App fragt das Fahrzeug z. B. bei schneller Fahrweise den Fahrer, ob „man es gerade besonders eilig" habe. Und ein anderer Effekt sorgt dafür, dass die Musik beim Beschleunigen „nach hinten zu fliegen" und beim Bremsen wieder „nach vorne zu rutschen" scheint.

Dies sind Innovationen, mit denen nicht jeder etwas anzufangen weiß. Aber sie sind für den MINI-Kundenkreis in diesem Zielsegment – häufig sehr junge Menschen oder Menschen, die jung und en vogue bleiben wollen, die auch etwas Neues zeigen und darüber reden möchten – sehr spannend.

Dazu zählt beim MINI-Cabrio auch das „Always-open"-Zählgerät neben dem Tacho. Dort wird nicht nur angezeigt, wie viele Stunden der MINI bewegt wurde, sondern wie viele davon offen. Man kann diese Daten dann ins Internet stellen und mittlerweile gibt es weltweite Wettbewerbe darum, wie lange man seinen MINI offen bewegt hat. In den südlichen Ländern ist dies relativ einfach. Aber es gibt bspw. auch Nutzer in Schweden, die ihren MINI den ganzen Winter über offen fahren.

Im MINI stecken also eher ausgefallene Innovationen, die bei BMW oder Rolls-Royce so nicht denkbar wären. Bei BMW i sind es dann eher spezielle Leichtbauinnovationen wie Carbon oder der intelligente Elektroantrieb. Bei der Kernmarke BMW sind es eher Innovationsthemen wie vor einigen Jahren das erste Head-up-Display mit u. a. der Anzeige von Navigation, Geschwindigkeitsbegrenzungen und aktueller Geschwindigkeit.

Unterschiedliche Markenwerte und unterschiedliche Innovationsprofile bei BMW

Die Innovationen und ihre Suchfelder werden hinsichtlich ihres Nutzens spezifisch auf die Marken und ihre Identitäten ausgerichtet. Die Marke BMW war schon immer dynamisch, ästhetisch und in hohem Maße innovativ. Als weltweit führende Premium Automobilmarke steht BMW wie keine andere Marke für nachhaltige Freude am Fahren.

Jeder BMW macht deshalb wegweisende Innovationen, Technologien und ein authentisches Design erlebbar.

Die Submarke BMW M fokussiert als Hersteller von Hochleistungsautomobilen auf das Markenversprechen Dynamik, Innovation und Ästhetik in seiner reinsten Form. Die Fahrzeuge bieten bei einer rennsportähnlichen Leistungscharakteristik eine absolute Alltagstauglichkeit und damit verbunden eine ultimative Faszination des Fahrens.

Hierbei stellt das Thema „Leichtbau" ein wesentliches Element zur Realisierung der BMW M-spezifischen besten Gesamtkonzeptharmonie dar. Demnach ist eine konsequente Gewichtsreduzierung zentral für die

markenspezifische Fahrdynamik, Agilität und Fahrpräzision bei niedrigem
Verbrauch. Hierbei wird für jedes Bauteil die optimale Auslegung und Mate-
rialwahl zur Erreichung der Gewichtsziele gewählt.

Am Beispiel des neuen BMW M4 konnte neben aus dem Vorgängerfahr-
zeug bereits bekannten Maßnahmen (z. B. CFK-Dach, Frontklappe aus Alu-
minium, Aluminium-Stoßdämpfern) durch eine Vielzahl von innovativen
Maßnahmen (z. B. einteilige CFK-Gelenkwelle, Lithium-Ionen-Batterie,
Ölwanne aus Magnesium, CFK-Motorraumstrebe, M-Sportsitz in Leicht-
bauweise) ein neuer Gewichts-Benchmark erreicht werden (s. Abb. 3.1).
© Mit freundlicher Genehmigung der BMW AG

S: **Was ist bei Siemens ein schnelldrehendes Produkt im Industry Indust-
rie-Bereich?**

R: Da kann ich an Fritz Nitschkes Beispiel aus der Autoindustrie anknüpfen,
die je nach Modell von unterschiedlichen Entwicklungszyklen ausgeht:
Wir fahren im Prinzip parallel permanent mit zwei Geschwindigkeiten
– im Softwarebereich mit einer ganz anderen als in der klassischen Hardware. Im Softwarebereich ist es leichter, auf eine solide Architektur eine
Innovation draufzupacken. Die Kunst ist es dabei, die zugrunde liegende
Softwarearchitektur stabil zu halten. Diese Kombination einer schneller
drehenden Funktionalität mit kürzeren Innovationszyklen ist im Softwarebereich vergleichsweise einfach zu realisieren. Da kommen wir dann schon
heute im Jahrestakt auf Versionsfolgeraten mit signifikant angereicherten
Funktionalitäten.

Das ist ein ganz anderes Spiel als für die klassische Hardware, in die
unsere Kunden viel investiert haben und diese Investments natürlich schützen wollen. In diesem Bereich sind wir stolz auf unsere Kompatibilität. Sie
können heute an dem gleichen Rückwandbus einer SIMATIC S 7 von 1994
die neueste CPU dieser Baureihe anschließen – seit 20 Jahren stabil! Wir
unterstützen gerade die SIMATICS 5-Kunden, die eine Hardware aus den
1980er und 1990er Jahren verwenden, bei der Modernisierung ihrer Anlagen.

Wir arbeiten also bei einem einzigen Gesamtprodukt mit zwei unterschiedlichen Geschwindigkeiten – eine für die Hardware, eine für die Software. Das macht natürlich auch die Koordination von Produkteinführungs-
Roadmaps unheimlich anspruchsvoll: zwei Prozesse, die auf Messeauftritten
und beim Kunden zusammenkommen, aber mit komplett unterschiedlichen
Zeitkonstanten in der Planung zu bemessen sind. Das ist wiederkehrend eine
neue Herausforderung.

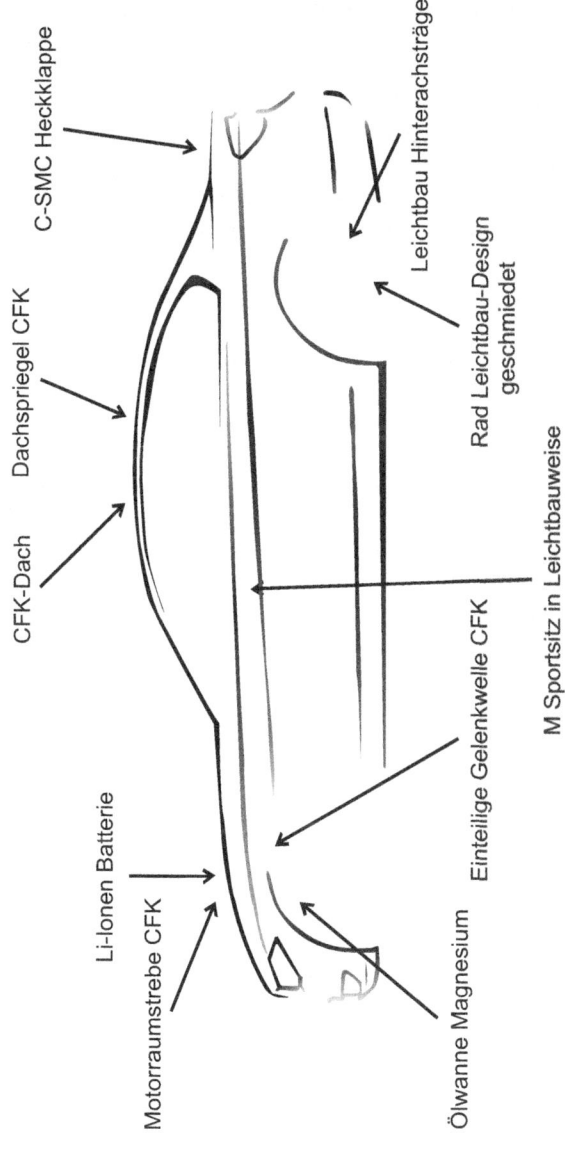

Abb. 3.1 Leichtbauinnovationen zur Erreichung der Benchmarkposition beim Gewicht – BMW M4

S: **Gibt es bei Bayer auch schnelldrehende Produkte?**

P: Zumindest nicht in den Lebenswissenschaften. Dort dauert es – aufgrund der starken Regulierung des Marktes – 10 bis 15 Jahre, bis ein Produkt auf den Markt kommt. Allerdings gibt es auch in unseren Märkten einen Aspekt der Schnelligkeit, der für uns eine große Bedeutung besitzt: Innerhalb eines Jahres kommt der erste Wettbewerber auf den Markt und nach zwei bis drei Jahren kommen dann zwei bis drei weitere Wettbewerber mit einem vergleichbaren Produkt. Es dauert also sehr lange, bis man ein Produkt entwickelt hat. Aber oftmals geht es sehr schnell, bis man einen intensiven Wettbewerb im Markt hat. Wettbewerbsbeobachtung und Wettbewerbsintelligenz in der Forschung und Entwicklung wird deshalb bei uns immer wichtiger. Das müssen sie zumindest in ihre Entscheidungen mit einbeziehen. Nur dann kann es gelingen, ein hochwertiges, besseres Arzneimittel so schnell wie möglich für die Therapie verfügbar zu machen!

S: **Eine solche Prozessindustrie wie die Lebenswissenschaften dreht sich langsamer: Wann ist eine daraus hervorgehende Subbranche wie die Prozessinstrumentierung bei Siemens bereit, Innovationen aufzunehmen? Wie entstehen Innovationen in so einem Umfeld?**

R: Im Prinzip gilt für Kunden aus der Prozessindustrie das Gleiche wie in der Fertigungsindustrie: „What's in it for me?" Wie sieht der Saldo zwischen dem Aufwand der Einführung und dem zusätzlichen Nutzen der Innovation aus? Gerade die Einführung erfordert in der Prozessindustrie in der Regel einen vergleichsweise hohen Aufwand. Ein schönes Beispiel hierfür ist das Thema „Visualisierung von Prozessanlagen". Hier beobachten wir eine relativ langsame Adaptionsrate – obwohl sich der Aufwand in überschaubaren Grenzen hält und der Nutzen sehr groß ist. Zur Erklärung dafür muss ich ein wenig ausholen: Früher war die Visualisierung einer solchen Anlage de facto ein einfaches schematisches Abbild der Anlage. Da sah man auf den großen Bildschirmen Kessel, Konverter und Wärmetauscher. Daneben waren die Statusanzeigen angebracht. Es war eine digitale Wiedergabe der alten Schaltwarte, eine einfache Wiedergabe des „schematischen Bilds mit analogen Instrumenten". Es hat dann ziemlich lange gedauert, bis sich eine KPI-orientierte Anzeige durchgesetzt hat. Die sah schon ziemlich anders aus. Denn der Bediener weiß in der Regel sowieso, dass in der Anlage ein Kühlturm steht. Man muss ihn also nicht extra noch mal abbilden. Wenn aber relevant ist, mit welcher Temperatur das Kühlwasser in den Fluss geleitet werden darf, brauchen Sie Wärmetauscher und Kühlturm zwar noch immer nicht visualisieren. Sie benötigen aber für die Anzeige eine Ampelschaltung, die zum Beispiel bei Temperaturen bis 18 Grad Celsius zeigt, dass alles im grünen Bereich liegt, die zwischen 18 bis 22 Grad mit einem Gelb vor einer Fehlentwicklung warnt und die bei höheren Temperaturen sofort auf Rot springt und einen Alarm auslöst. Der Aufwand für die Innovation ist bei einer solchen Visualisierung relativ begrenzt. Und trotzdem beträgt die Adaptionszeit bei diesem Thema fünf Jahre. Wegen der gängigen Philosophie „Never change a running system" wird in einer bestehenden Anlage ein solch modernes System niemals eingeführt, da das alte stabil funktioniert. Anders bei Neuanlagen: Dort wird so ein System viel eher eingesetzt, da der Vorteil klar auf der Hand liegt. Darin besteht natürlich eine Gefahr für traditionelle Unternehmen: In den Schwellen- und Entwicklungsländern entstehen viele neue Anlagen, die vom Start weg auf modernstem Niveau und damit sehr wettbewerbsfähig sind. Aber die Branche ist eben extrem konservativ und primär auf Zuverlässigkeit bedacht.

P: Die Änderung von Prozessen dauert bei uns im Pharma- und Chemiebereich tatsächlich 10 bis 15 Jahre. Wenn sie einen neuen Chemieprozess oder ein neues Verfahren entwickeln, dauert es lange, bis es vom Labor über den ersten Piloten zu einem Greenfield-Projekt wird. Wenn eine solche Produktion dann einmal steht, wird danach natürlich nur verhalten etwas geändert. Nur wenn es einen signifikanten Nutzensprung bringt, steigt die Bereitschaft zum Innovieren in diesem Umfeld. Das kann z. B. ein signifikantes Senken der Produktionskosten sein. Heute geht das Innovieren bei den gestiegenen Primärenergiekosten fast automatisch mit Energieeffizienzverbesserung, Ressourcenschonung und damit Emissionsminderung einher.

S: **Gibt es Ihrer Meinung nach hinter den Innovationsstrategien auch Innovationsrezepte für deren Umsetzung?**

R: Nein, an Patentrezepte glaube ich nicht. Es gibt aber Zutaten, welche die Erfolgswahrscheinlichkeit deutlich erhöhen.

P: Ja, da glaube ich auch dran, dass einige Zutaten unseren Erfolg ausmachen: Fokussierung, Disziplin im Projektmanagement, Disziplin bei den Projektentscheidungen, klare Portfolioentscheidungen, Kooperieren, bereit sein, über die Disziplinen hinweg mit Internen und Externen zusammenzuarbeiten. Das sind Voraussetzungen, um erfolgreich zu sein.

Und dann gibt es aber auch die rezeptiven Mythen und Sagen: In jedem Unternehmen, glaube ich, gibt es die Geschichte, dass Innovationen eigentlich immer neben der eigentlichen Organisation entstehen. Das mag in manchen Fällen so sein. Das eben erwähnte Ciprofloxacin ist vielleicht so ein Beispiel. Aber die, die diese Beispiele heranziehen, die erzählen gleichzeitig nie von den Fehlschlägen, die sie auf die gleiche Art und Weise gemacht haben.

S: **Ein Rezept, das immer wieder versucht wird, ist, sich Innovationen über Unternehmenszukäufe hereinzuholen. Das scheint aber in der Umsetzung dann doch nicht so einfach zu sein. Es gibt zahlreiche Beispiele, in denen große Konzerne kleine innovative Technologieunternehmen dazukaufen, die dann – mit Installieren der Standardberichterstattung und ähnlichen Themen – in Gefahr geraten, ihre Agilität einzubüßen. Wie vermeidet man das?**

N: Bei uns ist das relativ einfach, weil wir uns auf das Segment der Premium-Automobile fokussieren. Wir haben diese Problematik weniger. Wenn wir etwas zukaufen können, dann in der Regel Marken, so wie es auch der VW-Konzern macht. Wir kaufen keine Innovationen im eigentlichen Sinne hinzu, sondern Marken mit Markenwerten. Viele Innovationen bekommen wir von unseren Zulieferern. Es reicht, wenn wir das jeweilige innovative Produkt der Zulieferer in unsere Fahrzeuge bringen und in unsere Markenwelt passend integrieren.

Wo wir uns dagegen rege beteiligen, ist in ganz neuen Feldern, in denen wir bisher keine Aktivitäten hatten, das ganze Thema „Verkehrsmanagement in Städten" zum Beispiel oder das Thema „Fahrzeuge mieten", das wir mit Sixt im Konzept „Drive Now" in mehreren Großstädten umgesetzt haben und es noch deutlich ausweiten wollen. Aber ansonsten ist die Automobilindustrie eher ein Industriezweig, in dem es deutlich weniger Unternehmenszukäufe gibt.

P: Wir haben sowohl kleine innovative Unternehmen als auch Marken gekauft. Für unser nichtverschreibungspflichtiges Arzneimittelgeschäft (Consumer-Produkte wie Aspirin, Alka-Seltzer, Bepanthen u. Ä.) kaufen wir Firmen hinzu, die Marken verkörpern, und nehmen sie dann in unser Sortiment auf. Solche Unternehmen haben in der Regel schon eine eigene Produktion, sind eigenständige Unternehmen. Wir entwickeln diese Marken weiter, was i. d. R. relativ unproblematisch ist. Wenigstens für uns! Wir haben darin große Erfahrungen gesammelt.

Wenn wir dagegen im innovativeren Arzneimittel-, Saatgut- oder Pflanzenschutzbereich Firmen dazukaufen, wird es schon sensibler. Weil wir hier i. d. R. neue Technologieplattformen oder neue Projekte kaufen, die noch nicht fertig entwickelt sind und die vielleicht erst in fünf oder zehn Jahren auf den Markt kommen sollen. Hier geht es darum, dass wir sie nicht mit „Bayer"- Fürsorge erdrücken. Letzten Endes gilt es bei diesen Übernahmen vor allem darauf zu achten, dass alles, was mit dem Innovieren zusammenhängt, geschützt bleibt. Darüber hinaus liegt uns sehr daran, bei diesen Zukäufen die Marke Bayer sichtbar werden zu lassen – und auch in diesen Unternehmen die Marke bewusst werden zu lassen. Wenn es aber ums Innovieren geht, muss man die Schlüsselmitarbeiter – und das ist oftmals nur eine kleine Anzahl von Leuten – unbedingt mit im Boot haben. Dasselbe gilt für die Eigenheiten des neuen Unternehmens und dessen Innovationskultur in der Produkt- und Ideenentwicklung. Das gilt es unbedingt zu konservieren. Und mit dem Schutzschirm des „Bayer-Kreuzes" zu stärken. Dann kann man erfolgreich sein.

R: Das trifft auch sehr gut auf unsere Situation zu. Wenn wir Intellectual Property und Mitarbeiter mit Fachwissen einkaufen, dann sind die Support-Prozesse nicht das Risiko. Der Siemens-Kontenplan muss den Entwickler nicht stören. Im zugekauften Unternehmen gibt es jemanden, der auch vorher schon das Accounting gemacht hat. Und derjenige wird schnell lernen, dass sein Buchhaltungsalltag jetzt ein anderer ist. Aber an diesem einen Accounting-Mitarbeiter hängt nicht die Innovationskraft der Mannschaft. Für die eigentlichen Entwickler aber gelingt es uns immer besser, einen Schonraum zu erzeugen. Dazu brauchen wir inzwischen auch nicht mehr notwendigerweise die Legal Entity. Das war mal so in einer Zeit, in der man versucht hatte, das neue Geschäft von der Siemens AG fernzuhalten und dafür eine eigene GmbH gegründet hat. Das haben wir inzwischen so weit kultiviert, dass alle verstehen, dass Mitarbeiter in einem ehemals anderen und anders innovativem Umfeld auch andere Arbeitsweisen haben.

Unsere größte Herausforderung heute ist eher eine inhaltliche, nämlich diesen Innovatoren zu erklären, dass die Kundenerwartung gegenüber einem Siemens viel kompromissloser ist als gegenüber einem Start-up. Wenn zum Beispiel ein Top-Innovator als Vertreter eines jungen Unternehmens mit tollen, frischen Ideen bei BMW auftreten darf, dann wird mit ihm anders gesprochen als wenn er unter der Siemens-Fahne segelt. Denn damit verbindet sich sofort eine bestimmte Erwartungshaltung. Dann fragen die Kunden auf einmal nach der Kompatibilität mit dem übrigen Siemens-Programm, erwarten eine realisierte Null-Fehler-Politik, und so weiter. Ganz schnell wird dann nicht mehr über die eigentliche Idee und das Potenzial dahinter geredet, sondern über viele Details. Der Kunde verlangt von Anfang an eine gewisse Reife, die in der Marke Siemens enthalten ist. Einem Start-up wird hingegen ein Schuss Unbedarftheit eher verziehen – manchmal wohnt ihr sogar ein gewisser Charme inne. Von Siemens wird aber erwartet, an alle Eventualitäten vorab gedacht zu haben. Das finde ich auch legitim, ist aber eine unserer größten Herausforderungen: Wenn man die Innovatoren zu früh mit dieser Anforderung konfrontiert, dann würgt das eher die Innovation ab als der Kontenplan. Wie lange darf man bei der innovativen Idee aber manche Randbedingungen außer Acht lassen? Und wann fängt man die Ideen so ein, dass sie den Randbedingungen der Kunden und deren Erwartungen an Siemens gerecht werden? Wie perfekt muss etwas sein, wie langlebig? Diese Fragen sind erfolgskritisch. Ein Start-up darf auf irgendeiner Elektronikplattform mal locker zeigen, dass es funktioniert. Wenn es aber von Siemens kommt, dann kommt irgendwann die Frage, wie wir sicherstellen, dass die Anlage in fünf Jahren immer noch läuft. Plötzlich hat man eine ganz andere Diskussion, etwa um die Funktionalität einer Hardware-Plattform, die es vorher beim Start-up nie gab. Dieser Step-up ist eigentlich die größte Herausforderung bei der Integration von hochinnovativen Unternehmen.

S: **Wie kann man Schlüsselpersonen integrieren, die ihre Idee oder ihr Unternehmen verkaufen wollen und die ursprünglich nie vorhatten, in einem Großkonzern zu arbeiten? Gibt es nach Ihrer Erfahrung Möglichkeiten, diese Menschen einzubinden?**

P: Hier gibt es kein Patentrezept. Diese Personen kann man ja über Verträge binden, oder wenn man die Firma kauft, kann man den Kauf in erfolgsabhängigen Stufen realisieren. Oder man gibt den Leuten innerhalb der Organisation eine Position, die ihren Wirkungskreis mit einschließt, aber auch neue Verantwortlichkeiten beinhaltet, damit sie das Unternehmen kennenlernen können und ihre Funktion Gewicht hat. Bei dem Zukauf eines Komplementärbereiches könnte diese Person z. B. diesen ganzen neuen Bereich vertreten. Da gibt es schon Möglichkeiten. Allerdings ist natürlich die Gefahr immer groß, das solche Leute gehen. Man kann es nicht hundertprozentig verhindern.

S: **Findet dieser unternehmerisch veranlagte Personenkreis auch manchmal etwas Attraktives in einem Konzernumfeld? So ein Konzern bietet ja auch vielleicht ganz andere Möglichkeiten.**

R: Ganz selten. Das sind ja Typen, die in ihrer eigenen Biografie bewusst zum Unternehmer oder eigenständigen Innovator abgebogen sind. Diejenigen, die in dieser Biografie erfolgreich waren, mögen nicht nur ein Rädchen im Getriebe eines großen Konzerns sein. Wer als Solomusiker einmal erfolgreich war, für den ist der Reiz gering, in einem Orchester zu spielen – und sei es noch so berühmt. Dies zu berücksichtigen, gehört bereits zur Entscheidung, eine Firma zu übernehmen – oder auch nicht: Sollte das Ganze nämlich nur funktionieren, wenn der bisherige Chef, Gründer und Top-Innovator im Boot bleibt, dann wäre mir das Risiko einer Übernahme zu hoch.

Innovieren in Regionen und alte Denkmuster brechen

4

S: In den USA läuft derzeit eine besonders intensive Phase von Übernahmen, bei denen Google, Amazon und Facebook besonders eifrig sind. Und vieles scheint ja gut zu gelingen. Generell stammen viele Erfolgsgeschichten innovativer Unternehmen aus den USA. Und wenn man die Literatur studiert, könnte man den Eindruck bekommen, dass das Innovationsmanagement von den USA dominiert wird. Wie sehen Sie die Stellung der Nordamerikaner tatsächlich?

N: Das sehe ich differenziert. In Amerika gibt es bestimmte Hotspots, wie z. B. Palo Alto, wo man über Universitäten, Gründungsunterstützung und Unternehmen eine besondere Kultur entwickelt hat und damit eine Industrie, die hochinnovativ beim Thema „Elektronik und Vernetzung" ist. Andererseits ist Detroit kein Zentrum, wo man Automobilinnovationen entscheidend prägt.

Insgesamt muss das Umfeld passen, die Gesetze müssen Innovationsfreundlichkeit mit sich bringen. Es müssen sich die richtigen Firmen ansiedeln. Es müssen geeignete Universitäten und Einrichtungen vorhanden sein, um die richtig ausgebildeten Menschen zu haben. Wenn diese Faktoren alle zusammenspielen, kann man eigentlich in vielen Regionen der Welt solche künstlichen Oasen der Innovation schaffen.

R: Ich glaube auch, dass es in Nordamerika vor allem das innovative Klima ist, das innovative Geister aus aller Welt anlockt. Man muss sich nur die einschlägigen Universitäten oder Regionen ansehen, die diesen Ruf der Innovationsbrutstätte haben. Die sind im wahrsten Sinne supranational. Es ist weniger der amerikanische Pass als die Grundstimmung, die die USA für innovative Geister attraktiv macht. Entscheidendes Element dabei ist sicher

© Springer Fachmedien Wiesbaden 2015
W. Seidenschwarz et al., *Führend innovieren*,
DOI 10.1007/978-3-658-05468-7_4

die Akzeptanz des Scheiterns bei einem mutigen Investment. Wer Stockfehler macht, bekommt zwar auch in den USA keinen Zuspruch – das ist nicht anders als bei uns. Aber wenn man eine Technologiewette eingegangen ist, die nicht aufgeht, dann ist die Wahrscheinlichkeit eines nachhaltigen Reputationsverlusts in den USA sicher kleiner. Das zieht Menschen an, das schafft ein Kleinklima, das relativ einzigartig ist. In Asien hingegen nehme ich eine solche Kultur kaum wahr – nicht in Japan, auch nicht in China, und in Korea allenfalls institutionalisiert. In Europa gibt es positive Absichten, eine andere Kultur des Scheiterns herbeizuführen.

S: **Werden die USA oftmals als zu innovativ wahrgenommen, so habe ich den Eindruck, dass Deutschland oft als zu wenig innovativ wahrgenommen wird. Wie sehen Sie das deutsche Umfeld?**

R: Das deutsche Risiko ist die inkrementelle Innovation. Die ist zwar sehr ehrenwert und auch wichtig. Aber der große Wurf, das wirklich Weit-aus-der-Spur-fahren, das findet man in Deutschland sehr selten. Bin ich allerdings konsequent und nehme in meiner Wahrnehmung alles mit, was den Begriff Innovation verdient, dann sehe ich in Deutschland in der Summe eine extrem innovative Landschaft, und da natürlich auch im Zusammenspiel der hier sesshaften Technologieunternehmen.

Nachhaltig innovieren in Zusammenarbeit mit einem eigentümergeführten Familienunternehmen am Beispiel Trumpf

Das eigentümergeführte Familienunternehmen Trumpf hat mit Siemens als Automatisierungspartner einen besonders flexibel einsetzbaren Schneid- und Schweißroboter für die 2D- und 3D-Bearbeitung entwickelt. Anlass gaben die steigenden Anforderungen an Produktivität, Flexibilität und Präzision bei der Herstellung von Lithium-Ionen-Zellen für Hochleistungsakkus: Vom Schnitt der Folien und Membranen über die Fertigung von Anschlusssystemen bis hin zum Verschweißen der Gehäuse gleich mehrerer Zellen in einer Aufspannung unterstützt die Maschine viele qualitäts- und produktivitätsbestimmende Fertigungsphasen.

Die „TruLaser Cell 3000" beruht auf dem leistungsfähigen, langlebigen und in sehr weiten Bereichen regelbaren Scheibenlaser „TruDisk" von Trumpf. Die für die Laserstrahlführung nötige Präzision und Achsdynamik der fünfachsigen Maschine erzielen Linearmotoren der Reihe Simotics-L 1FN3 an Sinamics S 120-Umrichtern. Sie ermöglichen unter anderem Schnittleistungen von bis zu 3 m/s – bei Positionsgenauigkeiten von besser als 20 µm. Eine derart leistungsfähige Achsführung ist wesentliche Voraussetzung, um die Möglichkeiten des Lasers auszunutzen. Eine äußerst steife Maschinenkonstruktion mit schwingungshemmendem Polymerbeton-Maschinenbett sorgt dafür, dass die Vorteile der hohen Achsdynamik dem Fertigungsprozess tatsächlich zugute kommen.

Die Offenheit und Durchgängigkeit der Automation erlaubt, dass wesentliche Spezialfunktionen zur Laserstrahlführung, Fokussierung und Leistungsregelung direkt auf der computergestützten numerischen Steuerung (Computerized Numerical Control, CNC) von Siemens, einer Sinumerik 840D, realisiert werden. Daraus resultiert eine sehr enge Kopplung von Bedienung, Bewegungsführung und Laserstrahlregelung – und das macht die Maschine äußerst vielseitig: Sie kann sowohl hauchdünne Kunststofffolien präzise und produktiv schneiden als auch vollständig dichte und porenfrei verschweißte Aluminiumgehäuse komplexer Geometrie fertigen. Sie fügt außerdem Metalle mit ganz unterschiedlichen Eigenschaften zu dauerhaften Verbindungen homogener Qualität zusammen, wie sie für die Stromschienen, Zu- und Ableiter von Hochleistungsakkus, benötigt werden.

Dank dieser engen Integration von Abstandsregelung, Laserstrahlfokussierung und Leistungsregelung in die hochdynamische Bewegungsführung können empfindliche Materialien schnell und präzise geschnitten sowie technologisch anspruchsvollste Materialverbindungen und Nahtgeometrien prozesssicher und wiederholgenau umgesetzt werden.

© Mit freundlicher Genehmigung der Siemens AG

R: Lege ich indes einen gröberen Filter an und lasse als Innovation nur gelten, was fundamental neu und anders ist, dann stimmt das Vorurteil.

P: Also in der wissenschaftlichen Literatur beim Innovationsmanagement sind die Amerikaner dominierend. Und wenn wir auf eine andere Perspektive schauen: die Stärke, die Größe der Branchen – da führt bei den Lebenswissenschaften auch die USA. Im Arzneimittelbereich, beim Pflanzensaatgut!

In diesen Industrien wird sehr viel Geld investiert: pro Projekt, für ein neues Arzneimittel ein oder zwei Milliarden. Und die Entwicklungszyklen sind lang, mit hohen Risiken.

Das erfordert ein viel intensiveres Innovationsmanagement als wenn ich ein Projektvolumen von 500.000 € über einen Zyklus von einem Jahr habe. Das darf ich jetzt natürlich nicht sagen. Aber bei den kleineren Projekten kann man sich auch mal einen Flop leisten. Bei größeren Projekten kann das schnell unternehmensgefährdend werden. Und dann spielt Größe eine Rolle! Dann kann man einen Rückschlag leichter verkraften.

Aber inhaltlich gilt: Wir können uns durchaus mit den Amerikanern messen (lächelt).

S: **Also ist Deutschland zu wenig innovativ in Bezug auf radikale Innovationen?**

P: Da mag etwas dran sein. Nehmen Sie das Beispiel der Sequenzierung des menschlichen Codes. Dieses Projekt haben die USA initiiert – dieser (positiv gemeint) „besessene" Watson.

Das ist ein schönes Beispiel für das Zusammenspiel von Sprung- und Schrittinnovationen im Bereich der Lebenswissenschaften: die Entdeckung und Sequenzierung des genetischen Codes des Menschen vor zehn Jahren. Das war der notwendige Technologiesprung, um weitere Innovationen zu ermöglichen. Ohne diesen könnte man in der Onkologie heute nicht die personalisierte Medizin voranbringen. Wenn man heute als Patient in eines der führenden Krebstherapiezentren kommt, vielleicht nach Heidelberg, wird die Tumor-DNA sequenziert. Die Daten werden dann für die Optimierung der Therapie des Patienten genutzt und zwar im Verlauf der Erkrankung.

Ich weiß nicht, ob Watson das in Europa so hätte angehen können, denn: Die Amerikaner haben da einfach ein anderes Schwungrad. Wenn die prinzipiell neue Technologien angehen, wird erst einmal viel Geld investiert. Da bewegt sich dann etwas. Das war im Silicon Valley und in der San Francisco Bay Area für Biotech nicht anders: Das ist vor 30 Jahren entstanden, weil die amerikanische Regierung gesagt hat, „aus dieser Diaspora machen wir ein Innovationszentrum". Und dann haben die als Erste Geld gegeben. Und dann hat die Landesregierung Geld gegeben. Und dann hat die Regierung von San Francisco Geld gegeben, und dann gab es natürlich die privaten Investoren, die Geld gegeben haben. Und die Universitäten waren sich auch nicht zu fein oder arrogant. Und es gab keinen Grund, warum ein amerikanischer Professor nicht gesagt hätte: „Nebenbei Millionär werden will ich auch". Das fehlt bei uns auch. Wir machen das nicht in diesem Ausmaß wie in den USA. Wir haben nicht die Risikobereitschaft, nicht die gesetzlichen Rahmenbedingungen. Das ist eine Misere, schon seit vielen Jahren. Wir haben auch keinen Anreiz für Leute aus der Wissenschaft, sich noch ein anderes Standbein zu schaffen. Das ist ja sogar eher negativ behaftet.

S: **Konzentrieren wir uns in Deutschland noch zu sehr auf das Innovieren von Produkten und zu wenig auf das Innovieren von Geschäftsmodellen und Dienstleistungen?**

R: Das wäre mir zu pauschal, zumal nicht jede sogenannte Dienstleistungsinnovation auf Dauer auch werthaltig war. Es gibt außerdem auch Positivbeispiele in Deutschland. So sind ERP-Systeme heute durch die Geschäftsanwendungen von SAP etwa ganz anderes als früher. Vermutlich braucht man aber auch ein wenig Verrücktheit für revolutionär neue Geschäftsmodelle. Aber da sind wir wieder beim Umgang mit Risiken: Wie verrückt darf ich hierzulande eigentlich sein? Und finde ich für diese verrückten Ideen auch Kapitalgeber? Das scheint in Deutschland schwieriger zu sein als in vielen anderen Ländern.

S: **Unter den in den letzten Jahren entstandenen Großunternehmen gerade im IT-Sektor, wie Google, Amazon oder auch Facebook, ist kein deutsches Unternehmen. Dafür scheinen deutsche Unternehmen in den „traditionelleren" Industriebereichen immer noch Innovationsführer zu sein. Deutschland hat sich in den letzten Jahrzehnten mehr und mehr vom Hightech- zum Midtech-Standort entwickelt. Ist Deutschland insgesamt ein innovatives Land? Kann sich oder muss sich ein Land wie Deutschland sogar auf bestimmte „Kernkompetenzen" fokussieren? Müssen wir überall mitspielen?**

N: Deutschland kann dem Anspruch, überall vorne mitzuspielen, wahrscheinlich nicht gerecht werden. Das wird schon am Vergleich der Zahlen deutlich: 80 Mio. Einwohner, 30.000 neue Ingenieure im Jahr. Das ist klein im Vergleich zu z. B. Indien mit seinen aktuell 1,25 Mrd. Einwohnern und jährlich circa 250.000 neu ausgebildeten Ingenieuren. Vielmehr gilt es, Stärken zu stärken und vielleicht bei anderen Feldern auch mal „Fast Follower" zu sein.

S: **Welche Länder und Regionen sehen Sie zukünftig mit verstärkter Bedeutung für Ihr Innovationsmanagement?**

N: China hat das erklärte Ziel, bei Elektromobilität führend zu sein, auch aus der Erkenntnis heraus, dass man beim Verbrennungsmotor den Vorsprung westlicher Unternehmen nicht wird aufholen können. Deshalb wird China hier eine Vorreiterrolle spielen. Beim Thema „IT Big Data" (der zielgerichteten Bearbeitung und Auswertung von riesigen Datenmengen zur Erlangung von Wettbewerbsvorteilen) wird der amerikanische Markt der wichtigste bleiben. Bei der Produkttechnologie im Automobilbereich an sich ist man in Deutschland mit intensivem Wettbewerb unter den Premiummarken gut aufgestellt.
Der Wettbewerb ist hier Quell der Inspiration und für uns eine fantastische Triebfeder. Insgesamt werden alle drei Weltregionen in unterschiedlicher Ausprägung eine große Rolle für uns spielen. Südamerika, Afrika oder Russland (mit seinem Rohstofffokus) werden keine vergleichbare Rolle spielen.

R: Auch wenn es abgegriffen erscheint: Ich glaube weiterhin, dass China bei Innovationen extrem wichtig sein wird, weil es den Weg vom Schwellenland zu einer führenden Industrienation gestaltet wird, wie auch immer das aussehen mag. Ein Land mit 1,4 Mrd. Menschen und jährlich 600.000 neu in den Markt kommenden Ingenieuren, mit dem großen Drang der Eltern, dass es ihren Kindern einmal besser gehen soll als ihnen selbst, besitzt eine unheimliche Kraft. Und gleichzeitig besitzt China Rahmenbedingungen, die diese Kraft im positiven Sinne lenken. Hinzu kommt der große, relativ homogene Markt. Deshalb ist mein erster Kandidat China.

Der zweite Kandidat ist Indien, wenn auch mit etwas mehr Fragezeichen versehen. Da leben knapp 1,3 Mrd. Menschen. Viele Arbeitnehmer oder Selbständige besitzen eine ähnlich starke Motivation wie in China: dass es dem Nachwuchs einmal besser gehen möge. Das Kreativitätspotenzial dort ist hoch, die Grundstimmung optimistisch und auch die Ausbildung halte ich für gut. Dem steht aus wirtschaftlicher Sicht jedoch die ungerichtete Entwicklung entgegen.

Südamerika ist deutlich inhomogener als China oder Indien. Und Afrika hat es in der Vergangenheit leider immer wieder geschafft, positive Ansätze kontinuierlich wieder einzureißen.

Für unsere traditionellen Industrieländer ist die Saturiertheit das größte Risiko. Da spielt man mehr auf Sicherheit. Es reicht ja schon, wenn es meinen Kindern nicht mehr ganz so gut geht wie mir. Aber was treibt uns dann noch an?

S: **Jetzt möchte ich gar nicht auf die Facetten von Europa eingehen, sondern mache es einfach: Was heißt das dann wieder für Deutschland?**

R: Für Deutschland bedeutet das ein verschärftes Risiko: „Es geht uns doch gut genug. Jetzt bitte verteidigen." Wir haben in Deutschland keinen kollektiven Impetus in dem Sinne, dass es uns besser gehen sollte. „Muss es mir denn besser gehen?" Und das geht dann weiter bis hin zu einer Innovationskritik im Sinne von „Für was denn eigentlich? Ist doch schön so." Hinzu kommt eine teutonische Beharrlichkeit. Im Übrigen ergeht es einigen Ostküstenstaaten in den USA schon sehr ähnlich. Die Gefahr ist auch dort die Saturation.

P: Wir sehen bei Bayer schon auch Deutschland mit einer großen Bedeutung für unsere Zukunft. Wir sind stark auf Deutschland fokussiert. Mehr als 50 % unserer F&E-Ressourcen sind in Deutschland. Da haben wir ein starkes Netzwerk. Das müssen wir optimal nutzen. Und das muss für uns ein Wettbewerbsvorteil sein. Sonst machen wir etwas falsch. Aber wir müssen auch das Innovationspotenzial und das Marktpotenzial großer Märkte nutzen. Und das tun wir auch. Wir haben sogenannte Hubs in Ländern wie den USA. Da bauen wir keine riesigen Forschungszentren, sondern etablieren kleine Einheiten. Deren vorrangige Aufgabe ist es, neben der eigenen Forschung

Kooperationen aufzubauen und zu etablieren. Genauso machen wir das auch in China, und in ähnlicher Art in Japan, Korea und Singapur. Das ist wahnsinnig wichtig für uns, besonders für die Arzneimittelforschung.

Und in unserem Pflanzenschutzgeschäft ist die Marktnähe noch wichtiger, weil: Für den Anbau von Sojabohnen sind die Bedingungen in der tropischen Landwirtschaft in Brasilien anders als in den gemäßigten Klimazonen. Das Produkt muss vielleicht anders konzipiert und formuliert werden. Und Bananen wachsen bei uns auch nicht. Wenn ich ein Bananenpflanzenschutzmittel mache, dann muss ich das natürlich vor Ort machen. Deshalb hat bspw. Brasilien im Pflanzenschutz eine große Bedeutung für uns; ebenso der indische Markt mit seiner starken Landwirtschaft. Und natürlich Märkte wie der russische oder der ukrainische mit den riesigen Anbauflächen für Getreide.

S: **Wie, glauben Sie, kann man die Verschiedenheit der Anforderungen der Regionen auffangen? Geht es Ihrer Meinung nach eher in Richtung Weltprodukte oder wird man vermehrt und differenzierter den regionalen Anforderungen gerecht werden müssen?**

N: Für uns bei BMW geht es immer um Weltprodukte. Diese Frage stellen wir uns auch immer wieder. Heute ist ein BMW M3, den ich in Deutschland kaufe, bis auf einige gesetzesgetriebene Anpassungen identisch mit dem aus China oder den USA. Er erfüllt auch alle Crash-Anforderungen weltweit. Aus betriebswirtschaftlicher Sicht könnte man dort kostenmäßig durch regionale Spezifika sicher günstiger fahren. Für einen Premiumhersteller wie BMW ist der Anspruch aber, weltweit alle Anforderungen zu erfüllen. Auch in den USA soll ein BMW M deutlich über 200 km/h fahren können, selbst wenn das dort jenseits der gesetzlichen Limits liegt.

R: Für uns bei Siemens ist die Differenzierung nach regionalen Anforderungen sicherlich weitaus stärker als bei BMW. Das bedeutet nicht, dass wir die zentrale Frage nach den Economies of Scale vernachlässigen. Es werden die gewinnen, die beide Enden zusammenbringen, die also einerseits sehr kunden- und regionenspezifische Produkte darstellen können, andererseits aber über intelligente Ansätze wie Architekturen und Plattformen gleichzeitig Skaleneffekte realisieren können. Ich persönlich glaube, dass es „das Weltprodukt" nicht gibt. Aber es gibt einen Baukasten mit Basiskomponenten, der solche Skaleneffekte ermöglicht. Das ist die Königsdisziplin. Wenn man so ein Konzept im Hinterkopf hat, dann muss man das auch nach außen sichtbar nutzen können, sich eindeutig mit klaren Markenprofilen positionieren, wenn man verschiedene Marken und/oder Regionen damit bedient. Wenn das nicht gegeben ist, ist man auf einem schwierigen Pfad.

P: Das erste Ziel bei Bayer-Arzneimitteln ist sicherlich immer, weltweit zu entwickeln und zu verkaufen. Das muss sein, weil wir sonst einfach nicht die

Schwungmasse haben – vielleicht mit Ausnahme der USA. Aber man muss natürlich auf die regionalen Anforderungen eingehen. Wenn ein Arzneimittel z. B. in Japan zugelassen werden soll, benötigt man eben klinische Studien mit japanischen Patienten. Wenn sie ein neues Pflanzenschutzmittel entwickeln, ist der Anspruch erst einmal global. Aber die weitere Entwicklung ist weitaus differenzierter, da das zukünftige Produkt zeigen muss, dass es bei verschiedenen Kulturen und in unterschiedlichen Klimazonen wirksam ist. Da benötigt man z. B. Studiendaten, die Wirkung in der subtropischen Landwirtschaft zeigen, wo es ordentlich heiß ist, wo man zwei oder drei Mal im Jahr anpflanzt, wo der Druck der Unkräuter oder der Insekten ein ganz anderer ist als bei uns. Entsprechend muss es dann Anpassungen der Produkte geben. Und das ist bei uns dann so ähnlich wie bei Siemens. Aber manchmal sind auch ganz andere Produkte notwendig, um den regionalen Anforderungen gerecht zu werden.

Wie schaffen es dann internationale Unternehmen, in ständiger Tuchfühlung mit den regionalen und virtuellen Märkten zu bleiben und neue Trends zu erkennen? Dazu werfen wir einen Blick durchs Schlüsselloch …

- ins Silicon Valley bei BMW,
- in die Open-Innovation-Prozesse rund um das Totally Integrated Automation-Portal bei Siemens und
- in die Räumlichkeiten der Innovationspartner von Bayer in San Francisco.

Ein Blick durchs Schlüsselloch vor Ort bei BMW im Silicon Valley (Mountain View)
BMW hat sich im Silicon Valley inmitten der New-Economy-Firmen wie Google, Apple, Microsoft, Facebook und einiger US-amerikanischer Top-Universitäten wie Stanford oder Berkeley und jeder Menge von Start-up-Unternehmen angesiedelt.
    Top-Events wie die Consumer-Electronics-Messe in Las Vegas, zu denen jedes Jahr die internationalen Top-Unternehmen pilgern, wirken auf das Umfeld dieser vor Ort beheimateten Unternehmen.
    Die Technologieunternehmen an sich strahlen dort mit ihren Leading-Edge-Aktivitäten auf die Community ab. Gleichzeitig verkörpern die Menschen im Silicon Valley eine Mentalität mit speziellen Nutzergewohnheiten, die es Unternehmen erlaubt, die neuesten Technologieprodukte mit ihren

Applikationen in einer Art großem Labor besonders auf ihre Anwender-
freundlichkeit hin auszutesten.

Durch die Vielzahl der Softwarefirmen gibt es sowohl eine große Anzahl
von Softwareexperten vor Ort als auch viele ausländische Experten, die es
dorthin zieht. Durch die Nähe zu Unternehmen wie Apple und zahlreichen
Software-Produktionsfirmen gibt es beispielsweise eine große Vertrautheit
mit der Produktion von Apps ebenso wie eine unmittelbare Auseinandersetzung mit anwenderfreundlichen Bedienkonzepten über alle Arten von
Displays.

Manche dieser Hightech-Firmen begeben sich in jüngerer Zeit auch auf
das traditionelle Spielfeld von Industriefirmen. So hat Google ein selbst-
fahrendes Elektroauto entwickelt, das vor Ort getestet wird. Durch die IT-
Community existieren entsprechende Affinitäten zum Fahren mit Joy Sticks
und Kameras.

Gleichzeitig gibt es eine gesunde Affinität zu Themen wie dem voraus-
schauenden Fahren. Dabei geht es um die Analyse von Ampelschaltungen in
einer Stadt und – durch die Einbindung der Fahrzeuge in solche Umfelder
– um entsprechende Optimierungshinweise zum Beschleunigen oder zum
Abbremsen entlang typischer Wege. Als Ergebnis daraus entstehen beispielsweise Routenplanungen, die dann besonders fahrerfreundlich und
energiesparend sind. Es geht damit nicht alleine um das Beschäftigen mit
dem Auto an sich, sondern vielmehr um die Vernetzung des Autos in den
Alltag. Typische Fragestellungen drehen sich dann auch um intelligentes
Energiemanagement, z. B. im Sinne eines „Wann ist es am günstigsten zu
laden?"

Auf anderen Feldern verbinden sich branchenübergreifende Fragestellungen von Firmen, die vor Ort angesiedelt sind. Das betrifft Themen wie
das Body Computing, bei dem zum Beispiel über das Lenkrad der Puls-
schlag oder durch Eye Tracking bestimmte Fahrermuster sowie das dazugehörige Fahrerverhalten abgefragt werden können, um im Falle einer rapiden
Veränderung Szenarien durchspielen und akute Gegenmaßnahmen im Auto
auslösen zu können.

Den Trendscouts und handelnden Personen vor Ort wird typischerweise
ein relativ größerer Freiheitsgrad zugestanden, was den Ideenprozess typischerweise treibt. Demnach bleibt das Technologiecenter im Silicon Valley
auch in Zukunft ein wichtiger Impulsgeber für die BMW Group.

© Mit freundlicher Genehmigung der BMW AG

Ein Blick durchs Schlüsselloch zum Open-Innovation-Prozess bei Siemens

„Open Innovation" beschreibt den Ansatz, unterschiedlichste Kompetenzen, Expertisen, Entwicklungen oder Anregungen von Experten, Kunden oder Zulieferern außerhalb des Konzerns einzubeziehen. Diese Methode gibt Unternehmen die Möglichkeit, auch kurzfristig auf technologische Veränderungen und sich wandelnde Märkte zu reagieren.

Ein Beispiel für einen erfolgreichen Open-Innovation-Prozess bei Siemens ist die Entwicklung des Totally Integrated Automation Portal (siehe oben). Das Portal galt in der Automatisierungsbranche schon kurz nach dem Start als bahnbrechende Innovation. Gelingen konnte dieser Technologiesprung nur, weil das TIA Portal nicht hinter verschlossenen Türen, sondern über Jahre hinweg weltweit gemeinsam mit Pilotkunden aus unterschiedlichen Branchen und mit verschiedenen Sichtweisen und Anforderungen entwickelt, getestet und geprüft wurde.

Für den Open-Innovation-Prozess wurde das Projekt in einem ersten Schritt zunächst ausgewählten Kunden präsentiert und intensiv mit ihnen spezielle Wünsche und mögliche Veränderungen des Konzepts diskutiert. Bei mehr als 80 Anwenderinterviews kamen so rund 5000 qualifizierte Rückmeldungen zusammen. Nach deren Auswertung flossen die Ergebnisse in einen arbeitsfähigen Prototyp der Software ein. In einem zweiten, aufwändigeren Schritt wurden dann weltweit rund 50 Kunden eingeladen, um bei einem Feldtest mit diesem Prototyp zu arbeiten. Dabei wurde genau analysiert, wie die Kunden mit der Software Testaufgaben lösen und wo es haken könnte. Zudem haben die Kunden detailliert Rückmeldung zu ihrer Arbeit mit dem Prototypen gegeben.

Zu den involvierten Kundenunternehmen zählten so unterschiedliche Firmen wie der chinesische Maschinenbauer Shanghai Dahua Network & Electric Technology, der chinesische Hersteller von Kraftwerkstechnologie Yantai Longyuan Power Technology, der deutsche Edelstahlverarbeitungsbetrieb Butting sowie das US-amerikanische Software- und Systemintegrator-Unternehmen Solvere. Sie alle nutzten die Chance, ihre Erfahrungen in die neue Software einfließen zu lassen. Das Resultat: Das TIA Portal besitzt hohe Nutzbarkeit und entsprach vom Start weg exakt den Anforderungen aus der Praxis. Und: Es war keine neue Erfindung, für die erst Anwender gesucht werden mussten – es gab sie schon vom offiziellen Start an (s. Abb. 4.1).

© Mit freundlicher Genehmigung der Siemens AG

Abb. 4.1 Vor-Ort-Scouting-Hubs, Open Innovation, Reisen in die digitalen Welten und Prozesse der Kunden sowie Kollaborationen eröffnen neue Horizonte und vertiefen das Verständnis über die Kunden- und Innovationswelten

Ein Blick durch das Schlüsselloch des „CoLaborators" von Bayer HealthCare

Im Jahr 2012 startete Bayer in Mission Bay bei San Francisco ein neues Kooperationsmodell.

„CoLaborator" bezeichnet dabei ein Gesamtkonzept mit dem Ziel, jungen Unternehmen frühzeitig unter die Arme zu greifen, damit diese ihre guten Ideen so schnell wie möglich vorantreiben können.

Vordergründig erhalten die Partner dabei lediglich Zugang zu vergleichsweise günstigen Räumlichkeiten. Dies könnte überall auf der Welt geschehen. Hinter „CoLaborator" steckt aber weit mehr.

So ist das Modell nicht zufällig in Mission Bay gestartet worden: Die Gegend rund um San Francisco ist bekannt für eine lebendige Start-up-Kultur, vor allem im Bereich der Biotechnologie. Die Wissenschaftler der dortigen exzellenten Hochschulen und Forschungsinstitute pflegen eine lange und erfolgreiche Tradition in puncto Selbständigkeit.

Bayer stellt den Jungunternehmern in den Räumlichkeiten des „CoLaborators" in Mission Bay alles zur Verfügung, was diese für einen schnellen Start benötigen. Das spart Zeit, die sonst beispielsweise mit administrativen Prozessen vertan würde. Von Zentrifugen über Wasseraufbereitung und Müllentsorgung bis hin zu den notwendigen behördlichen Zulassungen für den Betrieb der Labore: Um all diese Dinge kümmert sich Bayer mit seinem vorhandenen Know-how als Industrieunternehmen, damit die kreative und wissenschaftliche Arbeit bei den Start-ups den größtmöglichen Raum einnehmen kann.

Ein weiterer Vorteil für beide Seiten ist, dass wichtige biotechnologische Forschungsabteilungen von Bayer ebenfalls vor Ort sind. So kann ein intensiver Austausch der jungen Wissenschaftler mit den erfahrenen Industrieforschern von Bayer stattfinden.

Bayer kommt so frühzeitig in engen Kontakt mit den neuesten Methoden und Trends der biotechnologischen Forschung, und erhält schnelle Kenntnis von interessanten neuen Produktideen in den Life Sciences. Kooperationen, bei denen beide Seiten ihre Expertise einbringen, können sich in diesem Umfeld gut entwickeln und sind sogar ausdrücklich erwünscht.

Das Angebot ist attraktiv, denn seit Start des „CoLaborators" in Mission Bay 2012 sind nunmehr bereits alle Kapazitäten vermietet. Und die vielen Nachfragen aus der deutschen Wissenschaftsgemeinschaft führten nun zur Eröffnung eines weiteren „CoLaborators" auf dem Campus des Bayer-Pharma-Forschungsstandorts in Berlin.

© Mit freundlicher Genehmigung der Bayer AG

S: **Bleibt eine letzte Frage zu den Regionen: Wenn wir an Innovationslandschaften denken, dann treffen wir seit vielen Jahren auf vielfältige Ansätze aus verschiedenen Regionen heraus, egal, ob wir wie früher an die koordinierten Aktivitäten des MITI[1] in Japan denken oder in jüngerer Zeit an die Viel-Jahrespläne der chinesischen Regierung. Ist Industriepolitik für Innovationen eher förderlich oder nicht?**

R: Industriepolitik hat in jedem Fall Einfluss auf Innovationen. Sie kann schädlich sein, und sie kann nützlich sein. Sie muss zur Kultur passen. Das MITI hat in Japan funktioniert – für einen gewissen Zeitraum. Ein MITI hätte in den USA aber nicht funktioniert. Und in Indien ist ein MITI gar undenkbar.

Man kann sich aber auch eine innovationsfeindlichere Industriepolitik vorstellen, die Genehmigungshürden schon für das Ausprobieren aufstellt.

---

[1] Ministerium für Internationalen Handel und Industrie im internationalen Kontext, allgemein mit MITI für Ministry of International Trade and Industry abgekürzt.

Ich denke da etwa an Gentechnik in Deutschland. Für gute Industriepolitik gibt es ein paar Wesensmerkmale: Sie sollte innovationsfördernd sein und Anreize zu zielgerichteter Innovation geben. Und sie darf nicht prohibitiv sein. Aber es gibt keine Patentrezepte, die immer und überall funktionieren.

N: Ein Beispiel ist die E10-Kampage der Bundesregierung. Letztendlich kann man hier nicht von einem Erfolg sprechen. Industriepolitik geht häufig am Kunden vorbei und ist dann zum Scheitern verurteilt.

P: Also ich bin da ein bisschen anderer Meinung. Ich glaube schon, dass Industriepolitik wichtig ist. Denn der Markt regelt nicht alles. Ob ein MITI erfolgreich ist oder nicht, da mag man darüber streiten. Aber Japan macht pro Jahr immer noch die meisten Patente in der Welt! Dann haben Sie die Industriepolitik in China. Die Chinesen wollen Weltmarktführer in den wesentlichen Branchen sein. Das ist übrigens auch Fokussierung; nur eben eine makroökonomische. Und die Weltmarktführer werden aus China kommen. Das ist nur eine Frage der Zeit. Industriepolitik ist wichtig. Darum müssen wir uns stärker kümmern auf europäischer Ebene. Da geht es um das Schaffen geeigneter Rahmenbedingungen und um die Förderung von neuen Technologien. Und wir müssen uns vor allem darum kümmern, dass wir nicht nur die Grundlagenforschung fördern, sondern auch die Realisierung von Innovationen. Das ist eine gemeinsame Aufgabe der Regierungen, der öffentlichen Hand und der Industrie. Wir müssen Projekte fördern, die dazu führen, dass wissenschaftliche Erkenntnisse aus Deutschland oder Europa wieder verstärkt als weltweite Innovationen am Markt ankommen. Die Unternehmen haben da eine ganz wesentliche Verantwortung. Große Firmen wie Siemens, BMW oder Bayer müssen eine Führungsrolle für ihre jeweilige Branche übernehmen. Die Kleinen können es nicht, wie denn, die haben gar nicht die Ressourcen.

S: **Spätestens seit der Finanzkrise 2008/09 spielt für die Unternehmensführung auch das schockresistente Führen in den internationalen Märkten eine überragende Rolle. Wie sorgt man für ein schockresistentes Innovieren, vor allem bei der Umsetzung von Innovationsideen, also dabei, dass unerwartete Ereignisse und Entwicklungen größeren Ausmaßes einem keinen Strich durch die Rechnung machen, wenn man sich mit Innovationen auf den Weg zum Markt macht?**

N: Die Volatilität der Märkte hat in einem Maße zugenommen, die man vor 10 bis 15 Jahren nicht für möglich gehalten hätte. Wobei viel auch auf Psychologie beruht und weniger auf fundamentalen Daten, z. B. wurde die Krise 2008/09 nur von sehr wenigen vorausgesehen, obwohl man die Symptome einer Blase auch aus den heutigen Theorien heraus hätte erkennen können.

Der Mensch ist aber vielleicht anders gestrickt und möchte die Welle noch mitreiten, siehe auch Ende der 1990er Jahre in Japan.

S: **Wie schafft man es dann, in Krisen Innovationen zu retten?**

N: Dass in Krisenzeiten manche Innovationen auf der Strecke bleiben, ist Fakt. Jedoch kann man ein in Schieflage geratenes Unternehmen aus meiner Sicht nicht alleine durch Sparen retten. Innovationen sind nötig, um aus der Krise zu kommen und wieder durchzustarten. Hier ist ganz klar das Management gefragt, das darauf achten muss, dass nicht alle Saatkartoffeln der Krise geopfert werden.

R: Und wir sollten generell nicht die Vergangenheit verklären. Gehen wir mal 70 Jahre zurück und von dort wieder nach vorn: Die Volatilitäten der Rahmenbedingungen waren damals sogar noch dramatischer als heutzutage. Allein, wenn man in den Annalen unseres Unternehmens blättert: Zwei Weltkriege, zweimal de facto enteignet, zumindest was die außerdeutschen Aktivitäten angeht. Die Brüder des Firmengründers hatten Gesellschaften in Russland und Großbritannien aufgebaut. Und dann wurden diese in der ersten Hälfte des 20. Jahrhunderts auf Null gesetzt. Eine einzige Unternehmergeneration hat es dann geschafft, nach dem 2. Weltkrieg wieder zu expandieren. Da hat man wieder Kraft zum Innovieren geschöpft. Sie finden heute in Afrika noch Siemens-Umspannwerke aus den 1950er Jahren, weil man dort eben noch tätig sein durfte, während der Weg in die USA oder nach Großbritannien extrem schwierig war. Zweifellos sind unsere Märkte heute sehr volatil – mit zunehmender Tendenz. Aber damals war auch nicht alles sicher und einfach!

Wenn man als Teil einer Innovationsstrategie Szenarien aufstellt, muss man sich immer fragen, wie stabil diese Szenarien noch sind, wenn man an wesentlichen Annahmen rüttelt, also zusätzlich Volatilität simuliert. Nehmen wir zum Beispiel den Energietransport durch Hydrocarbons (Kohlenwasserstoffe). Sie besitzen die höchste Energiedichte zum Transport von Energie, die gegenwärtig realisierbar ist. Und das wird nach Ansicht führender Experten in 50 Jahren auch noch so sein. Jetzt kann ich mich für technologische Entwicklungen zum Thema „Individuelle Mobilität" fragen: Wie viele Kilogramm Treibstoff, wie viele Kilogramm Energiespeicher pro Energieinhalt benötige ich, und was bedeutet das in seinen Auswirkungen auf die Reichweite eines Fahrzeugs? Da wird das Verbrennen von Hydrocarbons die beste Lösung sein. Das ist schon einmal eine Ausgangsbasis für Innovationen. Aber wenn ich dieses Szenario jetzt kritisch hinterfrage, kann sich vieles verändern: Was passiert, wenn doch eine andere Speichermöglichkeit mit höherer Energiedichte aufkommt? Oder wenn plötzlich wegen drastisch steigender Klimaerwärmung, verheerender Hurrikans in den USA oder anderer Nebeneffekte CO_2-Zertifikate nicht mehr bezahlbar sind? Wenn ein Szenario so etwas nicht mehr aushält, dann weiß man, eigentlich eine Wette auf Rahmenbedingungen gemacht zu haben. Das ist aber kein solides Innovationsmodell. Die einzige Möglichkeit, die ich deshalb sehe, ist zu hinterfragen: „Welche Randbedingungen sind in das Szenario eingearbeitet?" Fehlen wichtige Faktoren, müssen die ergänzt werden. Und dann muss man das alles einem Stresstest unterziehen.

P: Also, bei uns ist es ja so, dass wir einen Vorteil bei den Lebenswissenschaften haben, die sind nämlich relativ konjunkturunabhängig. Manchmal gibt's da natürlich auch Überraschungen am Markt. Aber die sind dann i. d. R. nicht so krass wie in den konjunkturabhängigen Branchen, wie z. B. im Polymergeschäft. Das ist mal etwas Gutes für uns. Wer unter den Begriff der Schockresistenz auch die Frage „Wie vermeiden wir aufgrund kurzfristiger konjunktureller Ausschläge ein Einschreiten in langfristige Forschungs- und Innovationsvorhaben?" einreiht, muss in der Tat aufpassen. Da könnte man ja auf die Idee kommen zu sagen, „Ich muss den Jahresgewinn sicherstellen, lass uns da mal ein bisschen weniger machen.". Wir sind in den letzten fünf bis sechs Jahren sehr diszipliniert gewesen und haben unsere Forschungs- und Entwicklungskosten nicht nur konstant gehalten, sondern sogar nach und nach erhöht. Das war auch in den schlechten Jahren so. Da haben wir uns nicht beeinflussen lassen von kurzfristigen konjunkturellen Schwankungen.

Das liegt natürlich daran, dass bei Bayer Innovation das wirklich Prägende ist. Wir verstehen uns nicht als die beste Verkaufsmannschaft oder die besten Marketingleute. Ich will da jetzt nicht das Falsche sagen! Wir haben tolle Vertriebs- und Marketingleute, besonders im Consumer-Bereich: Aspirin, Alka Seltzer, das sind ja gigantische Marken. Und im Pharmageschäft und Pflanzenschutzgeschäft sind wir in den letzten Jahren, auch wegen einer starken Vertriebsmannschaft, hervorragend gewachsen. Aber das Dominierende bei uns ist Innovation. Das ist ein hoher Wert an sich. Der wird sakrosankt gehalten. Das hat bei uns einen großen Stellenwert.

S: Wurde in der Finanzkrise Ihr Finanzchef nervös und wollte mal an die F&E-Ausgaben ran?

P: Nein, eigentlich nicht, weil er die Langfristigkeit der F&E-Aktivitäten kennt. Klar wurden da kritische Fragen gestellt, das ist normal. Aber auch er war ein Fels in der Brandung.

Innovation ist, wenn es dem Kunden nützt

5

S: **Innovation funktioniert immer, wenn sie zu einem Sprung im Kunden-nutzen führt. Warum bleibt der Kundennutzen bei Innovationen immer wieder mal gerne auf der Strecke? Schauen wir genügend auf die Kun-den, kennen wir die Prozesse der Kunden, wissen wir, für was der Kunde bereit ist, zu bezahlen?**

N: Wenn kein Kundennutzen besteht, ist es eigentlich keine Innovation. Wenn Sie einem Ingenieur eine Aufgabe geben, etwas zu innovieren, wird er sich dieser Aufgabe annehmen. Wenn Sie – wie vorher angesprochen -einem Ingenieur die Aufgabe gegeben hätten, eine Lichtinnovation für den Innen-raum in einem neuen 3er BMW hervorzubringen, wäre wahrscheinlich eine hochkomplexe Regelung herausgekommen, die außer dem Erfinder keiner verstanden hätte, aber sicher kein dimmbares Licht. Meine Söhne lesen gar keine Bedienungsanleitungen mehr, sondern probieren einfach verschiedene Anwendungsmuster aus. Viele Innovationen sind sehr technisch. Es gibt negative Beispiele, z. B. Fernbedienungen für die Unterhaltungselektronik, die über die Mehrfachbelegung von Tasten 400 Funktionen abdecken können, bei denen der Kundennutzen auf der Strecke bleibt.

R: Man kann das immer besser machen, aber die Erfolgreichen machen es offen-bar nicht ganz falsch.

S: **Welche Ansätze setzen Sie vorrangig ein, um sicherzustellen, dass Sie mit Ihren Innovationen die Kundenwünsche in einer solch differenzierten Welt treffen? Ich habe bei Canon in Japan vor vielen Jahren ein Beispiel kennengelernt, das mir immer haften geblieben ist: Wer dort als Produkt-**

© Springer Fachmedien Wiesbaden 2015
W. Seidenschwarz et al., *Führend innovieren,*
DOI 10.1007/978-3-658-05468-7_5

**entwickler an eine Neuproduktentwicklung herangehen möchte, muss
vorher mindestens drei Monate Kameras in einem Laden verkauft haben
– und zwar eigene und Wettbewerbsprodukte. Wie ist das bei Ihnen?**

R: Die Grundlage ist: Kenne den Kunden und seine Bedürfnisse. Canon ist ein
klassisches B2C-Beispiel im positiven Sinne. Dort lautet die Ausgangsfrage
stets: „Wie erziele ich Emotionen beim Kunden?" Und wie bekomme ich das
in die Köpfe derjenigen Mitarbeiter, die kreativ vorgehen sollen, damit der
Kunde später vom Endprodukt begeistert ist? Im B2B muss ich weniger sta-
tistisch vorgehen. Deshalb ist der Pilotkunde bei uns sehr wichtig. Aber was
dann besonders bedeutend wird, ist die Frage: „Wer eignet sich überhaupt
als Pilotkunde?" Bewahrer kultivieren Bewahrung – die helfen wenig. Also
geht es für uns bei der Auswahl unserer Pilotkunden um ein Identifizieren der
Innovationschampions. Das sind die, die später auch im Wettbewerb mit ihren
Kunden gewinnen. Die müssen wir für uns gewinnen und ihnen soviel Innovationsbeitrag bieten, dass sie ihrerseits den eigenen Kunden wieder einen
Innovationsbeitrag liefern können. Solche Bündnisse schaffen idealerweise
eine Win-win-Situation, sodass unser Kunde und der Kunde des Kunden
einen Benefit hat.

N: Hier hilft uns bei BMW der Innovationsprozess als „Leitfaden" ganz massiv. Bei BMW werden Innovationen über einen bestimmten Prozess auf ihre
Markttauglichkeit geprüft. Aus der Marke werden Suchfelder abgeleitet,
danach werden Marketing- und Vertriebsleute eingebunden. Die entwickelten
Ideen gehen in Produktkliniken, in denen Kunden dazu befragt werden. Nur
wenn der Prozess durchlaufen ist und überall grüne Ampeln sind, kommt die
Innovation auf den Markt.

An dieser Stelle ist mir eine Anmerkung sehr wichtig: In der heutigen In-
genieurausbildung kommt der Kunde sicherlich zu kurz, wobei sich ja durch
neue Kombinationsstudiengänge oder auch Wahlfächer ein Trend abzeichnet,
auch über den Tellerrand zu schauen. Dazu kommen wir aber ja später sicher
noch.

S: **Das heißt, man muss die Märkte schon über die Disziplinen eines Unternehmens hinweg verstehen, um anzukommen.**

P: Ja, wir fördern Kundennähe dadurch, dass wir in den Märkten Forschungs-
und Entwicklungszentren haben, die Forschungs-Hubs, die in der ganzen
Welt verteilten Feldstationen für die Pflanzenforschung, die medizinischen
Abteilungen in den Ländern. Da sitzen die Kollegen, die ganz nah am Kunden
dran sind. Da gehen wir regelmäßig zu unseren Kunden und fragen: „Du, wie
läuft das Projekt, was können wir da anders machen?" Und da ist es egal, wo

wir dieses Produkt produzieren. Bei den Arzneimitteln haben wir die Nähe auch dadurch, dass wir mit den Experten schon ganz am Anfang in der Forschungsphase zusammenarbeiten. Da gibt es Advisory Boards und Kooperationspartnerschaften. Und in den Projekten haben wir dort den ständigen Dialog mit den Kunden. Und die Entwicklung, die daran anschließt, die geschieht ja im Krankenhaus, die geschieht ja in klinischen Zentren. Da sind wir ganz nah dran.

Wobei ich jetzt nicht sage, dass man nicht noch mehr tun könnte. Es gibt wohl in jedem Unternehmen, so habe ich das kennengelernt, immer wieder in Zyklen so ein Aufwallen, so ein „Verstehen wir die Kunden wirklich?", „Sind wir nah genug dran?", „Haben wir ein gutes Gespür, was die Kunden brauchen, was dort einen echten Kundennutzen verursacht?"

S: **In der Healthcare-Branche gibt es unter Spezialisten ja so einen Spruch: Man sollte sich nicht vom Chefarzt behandeln lassen. Denn der hat eine andere Aufgabe als das tägliche Operieren. Mit wem sprechen Sie dann da bei den Kunden?**

P: Mit einem neuen Arzneimittel wollen wir eine Verbesserung des bisherigen Therapiestandards für den Patienten erreichen. Entsprechend muss das Zielprofil eines neuen Arzneimittels konzipiert sein. Hier fließen natürlich praktische, operative sowie wissenschaftliche Aspekte ein, d. h., man benötigt die Beratung hochrangiger Experten und die Erfahrungen des behandelnden Arztes. Und bei unseren Forschern muss man darauf achten, dass es immer wieder eine Befruchtung von außen gibt. Dass sie nahe genug an der gegenwärtigen akademischen Forschung und der klinischen Forschung sind, den Therapiestandard in der Praxis kennen und die Bedürfnisse der Patienten und Ärzte verstehen. Unsere Forscher, die bei uns in den Forschungszentren arbeiten, brauchen deshalb immer wieder auch mal eine Auszeit, z. B. ein Sabbatical. Die müssen nach draußen gehen können. Die müssen rein in die Forschung in akademischen Zentren. Oder vielleicht verbringen sie einmal einige Wochen im Krankenhaus mit Patienten, die die Produkte benötigen. Solche Programme versuchen wir gerade zu intensivieren. Das ist eine ganz wichtige Sache.

S: **Seit vielen Jahren stellen wir, vorrangig getrieben aus den Emerging Countries, ein Wachstum in den Mid-range- und Low-price-Marktsegmenten fest. Sie alle – Bayer, BMW und Siemens – kommen von Ihrer Unternehmensherkunft eher aus High-End-fokussierten Unternehmen. Was sind Ihre vorrangigen Herangehensweisen, mit denen Sie es geschafft haben, auch diese Segmente erfolgreich anzugehen?**

R: Unser Erfolgsrezept heißt: im Markt sein. Und zwar mit den kreativen Men-
      schen aus diesen Märkten. Das funktioniert nicht immer beim ersten Mal.
      Auf die Maschinensteuerung Sinumerik 802, in Nanjing entwickelt, waren
      wir zum Beispiel sehr stolz. Und dann bin ich mit meinem Entwicklungsleiter
      fünf Stunden landeinwärts zu einem potenziellen chinesischen Kunden gefah-
      ren – und wir haben festgestellt, dass wir mit unserer Lösung noch immer
      mit einem Faktor 5 überteuert und auch überfeatured waren. Dieses trauma-
      tische Erlebnis haben wir mit unseren chinesischen Kollegen geteilt. Und dann
      haben wir die zweite Iteration wirklich ganz in China gemacht – ohne einen
      Projektleiter aus Deutschland. Und auch ohne unsere traditionell paternalis-
      tische Art, die typischerweise so aussah, dass man zwar intensiv mit jungen
      Kollegen vor Ort gearbeitet hat, aber die Entscheidungen dann doch mit Mit-
      arbeitern mit langjähriger Erfahrung aus Deutschland getroffen hat. Diese
      zweite Iteration haben wir dann bewusst umgedreht und auch die wichtigen
      Entscheidungen von Chinesen treffen lassen.

      Die Manifestation des kulturellen Auseinanderdriftens wurde dann sicht-
      bar, als das Ergebnis, die Sinumerik 801, in unserem Maschinentestzentrum
      in Chemnitz an einer Maschine installiert wurde – was wir mit allen neuen
      Steuerungen so machen. Der Leiter des Maschinentestzentrums, ein erst-
      klassiger und gestandener Ingenieur, hatte mich dort schon fast am Tor ab-
      gefangen, um mir zu sagen, wie völlig unmöglich dieses Produkt sei. Für ihn
      war bereits das Totschlagargument, dass das Display, aus einem Winkel von
      30 Grad betrachtet, schon streifig war. „Dann sollen doch die Chinesen ihre
      eigene Marke machen, das hier ist doch gar nicht mehr Siemens", empörte er
      sich. Ich habe ihm geantwortet: „Glauben Sie mir: Wenn sich ein Maschinen-
      bediener in der chinesischen Fabrik darüber beschweren würde, würde ihm
      sein Vorarbeiter sagen, er solle sich halt gerade vors Display stellen, wenn er
      es von der Seite nicht lesen kann." Da hat man wirklich gemerkt, wie Welten
      aufeinander prallen. Aber so etwas ist auch für uns ein mühsamer Lernpro-
      zess.

      Erfolgreich waren wir immer dann, wenn wir für Entscheidungen in an-
      deren Marktsegmenten konsequent auf das Urteil der Marktkenner vertraut
      haben. Von Menschen, die sowohl diese Marktsegmente kennen, als auch
      die nachgefragten Produkteigenschaften, die davorliegenden Kundenprozes-
      se und auch unsere Prozesse, die diese Kundenlösungen am Ende bedienen.
      Sie sollten sich einmal unseren Prüfstand für raue Umgebungsbedingungen
      in Nanjing anschauen, den würden Sie in Bayern als einen Hasenstall auf
      dem Werksgelände bezeichnen. Da steht ein Rack von Komponenten an einer
      Hauswand und darum herum ist nur ein Maschendrahtzaun. Und so testen die

Chinesen, ob die Anlage den Umgebungsbedingungen in China genügt. Auf diese Idee käme kein deutscher Ingenieur. Wir würden hier in einem hochkomplexen Labor eine geschlossene Anlage mit einem automatisierten Salzsprühnebel und jeder Menge Messgeräten bauen.

S: **War für BMW Rover ein Schritt, sich an niedrigpreisigere Segmente anzunähern?**

N: Für BMW war das wesentliche Argument für den Kauf von Rover Größe und damit auch Einkaufsmacht. In der Rückschau kann man sagen, dass eine Politik, die Premium und Masse unter einem Dach vereint, eher schwierig ist. BMW hat sich danach ganz klar für Premium entschieden. Da sind wir stark. Um intensiv in den Massenmarkt einzusteigen, fehlen uns die Kernkompetenzen und es passt auch nicht zu unserer Aufstellung. Übersetzt heißt das: Auch wenn wir mit dem 1er BMW in der Kompaktklasse ein Produkt anbieten, konzentrieren wir uns auch dort auf das Premiumsegment.

S: **Was nicht heißt, dass es verboten wäre, heilige Kühe zu hinterfragen, z. B. den Heckantrieb?**

N: Das ist für uns kein Widerspruch; bei MINI haben wir schon länger Frontantrieb. In einigen Segmenten bietet der Heckantrieb auch aus Ingenieursicht keine Vorteile oder wäre sogar ein Anachronismus (etwa bei einem raumfunktionalen Konzept). Premium heißt für uns aber in jedem Fall die langfristige Ausrichtung.

P: Bei Bayer waren in den letzten Jahren tatsächlich die Emerging Markets die Wachstumstreiber. Und dort liegt auch weiterhin ein großes Wachstumspotenzial. Den Umsatz machen wir dabei aber mit Produkten, die wir auch woanders verkaufen. Und wir haben diese Produkte für diese Regionen auch nicht vereinfacht.

Und was die dazugehörige Preisgestaltung anbelangt, gehen wir auf die Gegebenheiten der Länder und auf die Wettbewerbssituation ein. Aber natürlich innerhalb eines weltweiten Preisrahmens, den wir vorgeben müssen, um unsere Profitabilität sicherzustellen. Kritische Diskussionen gibt es immer wieder über die Preise von Spezialtherapeutika in den Emerging Markets. Es geht um die Frage des sogenannten Access to Medicine: „Wie stellen wir sicher, dass jeder sein Arzneimittel bekommt, egal wie viel Geld er zur Verfügung hat?" Richtig ist, dass oft mehr als 90 % eines Spezialtherapeutikums in Emerging Markets zu beträchtlich niedrigeren Preisen als in den entwickelten Märkten abgegeben werden. Das sehen und wissen aber nur wenige. Die Herausforderung einer global differenzierenden Preisgestaltung von Arzneimitteln, die Sicherstellung der Verfügbarkeit von Arzneimitteln für alle Patienten, ist für uns eine wichtige Aufgabe. Und wir machen uns im Augenblick sehr viele Gedanken über neue innovative Geschäftsmodelle. Die nachhaltige Antwort darauf muss man aber mit den wirtschaftlichen Erfordernissen des Unternehmens in Einklang bringen.

S: **Wie tief darf man eigentlich in niedrigpreisige Märkte einsteigen – oder umgekehrt: Ab wann muss man eine eigene Submarke aufbauen, um das Innovationsprofil in den höherwertigen Märkten nicht zu verwässern? Siemens hat keine eigene Marke ins Leben gerufen, als man in die dort im Hause als „M3-Märkte" bezeichneten Niedrigpreissegmente vorgestoßen ist. Ab wann muss man sich die Frage stellen, ob die Stammmarke das noch verträgt – vor allem dann, wenn man sogar mit einem „Super-Low-Price-Markt" und den möglichen negativen Ausstrahleffekten auf die Marke in Berührung kommt? Damit befinden wir uns schon fast im Markenmanagement, aber eben auch noch bei einer wichtigen Frage zum Thema „Innovation".**

N: Vielleicht findet man das nur heraus, wenn man es ausprobiert. In jedem Falle wird man ein Gefühl haben, ob eine Marke einen solche „Dehnung" noch aushalten kann. Bei unseren Überlegungen waren wir damals der Meinung, dass die Marke BMW eine Dehnung bis in das Kleinwagensegment nicht aushalten würde und man nicht vom 7er bis zu einem Kleinwagen alles unter der Marke BMW bringen könnte. Diese Überlegung kann man auch auf niedriger bepreiste Produkte übertragen. Für uns war klar: Wenn die Marke diese Breite nicht aushält, muss man mit einer Submarke oder einer anderen Marke dieses Feld beackern. Wie weit eine Marke generell dehnbar ist, ist eine schwierige Frage. Sicher ist aber, wenn man es übertreibt, dann läuft man Gefahr, dass das ganze System kippt und die Marke in Gefahr gerät.

R: Bei Siemens gehen wir inzwischen nicht mehr ganz so dogmatisch vor wie in der Vergangenheit. Insbesondere lassen wir manchmal bei Akquisitionen die bisherige Marke stehen. Das heißt, wir labeln nicht das Produkt um, wenn es nicht dem Anspruch von Siemens genügt. Das Kernportfolio und das Zielportfolio müssen aber dem Markenversprechen von Siemens im B2B-Bereich entsprechen. Das kann durchaus auch mit niedriger Funktionalität sein – wie zum Beispiel bei der Logo!-Steuerung, die so ziemlich das Einfachste ist, was man sich als PLC[1] vorstellen kann. Trotzdem erkennt jeder Anwender sofort das Leistungsversprechen der Marke Siemens – und ist bereit, dafür zu zahlen. Ein anderer Fall: Wir haben in China eine Motorenfabrik gekauft. Diese Motoren laufen erst einmal weiter unter der bisherigen Marke „Beide", bis wir ein Siemens-Produkt in China entwickelt haben und es dort mit modernisierten Anlagen produzieren. Erst dann wird es ein Siemens-Produkt sein. Wir gehen inzwischen also eher sensibel mit der Nagelschere an das Thema heran und nicht mehr mit der Heckenschere wie früher, als es nur die Marke Siemens gab.

P: Was Sie mit Niedrigpreissegment beschrieben haben, bezog sich ja auf die regionalen Märkte. Bei uns ist das etwas anders. Ich verkaufe ja ein und dasselbe Produkt in verschiedenen Ländern. Aber wenn es darum ginge, wirklich in Niedrigpreisgeschäfte, also in qualitativ andere Geschäfte, hineinzugehen, dann hätten wir eine gewisse Hemmschwelle. Bayer ist vor allem Qualität und Innovation für den Kunden, das ist das Markenimage! Der andere Aspekt ist, dass wir so ein Geschäft gar nicht beherrschen. Zum Beispiel ist das Generikageschäft ein komplett anderes als unser Geschäft. Dort werden auch Arzneien angeboten, aber mit ganz anderen Erfolgsfaktoren als bei uns. Dort geht es um die Sortimentsbreite, das Kostenmanagement und die Produktion. Wir sind zwar auch gut in der Produktion, aber die Generikahersteller sind, was Kosten anbelangt, noch besser!

Und wenn Sie den Vertrieb anschauen, dann machen die das auch anders. Die machen auch die Portfolioentscheidungen ganz anders als wir, weil sie in Sortimenten denken. Das machen wir gar nicht so. Wir denken eher an einzelne Produkte für ausgewählte Erkrankungen, für die wir Expertise in der Forschung und Entwicklung haben und Innovationen anbieten können. Generikahersteller bieten in der Regel keine Produktinnovationen an.

S: **So eine Entwicklung hin zu niedrigpreisigeren Segmenten zeichnet sich nun schon seit einiger Zeit ab. Für andere Trends erkennt man heute vielleicht erst schwache Signale. Ein Beispiel dafür sind Themen wie das sich selbst entwerfende Werkzeug im Fabrikumfeld oder das Analysieren des Gesundheitszustandes des Fahrers im Auto mit automatischem Eingreifen des Fahrzeugsystems in lebensbedrohlichen Situationen. Wie erfassen Sie Trends und Entwicklungen für die Zeithorizonte zwei und drei? Helfen Ihnen dabei die sogenannten Zukunftsforscher?**

---

[1] Eine PLC (Programmable Logic Controller) ist eine speicherprogrammierbare Steuerung (SPS).

P: Eigentlich weniger, Zukunftsforscher schauen ja auf Trends, oft langfristige Trends. Und die daraus entstehenden Erkenntnisse, die ich bisher gesehen habe, sind nicht so granulär, dass es uns helfen würde, Produktentscheidungen zu treffen. Aber für neue Technologien trifft dies eher zu. Von Zeit zu Zeit fragen wir uns: Gibt es neue Technologien, die wir uns anschauen müssen oder nicht? Müssen wir investieren, bringt das was für uns, müssen wir das alleine machen, lassen wir es andere machen, machen wir es mit anderen Firmen zusammen? Sollen wir mit Dritten ein Konsortium bilden und präkompetitive Technologien gemeinsam entwickeln? Es ist mehr ein Dialog, den wir im Unternehmen institutionalisiert haben. Hier können Zukunftsforscher und vor allen Dingen externe Experten beitragen, damit wir rechtzeitig auf die Technologien setzen, die in 10 oder 20 Jahren unseren Erfolg ermöglichen. Ein Beispiel ist unsere Entscheidung, eine Technologieplattform für die Weizensaatgutentwicklung und -produktion aufzubauen, die wir vor zwei Jahren getroffen haben. Das ist ein 20-Jahre-Projekt!

R: Wir bei Siemens nutzen die Zukunftsforscher punktuell durchaus. Sie helfen manchmal als Katalysator. Wir haben intern eine sehr systematische Methode dafür entwickelt: das Picture of the Future. Es beinhaltet eine Kombination aus Extrapolation und Retropolieren aus Ansätzen, wie sie Zukunftsforscher durchaus postulieren. Wir erarbeiten uns die Szenarien selbst, ziehen gelegentlich auch Zukunftsforscher hinzu, damit diese uns infrage stellen und mit Rahmenbedingungen konfrontieren, die wir sonst vielleicht nicht direkt extrapolieren würden. Das sind Fragestellungen wie: Kann man wirklich davon ausgehen, dass der Bediener in 20 Jahren immer noch vor einem Laptop sitzt? Wird die Mensch-Maschine-Bediener-Schnittstelle immer noch eine Quelltexttastatur sein? Oder wird die Mensch-Maschine-Kommunikation sich gar nicht mehr viel von der Mensch-Mensch-Kommunikation unterscheiden? Bei solchen Fragen helfen Zukunftsforscher, befreien einen aus dem Käfig eigener Grundannahmen und beschreiben den Rahmen neu. Aber: Sie kennen unsere Applikationen nicht und auch nicht den Kundennutzen im B2B-Umfeld. Professionelle Zukunftsforscher denken normalerweise auch eher im B2C-Kategorien. Sie schauen zuerst, wie der Konsument der Zukunft leben wird und überlegen dann, was das allgemein für den B2B-Bereich bedeutet. Die konkreten Ableitungen für unser B2B-Geschäft müssen wir dann schon selbst machen.

N: Wir nutzen hier vor allem unsere weltweiten Scouts. Natürlich analysieren wir auch die Erkenntnisse von speziellen Trendexperten. Die Einschätzung, ob und wie schnell ein neuer Trend sich durchsetzt, ist Managementaufgabe. Auch ein „Zu-früh-dran-sein" kann zum Misserfolg führen, wenn der Trend sich noch nicht durchgesetzt hat.

S: **Wie stellt man sicher, dass diese Erkenntnisse an den Entscheidungsstellen ankommen? Wie stellt man das Timing sicher?**

N: Im Rahmen unserer Langfriststrategie analysieren und bewerten wir ungefähr 100 Trends weltweit. Da geht es dann um Fragen wie: Bildet sich ein Trend massiv heraus? Läuft er aus? Damit beschäftigen sich Fachspezialisten im Haus, die die Trends bewerten, und das geht über den Strategieprozess dann auch in die Produktentwicklung ein.

Das ist eine gute Gelegenheit, sich das Umsetzen einer Innovationsstrategie an einem konkreten Vorhaben einmal etwas durchgängiger anzuschauen: am Beispiel der Radikalinnovation des project i von BMW.

Das Umsetzen einer Innovationsstrategie am Beispiel des BMW project i

Die Geschichte des radikalen Innovationsvorhabens Project i
Wie alles begann …

Im Jahr 2006 beschäftigt sich der Gesamtvorstand von BMW umfassend mit dem Thema „Zukunft". Ergebnis der Beratungen ist die „Strategie Number ONE". Einer der strategischen Kernpunkte lautet, die Themen „Nachhaltigkeit" und „Mobilität" so zu verbinden, dass BMW zum führenden Anbieter von Premiumprodukten und Premiumdienstleistungen für individuelle Mobilität avanciert.

Mit dieser Zielsetzung geht der Vorstand auf die Suche nach einer Person, der diese Aufgabe anvertraut werden kann. Die Wahl fällt auf Ulrich Kranz, der im wahrsten Sinne des Wortes bei Null anfangen darf. Ohne existierendes Team und ohne die klassischen Abläufe.

Werner Seidenschwarz (S) im Gespräch mit Ulrich Kranz (K).

S: **Herr Kranz, das bedeutet, Sie konnten sich „from scratch" ohne jegliche Vorgaben hinsetzen und überlegen?**

K: Ja. Es ist innerhalb der BMW Group eher selten der Fall, dass man „auf einem weißen Blatt Papier" beginnen kann und sich auch noch die Leute zusammensuchen darf.

© Springer Fachmedien Wiesbaden 2015
W. Seidenschwarz et al., *Führend innovieren*,
DOI 10.1007/978-3-658-05468-7_6

S: Dann sind Sie gleich mit der neuen Submarke „BMW i" gestartet?

K: Nein, wir sind – und das wird vielleicht den einen oder anderen überraschen –
    erst einmal markenfrei gestartet. Wir nannten das Ganze „project i". Wir woll-
    ten damit vermeiden, uns von vornherein auf die traditionellen Markenwerte
    zu konzentrieren. Wir wollten uns nicht gleich zu Beginn des Spielraums und
    der Freiheit berauben, ohne Beschränkungen über das Thema „Mobilität der
    Zukunft" nachzudenken.

S: Und dann haben Sie ein neues Büro im BMW Hochhaus bezogen?

K: Nein. In einem so großen Unternehmen mit all seinen Verbindungen und Ver-
    knüpfungen war die räumliche Ausgliederung des Projekts wichtig, um jeg-
    liche Beschränkungen zu vermeiden.

S: Welches Thema stand denn zu Beginn im Vordergrund?

K: Wir wollten gleich zu Beginn und möglichst schnell konkrete Erfahrungen
    zum Thema „Elektromobilität" sammeln. Dazu haben wir – innerhalb von
    sechs Monaten – den damaligen MINI elektrifiziert, sodass bereits im April
    2008 die ersten Autos fuhren. Insgesamt waren das über 600 Fahrzeuge. Ent-
    scheidend für uns war, ein schnelles Bild über die größten Vorzüge und die
    größten Vorbehalte zur Elektromobilität aus Kundensicht zu erhalten. So
    breitbandig und wissenschaftlich begleitet hatte das zuvor noch kein Herstel-
    ler gemacht.

S: Aber es ging nicht nur um Elektromobilität?

K: Nein, parallel zu den MINI-Aktivitäten haben wir begonnen, uns Gedanken
    für unser eigentliches Kernprojekt, das project i, zu machen. Dabei wurde
    uns frühzeitig klar, dass das Ergebnis mehr als nur ein Auto sein sollte. Also
    haben wir unter dem Leitmotiv „Nachhaltigkeit" von A bis Z die gesamte
    Prozesskette skizziert – von der Entstehung der Idee über die Entwicklung,
    Produktion und Nutzung bis zum Recycling.

Wie die Konzeptidee entstand

S: Wie sah das konkret aus?

K: Schon recht früh, im Jahr 2008, hatten wir uns mit der Thematik befasst und
    sind erstmals als Entwickler nicht mit einem Produktkonzept gestartet. Wir
    haben die Kollegen aus der Produktion gebeten, unter dem Aspekt der Nach-
    haltigkeit und der Investoptimierung zu erarbeiten, was denn die Prämissen
    für ein solches Projekt aus Produktionssicht wären. Dann haben wir uns als

Entwicklungsingenieure über zwei Monate hinweg in deren Workshops hineingesetzt und zugehört. Die Produktionskollegen haben ihre Wünsche und Ideen formuliert. Das Ergebnis waren ganz neue Zielsetzungen, die später tatsächlich umgesetzt wurden.

S: Gibt es Beispiele dafür?

K: Das Einsparen von Energie und Wasser bei der Produktion, der Einsatz von Windkraft, das Denken in geschlossenen Wertstoffkreisläufen. Eine zentrale Annahme war für uns damals, dass die bestehenden Kapazitäten in den konventionellen Werken zu 100 % ausgelastet wären und alles, was wir jetzt definieren würden, Zusatzvolumina sein sollten. Ziel war es, neue Kunden zum Thema „Nachhaltigkeit" zu gewinnen. Auch in diesem Punkt waren wir völlig frei und mussten nicht in bestehende Strukturen eingreifen. Diese Prämissen haben wir im Projekt verwendet und aus den Fachbereichen des Entwicklungsressorts einige Vorentwicklungsprojekte aufgegriffen, die bis zum damaligen Zeitpunkt unter den bestehenden Strukturen in den existierenden Werken nicht umsetzbar waren. Wir konnten damit an einer komplett neuen Fahrzeugarchitektur arbeiten, die es sonst noch nirgendwo auf der Welt gab.

S: Welche Fahrzeugarchitektur meinen Sie?

Das Life-Drive-Konzept für den BMW i3. Die Idee war, als Produktionsstätte eine Leichtbauhalle zu verwenden. Wir wollten keine großen Fördergeräte und keine Schwenkgehänge einsetzen, sondern einfach davon ausgehen, dass wir zwei Großmodule montieren: das Drive-Modul, also das fahrbare Chassis, und das Life-Modul, also die Fahrgastzelle. Diese beiden Module sollten – wie bei einem Modellbauauto – aufeinander gesetzt werden und dann aus der Halle herausfahren können. Wir wollten von Beginn an große Strukturinvestitionen vermeiden.

S: Gab es noch aus anderen Bereichen Ideen oder Anregungen?

K: Aus der Formel 1 hatten wir schon Erfahrungen zum Thema „Elektrischer Antrieb" erarbeitet – als Unterstützung der Verbrennungsmotoren durch einen Elektromotor. Damit besaßen wir ein spezielles Basis-Know-how, das wir mit eingesetzt haben, um inhouse elektrisch spezifizierte Antriebe konzipieren und entwickeln zu können.

S: Aber es hat im Unternehmen nicht nur Zustimmung dafür gegeben?

K: Mit diesen Grundideen sind wir angetreten, das erste Konzept intern zu verkaufen. Ja, es gab einige Personen, die sich so eine neue Architektur nicht recht vorstellen konnten. Zwei besonders kritische Punkte waren, warum dieses Fahrzeug denn Heckantrieb haben sollte und ob zusätzlich noch ein Verbrennungsmotor im Fahrzeug benötigt würde. Die Idee eines Reichweitenverlängerers war bereits in der Grundüberlegung des Projektteams vorhanden. Also haben wir das erst mal so konzipiert. Beide Varianten wurden bewertet.

S: **Was gab den Ausschlag für welches Konzept?**

K: An die letztendlich gewählte Lösung haben wir uns mit der Diskussion herangetastet, ob es bei der Elektromobilität eher um Geschwindigkeit oder vielmehr um Dynamik, Sportlichkeit und Agilität geht. Und für eine solche Agilität – im Bereich von 0 bis 80 km/h auf Stadtautobahnen – ist der Elektromotor aufgrund seiner Drehmomentstärke natürlich prädestiniert: Sie fahren los und haben sofort das volle Drehmoment zur Verfügung – deshalb übrigens auch der Hinterradantrieb. Die Traktion hätte bei den hohen möglichen Anfahrmomenten gelitten, wenn wir uns für den Frontantrieb entschieden hätten.

Das project i-Team

S: **Wie viele Mitarbeiter hatten Sie eigentlich?**

K: Bei Gründung des project i waren wir acht Mitarbeiter und haben unser Projekt dann gemäß der jeweiligen Aufgabenstellung aus den jeweiligen Ressorts des Unternehmens ausstaffiert. Durch die räumliche Ausgliederung war unsere kleine Truppe von Anfang an auf einer Werksetage im Werk München praktisch inkognito unterwegs. Es waren fünf zusammengeschobene Schreibtische – mit Entwicklung, Produktion, Vertrieb und Marketing, Design, Planung, Finanzen und Einkauf. Jeder hat von jedem alles mitbekommen. Das heißt: Jeder war zu jedem Zeitpunkt voll auskunftsfähig über die Belange der anderen Ressorts. Jeder konnte Aussagen treffen über Produktion oder Vertrieb, der Designer konnte etwas zur Technik sagen oder der Einkauf etwas über die Produktion. Das war ein wesentlicher Erfolgsfaktor. Später haben wir dann in einem zweiten Gebäude die Entwicklungstruppe zusammengefasst und konnten durch das Prinzip der „kurzen Wege" über den Hof hinweg auch den täglichen Kontakt pflegen. Die Kerntruppe saß aber weiterhin zusammen. Von dort aus hatte jeder seinen Bereich, in den er hineingewirkt hat. Und am Ende des Tages sind wir wieder zusammengekommen und haben den Abgleich gemacht: Was hatten wir uns für den Tag zum Ziel gesetzt, was haben wir tatsächlich geschafft? Das war ganz wichtig zu Beginn.

S: Wie lange dauerte diese Phase?

K: Bis Anfang 2010 sind wir gut zwei Jahre so unterwegs gewesen und wurden dann – mit der Konzeptverabschiedung des Projekts in Richtung Serienumsetzung – ins Entwicklungsressort zurückorganisiert. In der frühen Phase haben wir direkt an den Vorstandsvorsitzenden berichtet. Zu dem Zeitpunkt, als es an die Umsetzung ging, übernahm das Entwicklungsressort. Also lag es nahe, das Projekt zur Umsetzung im Entwicklungsressort zu verorten. Aber wir wussten auch, dass wir da – wegen des disruptiven Charakters unseres Gesamtkonzepts – nicht nur Freunde haben würden. Wir wurden schon etwas kritisch beäugt, so nach dem Motto: „Kommt Ihr uns mal nach Hause ...".

S: Dann ging aber – insgesamt gesehen – doch alles recht schnell, oder?

K: Schnelligkeit war zu diesem Zeitpunkt ein wichtiges Erfolgskriterium für das project i-Team. Wir waren in der Lage gewesen, in diesen zwei Jahren nicht nur das Produkt, sondern auch alles darum herum, also die Produktion, das Vertriebsmodell, das Finanzierungsmodell, den Einkauf mit neuen Partnern und vieles mehr, auf die Reihe zu bringen – und damit praktisch das Produkt durch das Schaffen einer Anfassbarkeit abzusichern. Und wir hatten gegen Ende 2009 bereits die ersten Prototypen mit dem Life-Drive-Konzept – also bereits mit der Kohlefaserzelle – gecrasht und konnten damit die Funktionsfähigkeit der Fahrzeugarchitektur nachweisen. Das ließ sich nicht mehr wegdiskutieren. Nach achtwöchiger Prüfung wurde das Konzept schließlich übernommen.

S: Sie hatten erwähnt, dass Sie auch den Freiraum hatten, Teammitglieder von außen mit dazuzunehmen. Haben Sie das getan?

K: Ja, eine Kollegin kam von extern dazu – für die Vertriebsbelange. Auch sie war zunächst durchaus der Kritik ausgesetzt. Letztendlich aber gilt: Der größte Teil der erarbeiteten Ideen ist heute im BMW i-Vertriebsprozess umgesetzt und erlebbar!

S: Der Vertrieb des BMW i3 in Deutschland läuft über 47 i-Agenten, also nicht über die klassische Handelsorganisation?

K: Ja, genau. Die Idee dazu ist im Kernteam entstanden. Es ging aber nicht darum, die bestehende Handelsorganisation zu hinterfragen, sondern sich damit auseinanderzusetzen, dass das Informations-, Auswahl- und Kaufverhalten für diese Art von Automobil anders ist. Manche Kunden wollen über das Telefon, andere über den Händler, einige über spezielle Showrooms und wieder andere direkt über das Internet Kontakt aufnehmen. Entsprechend galt es, diesen Mehrkanalvertrieb aus einer innovativen Brille heraus für die Submarke anzugehen. Dies wurde auch durch die Annahme unterstrichen, dass es anfänglich mehr Erklärungsbedarf als bei jedem anderen neuen Fahrzeug geben würde. Und mit dem BMW i3 richtet sich das Unternehmen an neue Kunden. Andere Kunden als die, die BMW bisher schon auf dem Radar hatten. Auch der Fokus auf die Mega-Citys war von Beginn an klar, sodass es sinnvoll war, eine selektive Auswahl spezifischer Vertriebskanäle anzudenken. Es erschien uns wichtig, dass Kunden von Anfang an einen (!) Ansprechpartner hatten. Unabhängig von der existierenden Handelsorganisation besitzt das Vertriebskonzept für den Vertrieb von BMW i-Fahrzeugen einen gewissen Schneepflugcharakter. So ein Vorgehen lässt sich mit einer neuen Submarke eher durchspielen als im etablierten Geschäft.

Der Weg über Vorzüge und Vorbehalte – immer vom Kunden kommend

S: **Sie hatten die frühe Phase angesprochen, als mit 600 MINI-Modellen weltweit Erfahrungen mit der Elektromobilität gesammelt wurden. Was waren da schon sehr früh die zentralen Erkenntnisse?**

K: Wir wussten aus der Marktforschung, dass es bei den potenziellen Kunden zum Thema „Urbane Mobilität" zwei Kernfragestellungen gibt. Einmal: „Wie komme ich in einer vorgegebenen Zeit sicher von A nach B?" Und da haben wir in der Stadt eine ganze Reihe von Unwägbarkeiten im Verkehr wie z. B. Staus. Was ist also das beste Konzept? Reicht das mit der intelligenten Navigation oder benötigt man dazu sogar intermodale Konzepte? Das zweite wichtige Thema: das Parken. Wenn ich an meinem Zielort, gerade in einer Mega-City, ankomme, wo lasse ich dann das Auto? Da haben wir zum Beispiel über unsere Venture-Capital-Tochter BMW i Ventures eine gute Lösung gefunden: „Park at my house". Da können Hausbesitzer Parkraum, der tagsüber nicht genutzt wird, an andere Interessenten vermieten.

S: **Gab es weitere Bedenken von Befragten?**

K: Mit dem Beginn des MINI E-Projekts haben wir in Berlin im Vorwege Interviews mit den Nutzern durchgeführt. Damals gab es zwei Hauptbedenken: einmal das Thema „Reichweite" und das Thema „Laden", speziell die Kernfragen zu Ladesäulen und zur Ladezeit. Das Interessante war, dass sich nach drei Monaten Nutzung diese Bedenken in Wohlgefallen aufgelöst hatten. Es hatte sich herausgestellt, dass die tatsächlich zurückgelegten Tagesstrecken in der Regel die 30- bis 40-Kilometer-Grenze nicht überschritten – es also gar nicht die Notwendigkeit gab, täglich zu laden. Das hieß übersetzt, dass die

Mehrzahl der Nutzer nicht mehr als drei bis vier Ladezyklen pro Woche hatte. Und wenn geladen wurde, dann hauptsächlich zu Hause oder – als zweite Ladeoption – im Büro, also dort, wo man sich ohnehin länger aufhält. Und damit waren auch die Ladezeiten kein Thema mehr. Denn wenn die Fahrzeuge angesteckt waren, wurden sie in der Regel mindestens fünfeinhalb Stunden angesteckt. Das kurzzeitige Laden gab es so gut wie gar nicht.

S: **Konnten Sie diese Erfahrungen in das Konzept für den BMW i3 einbauen?**

K: Ja, das haben wir getan. Fürs Erste hat das gereicht, auch wenn wir heute zunehmend die Rückmeldung erhalten: „Wäre schön, wenn wir mehr Reichweite hätten." Zukünftig werden wir sicher 200 bis 250 km Reichweite bereitstellen müssen, auch unter ungünstigen Bedingungen wie Kälte.

S: **Das Fahrzeugkonzept folgt einem radikalen Innovationsprofil über die ganze Prozesskette hinweg – von der Entstehung über die Nutzung bis zur Nachverwendung. Gerade bei radikalen Innovationen hadern aber viele Unternehmen damit, wie sie mit dem Einstiegspreis umgehen sollen. Wie ist man an dieses Thema herangegangen? Die Preispositionierung im Markt war ja sicherlich ein ganz wichtiges Thema?**

K: Zunächst einmal eine ganz knappe Antwort: Premiumangebot gleich Premiumpreis. Aber natürlich sind die Kosten pro Kilowattstunde Speicherkapazität auch heute noch die größte Herausforderung und der größte Kostenfaktor. Das Auto muss sich selbst rechnen und wir müssen weiter versuchen, insbesondere über die Speichertechnologie auch positive Größendegressionseffekte zu bekommen und die Kosten weiter zu reduzieren. Aber es ist ein großer Vorteil, dass wir das Auto vom weißen Blatt Papier an für die Elektromobilität konzipieren konnten (Born Electric).

S: **Wie sieht dieser Vorteil konkret aus?**

K: Wenn wir schon eine schwere Batterie haben, dann setzen wir sie so tief wie möglich in den Boden, in die Mitte zwischen die Achsen, schaffen damit eine sportliche Achslastverteilung und haben dann eben den Antrieb auf der Hinterachse, um dem Auto von der Fahrdynamik her etwas Gutes zu tun.

Dadurch wurde natürlich auch der ganze Raum oberhalb des Fahrzeugbodens frei. Damit sitzt man höher. Und das ist gerade beim urbanen Konzept, also in Situationen, in denen man viel ein- und aussteigen muss, in denen man in der Stadt viel Übersicht braucht, ein wichtiger Aspekt. Deshalb war die Command-Seating-Position, das hohe Sitzen, für uns ein Merkmal, das wir unbedingt realisieren wollten. Das alles sollte designtechnisch von den

Proportionen her zusammenpassen. Aber genau das war ja die Forderung für ein urbanes Fahrzeug.

S: **Gibt es weitere Beispiele?**

K: Das Thema „Große Räder". Um das Auto nicht als Kleinwagen erscheinen zu lassen, braucht man große Durchmesser. Gleichzeitig gilt es, bei einem Stadtfahrzeug den Wendekreis möglichst klein zu halten. Also wurden es logischerweise schmale und große Räder. Ein weiterer Aspekt: Wir wollten in dem Konzept für den urbanen Bereich so etwas wie die Fortsetzung des Loft-Wohnens umsetzen. Man soll also in einem Auto mit viel Übersicht sitzen und bequem ein- und aussteigen können. Vielleicht auch noch durchrutschen, um nach dem Parken auch mal auf der anderen Seite das Fahrzeug verlassen zu können. Man soll sich wohlfühlen – am besten wie zu Hause auf dem Sofa. Und man sollte alle Geräte, die man für Kommunikation, Navigation und Unterhaltung benötigt, so konfigurieren können, wie man das möchte. Deshalb haben wir uns für den großen Bildschirm in der Mitte des Cockpits entschieden.

S: **Für das Austarieren und das Spiegeln der Preisbestandteile hat also das Durchspielen der Kundensituationen im urbanen Umfeld eine große Rolle gespielt – wie bei einer Kunden-Collage oder einer Customer Journey?**

K: Ja, genau. Wie kauft man ein? Was macht man mit den Einkaufstaschen? Wie belädt man das Auto? Wie steigt man ein? Wie müssen die Scheiben angeordnet sein, damit man einen großen Überblick hat? Wie fühlt man sich in einem urbanen Umfeld? Wie kommuniziert man, falls man doch häufiger mal im Stau steht? Wie kommen Informationen ins Auto? Wie kommen Informationen aus dem Auto heraus? Wir haben also spezifische Kundensituationen für das jeweilige Anwendungsgebiet durchgespielt und uns gefragt, wie man mit welchen Features und welcher Technik darauf reagieren kann.

S: **Was war noch wichtig?**

K: Es kam ein weiterer Aspekt dazu: Die Menschen sollen sofort erkennen, dass hier ein neues, ein anderes Fahrzeug fährt. Wir haben ein sehr individuelles Design gewählt, um zu signalisieren: „Hier fährt die Zukunft." Außerdem haben wir folgende Fragen durchgespielt: Wie nähere ich mich dem Fahrzeug? Wie realisiere ich den AHA-Effekt? Wie öffne ich das Auto? Wie steige ich ein? Wie gehe ich raus? Wie bin ich flott unterwegs? Wie bin ich als Pendler unterwegs? Wir konnten all diese Fragen von potenziellen Kunden ausforschen und vorurteilsfrei verarbeiten.

S: Wie lief das konkret ab?

K: Wir haben die Erhebung unter mehreren Aspekten durchgeführt: Einmal ging es um das Thema „Kunde und Nachhaltigkeit". Dazu haben wir Interviews in großen Städten wie Mexico City mit örtlichen Verkehrsplanern durchgeführt. Mexico City, Shanghai, Peking, das sind ja alles Städte jenseits der 10-Mio.- und schon fast an der 20-Mio.-Einwohner-Grenze. Da war es eminent wichtig, zu verstehen, wo das hingehen soll. Wir mussten die dort angedachten Mobilitätskonzepte verstehen lernen, einschließlich der Vernetzung verschiedener Verkehrsträger.

S: Gab es da neue Erkenntnisse für Sie?

K: Ja, die gab es. Aus den Gesprächen mit den Verkehrsplanern der großen Städte haben wir erfahren, dass in den einzelnen Städten die Parkplätze in den Parkhäusern immer eine gewisse Größe haben und genormt sind. Deshalb gab es auch kein Muss, auf einen Zweisitzer zu setzen, obwohl die Leute wahrscheinlich auch den BMW i3 in 80 % der Fälle allein oder maximal zu zweit bewegen werden. Aber nicht nur die Parkplätze sind generell auf Viersitzer hin ausgelegt. Auch die Kundenwertigkeit geht dorthin: Wer sein Kind von der Schule abholt, möchte zum Beispiel auch mal eine Freundin der Tochter mitnehmen. Da hat sich die Erkenntnis schnell verdichtet: Wir bauen kein Kleinstfahrzeug. Wir bauen einen vollwertigen Viersitzer mit Transportkapazität. Die Gespräche in den Mega-Citys Asiens, Südamerikas, Nordamerikas und Europas haben uns darin bestätigt.

Die Big Points

S: Es gab doch sicher eine ganze Reihe großer Entscheidungspunkte, bei denen sich die Dinge nicht so leicht zueinander gefügt haben? Da hatten Sie dann den direkten Weg zum Vorstand?

K: Ja, da hatten wir den direkten Draht zwischen project i und dem Vorstand.

S: Da ist dann sehr unternehmerisch entschieden worden?

K: Absolut. Und wenn man sich das heute so im Rückblick anschaut, dürfen wir schon feststellen, dass wir da relativ oft hin „mussten", um große Entscheidungen durchzubringen. Das galt vor allem für die entscheidende Phase nach den ersten 18 Monaten. Aber das hat sich alles sehr natürlich ergeben, denn es gab von Beginn an einen sehr engen Kontakt und auch turnusmäßige Abstimmungen. Und da sind die meisten Vorschläge, die aus dem Projekt kamen, in der Regel bestätigt worden.

S: **Was waren denn die Big Points, bei denen man im Nachhinein feststellen kann, dass es wirklich notwendig war, den Vorstand mit einzubeziehen?**

K: Das waren in jedem Fall die Grundarchitektur, also das Life-Drive-Konzept, und das große Thema „Carbonfaserverstärkter Kunststoff" (CFK). Bei Letzterem konnte man auf keine Erfahrung mit einer Großserienfertigung zurückgreifen. Und dann das durchgängige Realisieren des Themas „Nachhaltigkeit", also beispielsweise die vier großen Windräder in Leipzig, mit denen man heute den ganzen Strom aus der Windkraft heraus generiert. Und es gab eine riesige Kraftanstrengung, die man dem Projekt an sich erst mal gar nicht ansieht: das Schaffen der Voraussetzungen für das Fahrzeug im Umfeld. Da musste parallel erst einmal mit den Behörden, Energieerzeugern und Städten verhandelt werden, was zum Beispiel Ladestationen und Parkkonzepte angeht: Wie können die Fahrzeuge in den Städten aufgeladen werden? Wo und wie dürfen sie parken? Und dann gab es noch die Vorgabe, Antrieb und Batterie als Eigenentwicklung zu betreiben. Alle diese Aktivitäten liefen parallel zur Fahrzeugentwicklung. Es war allen bewusst, dass man mit dem Fahrzeug allein die Kunden nicht gewinnen könnte.

S: **Bei BMW stellt sich natürlich die Frage, wie denn bei einem solchen Fahrzeug die markentypische „Freude am Fahren" sichergestellt werden kann?**

K: Das war ein sehr zentrales Thema: die Freude am E-Fahren durch den tiefen Schwerpunkt des Fahrzeugs und das Spaßpotenzial durch das hohe Drehmoment aus dem Stand weg. Im direkten Zusammenhang damit steht das sogenannte One-Pedal-Feeling. Das ist ein ganz anderes Fahrverhalten, als man es von einem konventionellen Auto her kennt. Vom Markt kam übrigens ein eindeutiges Signal zurück: „Super, ich fahr das Auto nur mit dem Gaspedal! Ich brauch eigentlich gar keine Bremse mehr." Deshalb haben wir sehr früh – viel früher als sonst üblich – auch die Vorstände gebeten, das Auto zu fahren. Und wir haben auch von dort sehr schnell die Zustimmung bekommen. Wenn man immer wieder sagt: „Warte ab, bis das Auto fertig ist", kann es irgendwann zäh werden. Da ist es schon wichtig, dass man auch den obersten Entscheidungsträgern einen frühen und unmittelbaren Eindruck vermitteln kann und bei solchen – aus der Sicht des Teams – konzeptprägenden und erfolgsbestimmenden Fragen dann auch frühzeitig Entscheidungen zu bekommen.

S: **Parallel zur Fahrzeugentwicklung mussten doch sicher noch andere Voraussetzungen geschaffen werden, zum Beispiel für die Produktion?**

K: So ist es. Schon damals war klar, dass aus Sicht unserer Produktionskapazitä-
ten die bestehenden Werke, zu dem Zeitpunkt, zu dem das project i fertig sein
sollte, praktisch alle auf Kammlinie, also mit maximaler Auslastung, laufen
würden. Es bedurfte also neuer Kapazitäten.

S: **Umgekehrt musste auch der Vorstand das Projekt „aushalten". Denn
2008, das war ja kurz vor der Finanzkrise. In diesen relevanten Zeitraum
ist man mit dem Projekt voll reinmarschiert?**

K: Ja, in dieser Zeit wurde der Gürtel im Unternehmen tatsächlich enger
geschnürt. Aber BMW hat sich im Jahr 2006 mit der „Strategie Number
ONE" auf einen neuen Weg gemacht. 2007 wurde unser Projekt als Durch-
bruchsinnovation aus dieser Strategie heraus definiert. Dann zog die Krise am
Horizont auf. Unser Projekt wurde schon vorher gestartet und sollte eine der
zentralen Antworten zur Frage sein, „Wie wollen wir die Zukunft sichern?"
Und das hat der Vorstand dann nicht nur priorisiert, sondern diese Priorisierung im turbulenten Umfeld auch durchgehalten.

S: **Sie haben auch die Vorentwicklung angesprochen. Konnte man daraus etwas aufgreifen? Gab es verwendbare Überlegungen zum Thema
„Elektroantriebe"?**

K: Ja, man kann das historisch herleiten. Wir hatten bereits 1972 zu den Olym-
pischen Spielen das erste elektrische Fahrzeug. Da wurden normale Blei-
batterien eingesetzt – das Auto war das Begleitfahrzeug zum Marathonlauf.
Wir haben auch danach über die ganzen Jahre hinweg ein Elektrofahrzeugprogramm in der Entwicklung gehabt. So hatte unsere Tochtergesellschaft,
die ZT GmbH, in den 1990er Jahren den E1 gebaut. Wir hatten auf Basis
konventioneller Automobile ein durchgehendes Elektrofahrzeugprogramm.
Der Durchbruch war die Verbreitung der Lithium-Ionen-Technologie. Wobei
man sagen muss, dass die Lithium-Ionen-Batterien schon Anfang der 1980er
Jahre erfunden wurden. Sie haben ihren Siegeszug zuerst in der Unterhaltungselektronik gehabt. Diese Technologie war der „Schlüssel", der es erlaubt
hat, über Elektroautos ernsthaft nachzudenken. Da ging es vor allem um die
Energiedichte und damit auch die möglichen Reichweiten. Und dann war entscheidend, hocheffiziente Drehstrommotoren auch mit einer entsprechenden
Leistungselektronik steuern zu können.

S: **Bei den Motoren hat BMW sich entschieden, nicht von am Markt etablierten Anbietern zuzukaufen, sondern die Motoren selbst zu bauen.
Warum?**

K: Es gab durchaus Entwicklungsprojekte mit der einen oder anderen Firma. Wir haben uns aber schnell entschieden, das Thema „Elektromotoren" als Kernkompetenz und Kerneigenleistung im project i und für alle Aktivitäten zur Elektromobilität zu definieren. Der Grund dafür war folgender: Wir haben als BMW, also Bayerische Motoren Werke, enorme Erfahrung mit Verbrennungsmotoren. Diese Kompetenz ist eine unserer Stärken und einer der Gründe für unseren weltweiten Erfolg. Auf der anderen Seite waren Elektromotoren zu Beginn des 20. Jahrhunderts mit Verbrennungsmotoren fast gleichauf, dann aber aufgrund der Speicherdichte der Batterien schnell zurückgefallen. Die Verbrennungsmotoren haben sich dagegen dramatisch schnell entwickelt. Elektromotoren wurden überwiegend stationär benutzt. Man hat wenig darüber nachgedacht, was eigentlich die Anforderungen an eine Elektromaschine sein sollten, würde sie mobil eingesetzt. Da hat sich bei uns die Erkenntnis durchgesetzt, dass dazu reichlich Entwicklungspotenzial vorhanden ist und dass wir uns das jetzt selbst als Kernkompetenz erschließen wollen. Auch das Thema „Steuerungselektronik" wollten wir beherrschen. Wir haben allerdings klar für uns eingegrenzt, dass das nicht für alles gilt, dass wir die Batteriezellen selbst als „Commodity" sehen und es Firmen gibt, die dafür über die letzten 50 Jahre reichlich Erfahrung gesammelt haben. Deshalb haben wir uns entschieden, für die Batteriezellen den vorhandenen Markt zu nutzen.

Akzeptanz und Risikobereitschaft

S: **Eine der goldenen Regeln im Veränderungsmanagement lautet: Auch strategische Projekte brauchen erfolgreiche Zwischenschritte. Welche waren die wichtigsten Zwischenschritte, bei denen man gesagt hat: Das hat uns jetzt einen Schritt weitergebracht in der Akzeptanz?**

K: Das ist ein wichtiger Punkt. Bis heute wird das Projekt ja anders gesehen und anders behandelt als konventionelle Projekte. Und bis das Produkt auf den Markt kam, mussten auch kurzfristige Erfolge her. Dabei haben uns zum Beispiel die Werkskollegen in Leipzig sehr geholfen. Dort war die Akzeptanz von Beginn an unheimlich hoch, mit uns mehr Risiken einzugehen und mit Flexibilität mitzugehen als dies normalerweise der Fall ist. Für uns war es damals im Hause ein ungeheurer Akzeptanzschub, dass ein Werk sichtbar und spürbar voll mitgezogen und den Wandel mitgetragen hat. Solch erfolgreiche Zwischenschritte braucht man als Kernteam.

S: **Wie schätzen Sie das Gesamttempo ein?**

K: Die beschriebene Akzeptanz beschleunigt einen Gesamtprozess ungemein: Wir haben im Jahr 2008 mit dem Entwurf des ersten Konzepts gestartet und hatten im Jahr 2013 den Serienstart. Da sind gerade mal fünfeinhalb Jahre vergangen. Das ist für so ein radikales Innovationsprojekt, das die gesamte Prozesskette so umfassend innoviert, eine verdammt schnelle Zeit, weil normalerweise sogar konventionelle Projekte länger brauchen.

S: Und es ging immer alles glatt?

K: Nun ja, es gibt immer Ups und Downs. Und da muss man auch mal mit Bypassen zusätzlich beschleunigen. Das ist wichtig, um so radikal neue Themen wie CFK oder elektrische Antriebe wieder auf Spur zu bringen, wenn man die mal kurz verloren hat. Da braucht es dann schon eine besondere Betreuung und auch eine besondere Freiheit der Entscheidungsfindung. Ich bin mir schon sicher, dass wir bei der Radikalität mit einem konventionellen Projektvorgehen im üblichen Gateway-Prozess nie so durchgekommen wären.

S: Im Softwarebereich ist ja seit einigen Jahren das Thema „Agiles Entwickeln" en vogue, damit man im Entwicklungsprozess immer wieder schnell etwas Fertiges zeigen kann. In der Hardware tut man sich da häufig ein bisschen schwerer, auch wenn das Simulieren dabei wesentliche Hilfen gibt.

K: Da wird heute bei uns schon sehr viel simuliert. Aber man braucht das persönliche Erleben. Am überzeugendsten ist es einfach, sich irgendwo reinzusetzen und etwas zu erleben. Sie können simulieren so viel Sie wollen: Am Ende geht es immer um ein ganz konkretes Produkt. Und in unserem Falle war es „dieses erste Auto". Und da sind die alles entscheidenden Punkte: „Wie fühlt es sich an?", „Wie bewege ich mich damit?", und: „Was empfinde ich dabei?"

Born Electric

S: Die Marktvorbereitung durch die Born-Electric-Kampagne, die schon mit einigem Vorlauf angeschoben wurde, bevor der BMW i3 kam, hat schon im Vorfeld der Markteinführung für eine riesige Bekanntheit in den Märkten gesorgt. Wie wichtig war das?

K: Das war sehr wichtig und hatte zwei Hintergründe: Um das Produkt scharen sich jede Menge Innovationen. Darüber hinaus hatten wir uns mit dem project i schon relativ früh und schnell nach außen gewagt. Wir waren nicht nur mit dem MINI E 2008 auf der LA-Autoshow, sondern haben dort auch schon über das project i und das kommende Fahrzeugkonzept gesprochen. Da war es wichtig, den Spannungsbogen bis 2013 aufrechterhalten zu können. Und das war dann die Kommunikations- und Marketingplattform dazu. Da hatten wir nicht nur das Produkt, sondern auch die Produktion, das Marketing und neue Vertriebswege wie Future Retail, sodass wir über diese verschiedenen Felder den Spannungsbogen immer aufrechterhalten konnten. Wir haben jedes Quartal ein neues Feld zur Kommunikation des project i bespielt. Wir wollten schon zeigen, dass BMW da sehr viel angepackt hat und wir wollten das Thema besetzen. Umgekehrt war dadurch natürlich auch die Erwartungshaltung sehr hoch. Bis jetzt hat alles sehr gut zusammengepasst.

Radikale Innovationen

S: **Lassen Sie uns bei so einem radikal innovativen Vorhaben wie dem project i noch einen anderen Punkt aufgreifen: das Thema „Zielsystem und Target Costing". Was können Sie uns dazu sagen?**

K: Beim Zielsystem für ein Fahrzeugprojekt geht es im Prinzip darum, ein Fahrzeug über verschiedene Zielkriterien zu definieren. Die reichen von Fahrzeugreichweiten bis hin zum Verhalten in unterschiedlichen Kältebereichen. Solche Anforderungskataloge sind bei uns üblicherweise 600 bis 700 Seiten stark. Wir sind da für das Projekt BMW i3 mit 200 Seiten am Ende des Tages rausgegangen. Die haben uns gereicht. So sind wir dann auch in die neuen Prozesse reingegangen. Bei radikal innovativen Projekten darf man es nicht zu fein machen. Man darf das Korsett nicht zu eng schnüren. Bei unwägbaren Projekten hilft ein strenges Korsett einfach nicht. Es würde nur so eine Art Pseudosicherheit vermitteln. Das verschafft der einen oder anderen Fraktion im Haus eine solche, bringt aber im Sinne der Zielerreichung keinen Fortschritt.

S: **Wie genau muss denn eine Definition sein?**

K: Das Überdefinieren ist – gerade bei hochinnovativen Projekten – häufig ein Hemmschuh. Das ist in eingeschwungenen Zuständen sehr hilfreich. Aber bei einem rundum innovativen Projekt sollte die Betonung mehr darauf liegen, wie das eigentlich positiv aussehen muss. Wenn es um ein vollkommen neues Kundenklientel und ein vollkommen neues Produkt mit vollkommen neuem Antrieb in einer vollkommen neuen Karosseriewelt geht, muss man sich beim Definieren sehr stark zügeln. Versucht man bereits in einem frühen Stadium, es jedem recht zu machen, dann tötet man jede Innovation gleich im Anfangsstadium.

S: **Und wie sieht der unternehmerische Aspekt aus? Die Umsatz- und Stückzahlenseite?**

K: Es wird die Kunst aller Anbieter mit Elektromobilität sein, eine Akzeptanz bei den Kunden für einen gewissen Mehrpreis zu bekommen, die aus der Sicht des technologischen Entwicklungsstandes einfach noch notwendig ist. Das ist derzeit eine extreme Herausforderung. Aber ich denke, dass wir da auch mithilfe von ganz anderer Seite rechnen dürfen. Bei dem steigenden Verkehrsaufkommen und der damit einhergehenden Umweltbelastung werden beispielsweise Regierungen das Thema E-Fahrzeuge im Erstfahrzeugeinsatz deutlich forcieren.

Radikal innovieren heißt, mehr geradeaus fahren als quer denken

S: **Wie würde aus Ihrer Sicht eine kurze Zusammenfassung für das Projekt aussehen?**

K: Dass man wirklich markenfrei beginnen darf und wirklich auch mal Wege infrage stellt, die man sonst immer wählen würde. Es ist ein riesiges Privileg, Freiraum zu bekommen und diesen dann auch eigenständig in so einem Team nutzen zu dürfen. Aber anders geht es nicht, wenn man radikal innovieren will.

S: **Ein Plädoyer für Querdenker?**

K: So einfach ist es nicht. Unser Fazit heißt nicht, alles, was man bisher getan hat, als nicht mehr relevant zu interpretieren. Da sind Dinge dabei, die laufen perfekt. Deshalb sehe ich in solchen Teams, wie wir das sind, auch keine Querdenker. Ganz im Gegenteil. Quer liegt in den fundamentalen Innovationsprozessen eher das, was sich über die Jahrzehnte entwickelt und angesammelt hat. Dann braucht man die, die frei geradeaus denken und fahren dürfen. Das ist mir deutlich lieber, weil ich gar nicht quer denken kann. Der andere Punkt, der für uns extrem wichtig ist: Sie brauchen die gesamthafte Rückendeckung. Es wäre anmaßend, zu sagen, man kann so etwas mit acht Leuten durchziehen. Man braucht auch die Rückendeckung der Hierarchie. Und man braucht Durchhaltevermögen. Wichtig ist auch, dass im Laufe der Zeit auch der eine oder andere Kollege von den Produktlinien Interesse zeigt und sagt: „Okay, das eine oder andere, was dort entwickelt wurde, interessiert uns schon."

S: **Was wird Sie weiter beschäftigen?**

K: Das Thema „Leichtbau" ist und bleibt ein Thema für die gesamte Automobilindustrie. Daran kommen wir nicht vorbei. Und da ist es gut, wenn man die Technologie frühzeitig beherrscht und mal im „kleinen" Volumen ausprobieren kann. Und auch bei der Batterietechnik steht uns jetzt ein Baukasten zur Verfügung. Der steht für die BMW Group. Und dort kann man auf die einzelnen Komponenten auch zugreifen. Das heißt, wir fertigen ja auch die E-Maschinen im Haus und wir fertigen im Haus die Batterie, wir haben die Leistungselektronik selbst entwickelt und wir haben unsere Kollegen von der früheren Formel 1, die sich mit dem Thema „KERS" beschäftigt haben. Auch die waren bei uns hochwillkommen. Die kennen sich nicht nur mit dem Leichtbau und den Leading-Edge-Technologien in der Fahrzeugtechnik aus. Die sind von Hause auch noch – im wahrsten Sinne des Wortes – sehr schnell. Das sind alles Dinge, von denen wir glauben, damit jetzt fundamentale Beiträge zum Befähigen des Unternehmens geleistet zu haben. Dass wir heute bei der Elektromobilität die Entwicklungsleute haben. Dass wir jetzt das Know-how bei den Batterien haben, ebenso bei der CFK-Fertigung – und zwar im großen Volumen und nicht in irgendwelchen homöopathischen Einheiten. Alles das hilft natürlich jetzt auch dem Unternehmen in Gänze – egal, ob es sich jetzt um BMW, MINI, Rolls-Royce oder BMW Motorrad handelt. Man kann jetzt auf solche Themen zugreifen. Und das genau war einer der zentralen Gründe, warum man das project i gestartet hat. Es war einfach alles komplett anders als bei der normalen Fahrzeugentwicklung. Dadurch war es so faszinierend. Und was dann für eine Energie freigesetzt wird, das ist wirklich toll. Es war super spannend. Und auch die Kollegenschaft ist heute noch eine eingeschworene Gemeinschaft.

Wer innoviert und wie führt man die Innovationsorganisation?

7

S: **Das Wichtigste im Innovationsprozess sind die Menschen. Wer kümmert sich bei Ihnen um Innovationen?**

R: Innovation ist Führungsaufgabe, ganz massiv. Das Ausgucken der richtigen Menschen, das Zusammenbringen dieser Menschen, das Sicherstellen eines Klimas für echte Innovation und das Sicherstellen des Willens und der Disziplin, dass aus der Innovation am Ende ein Geschäft wird: „Mach' Wissen zu Geld." Deswegen finden Sie bei uns in vielen Geschäften nicht den klassischen CTO, sondern der CEO steht in der Regel auch für die klassische CTO-Rolle. Er ist der Richtungsweiser für Innovation. Der CTO hat eher die Rolle eines Befähigers. Für der Mehrzahl der Siemens-Geschäfte gilt: Der Treiber zur Innovation ist derjenige, der dieses Geschäft letztlich verantwortet. Das ist ein zentrales Wesensmerkmal unserer DNA.

P: Das ist bei uns auch so. Unser CEO, der versteht sich als *der* Innovationsmanager. Er redet darüber und stößt Dinge an.

Ich hatte es schon angesprochen: Das Innovieren nimmt für uns einen großen Stellenwert ein. Das betrifft vor allem Budgetentscheidungen. Die 3 Mrd. €, die wir im Konzern für F&E ausgeben, verkörpern damit natürlich einen signifikanten Teil unserer Gesamtressourcen. Die bestimmen nicht unwesentlich, ob wir in der Zukunft Erfolg haben oder nicht. Da müssen der CEO und die Leiter der operativen Bereiche auch Herzblut für Innovationen haben.

Ich war unlängst übergangsweise selbst wieder in Personalunion als CEO im operativen Geschäft – als Leiter unseres Gesundheitsgeschäfts. Da stehen jeden Tag Entscheidungen um Produkte und Innovationen herum an. Die sind

© Springer Fachmedien Wiesbaden 2015
W. Seidenschwarz et al., *Führend innovieren*,
DOI 10.1007/978-3-658-05468-7_7

einfach dominierend. Da kümmert sich ein großer Teil unserer Organisation darum, von oben angefangen.

Und was wir auch haben, außer den funktionalen Verantwortlichen im Unternehmen, ist als verbindendes Element über alle unsere Innovationseinheiten hinweg ein Innovationskomitee in der Holding. Da sind unsere Unternehmensbereiche vertreten und die kümmern sich z. B. um das Thema „Motivation und Anerkennung" und um Personalentwicklung. Jeden beschäftigt z. B. die demografische Entwicklung. Unsere Forscher sind im Durchschnitt eher Best Ager, also relativ alt. Das Phänomen haben andere Unternehmen wahrscheinlich auch. Aber die Frage ist, wie wir denn eigentlich in den nächsten zehn Jahren damit umgehen? Und wir beschäftigen uns mit neuen Anreizsystemen für Forscher, also beispielsweise mit Sabbaticals oder mit speziellen Karrierewegen für Forscher. Und wir bemühen uns über die Teilbereiche hinweg um Synergien – und um Best Practice Exchange. Und wir kümmern uns um generelle Fragestellungen wie die Bedeutung von Kooperationen, wo muss man aktiv sein, welche neuen Modelle der Kooperation sind attraktiv, wo kann man Dinge zusammen machen u. Ä.?

Das Thema „Wachstum durch Innovationen" dominiert einen großen Teil der Arbeit in den operativen Geschäften.

Und gerade zurzeit versuchen wir über die Produktinnovationen hinauszugehen, innovative Ideen im ganzen Unternehmen zu fördern, innovative neue Geschäftsmodelle, Prozessinnovationen, Innovationen im Service u. Ä. Dazu gibt's Pilotprojekte und jede Menge „Ermutigen" der Mitarbeiter. Das Jahr 2013 war stark durch 150 Jahre Bayer geprägt. Da war Innovation sowieso das Dominierende auf der Agenda. Wir hatten eine Veranstaltung mit der Kanzlerin. Da ging's eigentlich nur um Innovation. Wir haben ein wissenschaftliches Symposium über Innovation bei Bayer veranstaltet mit unseren wichtigsten Partnern aus der ganzen Welt, wir haben eine Ausstellung geschaffen, aus Bayer-Innovationen verpackt in riesigen Reisekoffern. „Die macht man dann auf", und jeder Koffer entpuppt sich quasi als kleines Museum. Die schicken wir dann um die Welt herum, durch die ganze Welt. An diesen Beispielen sehen Sie, Innovation ist bei Bayer immer ganz oben auf der Prioritätenliste. Und Kommunikation über Innovation ist wichtig, damit das Thema jeden Tag auf der Agenda steht.

S: Und bei BMW? Wer kümmert sich da um Innovationen?

N: Ich hoffe, jeder. Es gibt nicht eine spezielle Innovationstruppe; jeder hat die Möglichkeit, im Rahmen seiner Aufgaben zu innovieren. Natürlich haben wir eine Innovationsstrategie, abgeleitet aus den Marken, einen Innovationsprozess mit einem Mechanismus, um mit Schutzräumen zarte Pflänzchen auch über Budgetrunden zu retten.

S: **Wie schafft – und vor allem, wie erhält – man eine Innovationskultur, sodass viele Menschen im Unternehmen da automatisch mit dabei sind?**

N: Die Innovationskultur muss in einem Unternehmen fest verankert sein. Das beginnt bei Anforderungs- und Leistungskriterien und endet im Entgeltsystem für die Mitarbeiter und dem Management. Man muss „Heroes" erzeugen, die Ideen erzeugen, aufgreifen, durchtragen, am Leben erhalten und mit Herzblut dafür kämpfen. Ich bin der Überzeugung, dass die Anzahl dieser Menschen in einem Unternehmen den Unterschied zwischen hochinnovativen und weniger innovativen Firmen ausmacht.

R: Deshalb ist es so wichtig, dass man Erfolgserlebnisse schafft, dass man Stolz ermöglicht. Stolz auf ein sichtbares Erfolgserlebnis funktioniert immer. Deswegen kultivieren wir ganz stark die unternehmensinterne Sichtbarmachung. Bei einem so großen Unternehmen, wie wir es sind, ist das ja fast schon öffentlich. Wir haben da einige gute Instrumente der öffentlichen Anerkennung wie die Hall of Fame und Auszeichnungen wie „Innovator of the Year", „Top-Innovator", „Inventors of the Year". Dabei gilt es immer, den Link zwischen Innovatoren und dem Geschäftserfolg herzustellen. Ein erfolgreiches Produkt wirft auch immer Licht auf die Innovatoren, die dahinterstehen. Diese selbstverstärkenden Mechanismen sind wichtig.

S: **Apropos Stolz: Ich erinnere mich, dass die Siemens-Automatisierungstechnik mal einen Zug quer durch China – und später um die ganze Welt – geschickt hatte: den Exider Train. Da waren die Leute in den besuchten Städten total aus dem Häuschen. Und in Shanghai wurde der Zug sogar auf Lastwagen durch die Stadt gefahren. Das hatte damals auch einen Beitrag dazu geleistet, dass der Begriff der Automatisierung in China automatisch mit Siemens und Innovation verbunden wurde. Und natürlich waren auch die Siemens-Mitarbeiter sehr stolz darauf, weil ihr toller Erfolg in China sichtbar wurde. Das war „Innovation auf kommunikativer Rundreise".**

R: Im Kleinen passiert das immer noch. Meine beste Motivationsveranstaltung ist die Hannover Messe. Man muss sich als Siemens ja wirklich fragen: Warum wenden wir eigentlich so viel Geld für die Hannover Messe auf? Da werden doch keine Kaufentscheidungen getroffen. Da sind auch nur wenige Entscheider für eine konkrete Maschine. Die sind eher auf der SPS Drives, da ist die Entscheiderebene. Hannover ist für uns weniger eine Verkaufsmesse als ein Statement. Es ist eine Veranstaltung, die Stolz erzeugt. Da sind wir mit 3500 Quadratmetern Messestand vertreten. Da präsentieren wir mit breiter Brust gleich nebenan von unseren Wettbewerbern, haben die Vorstände von Top-Kunden an unseren Ständen, hochrangige Regierungsvertreter aus der ganzen Welt, Analysten, Fachjournalisten – die ganze Szene eben. Der Auftritt hat aber auch eine extrem starke Wirkung nach innen, die ich inzwischen so hoch einschätze wie die Wirkung nach außen. Das ist ein Statement für die knapp 100.000 Mitarbeiter. Einmal im Jahr lassen wir es krachen und zeigen, wer die Meinungsführerschaft im Ring hat. Das hat einen unheimlichen Motivationswert nach innen.

P: Ja, das ist Innovationskultur. Das Thema „Innovation" immer oben halten. Es wird dauernd darüber geredet, es steht dauernd irgendetwas über Innovationen im Raum, es wird dauernd etwas publiziert, nach außen, nach innen. „So machen wir das hier bei Bayer." Vorleben und sichtbar werden lassen. Jeden Tag.

S: **Dieser „Werterhalt durch Pflege" bezieht sich auf das bereits Erreichte, auch auf bereits eingefahrenen Erfolg von Innovationen. Deshalb vielleicht mal von der anderen Seite her gefragt: Wie groß ist der „Schleppabstand" bei radikalen Innovationen, also die Zeit, bis eine Organisation das radikal Neue verinnerlichen kann?**

N: Hier reden wir nicht über Monate, sondern Jahre. Wenn man eine Kulturveränderung bewirken will, dauert das drei bis fünf Jahre. Analog gilt das auch für große Innovationen, die eine gesamte Firma neu ausrichten.

S: **Wenn man an große Veränderungen im Innovationsumfeld geht, hier vielleicht zwei Fragen an BMW und an Siemens. BMW hat sich vor einigen Jahren entschlossen, mit der Marke MINI ganz neue Käuferschichten anzugehen und sich damit auch fundamental neuen Innovationsherausforderungen gestellt: pfiffig, frech, „connected". Warum? Und was waren die zentralen Zutaten, diesen Wandel in der fundamentalen Art und Weise in der Neuproduktentwicklung herbei zu führen? Es hat ja auch dazu geführt, dass man einige traditionelle Muster weiterentwickelt hat, und es hat ja auch nicht jeder darauf gewartet, dass man jetzt ein bisschen „fancy" wird.**

N: Letztendlich haben wir mit MINI eine neue Kultur bei BMW geschaffen, die MINI-Kultur. Und das war auch richtig so, dass man nicht versucht hat, in die über Jahrzehnte gewachsene BMW-Kultur eine MINI-Kultur einzupflanzen und gesagt hat, ein BMW-Innovator muss auch MINI innovieren können oder

Rolls-Royce. Deswegen ist die MINI-Community bei BMW auch in gewisser Weise separiert. Es gibt eine eigene MINI-Entwicklungstruppe, die natürlich bei der Motorenentwicklung eng mit den BMW-Kollegen zusammenarbeitet, aber was das Design anbelangt, sind das eben spezielle MINI-Designer, genauso wenn es um die Innenausstattung eines MINI geht; diese Entwickler sind auf MINI fixiert und leben in gewisser Weise auch in dieser MINI-Welt. In der Produktion ist das anders; da gibt es durchgängige Qualitätsstandards, da ist die Trennung nicht notwendig. Marketing und Vertrieb sind wieder getrennt; man spricht andere Kundengruppen an, geht anders auf die Kunden zu, befindet sich in einem anderen Milieu als BMW. Man schaut also, dass man immer dort, wo es notwendig ist, diese eigene Kultur zu entwickeln trennt, und dort, wo es nicht notwendig ist, in die BMW-Kultur integriert. Das war in gewisser Weise zielführend, alles andere hätte, glaube ich, nicht funktioniert. MINI komplett separat zu führen, da hätte man die Synergien nicht gehoben. MINI komplett zu integrieren, da wäre der MINI über kurz oder lang ein kleiner BMW geworden. Die Kunst ist es, die zu separierenden Einheiten zu finden und dann gegen den Widerstand der großen Mutter auch als selbständige Units am Leben zu erhalten.

S: **Herr Russwurm, Siemens hat – in der mindestens gleichen Veränderungstiefe – begonnen, sich nach und nach auch zu einem Softwarekonzern zu entwickeln. Das gilt gerade für den Industriebereich. Was waren die zentralen Zutaten, diesen Wandel in der fundamentalen Art und Weise in der Neuproduktentwicklung herbeizuführen – vor allem angesichts der Tatsache, dass dieser Veränderungsprozess in extrem erfolgreiche Siemens-Gebiete gefallen ist?**

R: Ich glaube, das hätte nicht funktioniert, wenn wir nicht das Trauma der Telekommunikation erlebt hätten. Vermutlich hätten wir ohne diese Erfahrung nicht einmal die Zustimmung des Aufsichtsrats zu einer Investition in Milliardenhöhe in ein scheinbar fachfremdes Thema bekommen. Das Trauma besteht bis heute darin, dass der am besten verdienende Bereich einen Innovationspfad völlig ignoriert. Es galt das Motto: „Es gibt keine Synergien zwischen Daten und Sprache. Punkt." Auf diesem Pfad sind wir überheblich so lange gelaufen, bis das einst florierende Geschäftsfeld zum Verkaufskandidaten wurde. Wenn wir diese Erfahrung nicht gemacht hätten, hätten wir niemals ein „Go" vom Aufsichtsrat für die Investition in ein völlig neues Geschäftsfeld mit der Akquisition der Softwarefirma UGS bekommen.

Der Plan hinter unserer Softwarestrategie ist klar: Es wird diesen Wandel geben. Lasst ihn uns gestalten, statt von ihm gestaltet zu werden. Das ist das Mantra dahinter. Wenn wir in dieses Thema investieren, dann schwingt immer mit, dass wir gar keine andere Wahl haben, solange wir im Spiel bleiben wollen. Je früher wir uns hier engagieren, desto besser. Da müssen wir wirklich First Mover sein; First Follower ist eine schlechte Option. Denn nur so können wir die Spielregeln wesentlich mitbestimmen, statt nach den Regeln der Wettbewerber spielen zu müssen. Also fragen wir uns täglich: Wie können wir an der Spitze dieser Entwicklung stehen, bei der am Ende die virtuelle und reale Produktionswelt verschmelzen? Das gilt zunächst vor allem bei der Entwicklung und Produktion diskreter Produkte[1], aber vielleicht wird das in der Prozessindustrie mal ähnlich. Das ist wirklich elementar für unsere Zukunft.

Aber noch einmal: Diesen Mut, das profitabelste und funktionierende Geschäft von Siemens eigeninitiativ einem solchen Wandel zu unterziehen, konnten wir nur vor dem Hintergrund des Traumas entwickeln, dass da bei Siemens schon einmal etwas fürchterlich schief gegangen ist. Jedem Trauma wohnt eine Chance inne.

Eigentlich müsste man beim Thema „SIMATIC" sagen: „Never change a running system – fasst es bloß nicht an. Alle Kunden sind glücklich damit, bloß nichts ändern." Und das nun trotzdem zu tun, die Mitarbeiter zu überzeugen, die ja zu recht stolz sind auf das, was sie da geschaffen haben, Mauern einzureißen, mit den Kunden mitzugehen und umgekehrt die Kunden auf die Reise mitzunehmen – das ist schon eine ziemlich aufregende Übung.

Innovationsevolution bei Siemens: vom Hardware- zum Softwareunternehmen

Selten war die Innovationsgeschwindigkeit der Industrie höher als in den vergangenen Jahren. Und sie wird sogar weiter zulegen. Der Grund dafür ist zum einen die Notwendigkeit, auf externe Faktoren immer schneller reagieren zu müssen – von Wettbewerbsverschärfung und Kostendruck über zunehmende Komplexität, kürzere Innovationszyklen, Ressourcenverknappung bis zur Nachfrage nach immer individuelleren Produkten. Zum anderen liegt die Ursache für die großen Innovationssprünge der jüngeren Vergangenheit besonders in den neuen technologischen Möglichkeiten, bedingt durch die rasante Entwicklung der Informationstechnologie. So entspricht die Rechenleistung eines heutigen Smartphones ungefähr der eines

---

[1] Hinter diskreten Produkten verbirgt sich – im Gegensatz zur Prozessfertigung – eine Produktionsart, bei der Produkte in einzeln abzählbaren Einheiten hergestellt werden.

Großrechners von vor zehn Jahren. Das von Maschinen und Menschen generierte Datenvolumen verdoppelt sich alle zwei Jahre und wird im Jahr 2020 etwa 40 Zettabyte betragen – das ist schätzungsweise die 57-fache Menge der Sandkörner an allen Stränden der Erde. Ein großer Teil dieser Daten wird in der Industrie anfallen.

Die Branche erlebt vor allem in der Produktion hochgradig technologischer Produkte einen Paradigmenwechsel: Fanden bahnbrechende Innovationen zur Produktivitätssteigerung früher im Wesentlichen auf Hardwareebene und bei einzelnen Prozessschritten statt, verlagern sie sich jetzt zunehmend auf den Bereich der Industriesoftware. Und diese Innovationen beschränken sich nicht mehr auf einzelne, vergleichsweise kleine Bereiche, sondern betreffen immer ganzheitlicher sämtliche Elemente des Wertschöpfungsnetzwerks.

Davon geht auch die Vision der Industrie 4.0 aus – von einer Integration aller Prozessschritte und betriebswirtschaftlichen Steuerungsinstrumente auf Basis innovativer Hard- und Software. Der Begriff Industrie 4.0 steht für eine durchgängige Vernetzung dezentraler Produktionstechnik durch eingebettete Steuerungen. Er beschreibt aber auch den Ausgangspunkt einer Entwicklung, die der Branche einen enormen Produktivitätsschub geben wird – und in 20 bis 30 Jahren vielleicht als die vierte industrielle Revolution angesehen werden wird. So wie auch die industriellen Revolutionen der vergangenen 250 Jahre im Nachhinein als Revolutionen beurteilt wurden. Die erste Revolution wurde Ende des 18. Jahrhunderts durch die Einführung mechanischer Produktionsanlagen mithilfe von Wasser- und Dampfkraft ausgelöst – eine zweifellos große Innovation. Die zweite industrielle Revolution am Ende des 19. Jahrhunderts bestand in der Einführung arbeitsteiliger Massenproduktion an elektrisch betriebenen Fließbändern. Die Einführung von Elektronik, IT und speicherprogrammierbaren Steuerungen zur weiteren Automatisierung Mitte des 20. Jahrhunderts markiert den Beginn der dritten industriellen Revolution.

In der Industrie 4.0 werden Produkte, Transportmittel oder Werkzeuge dank Sensoren und RFID-Chips miteinander kommunizieren und sich dezentral organisieren und optimieren. In dieser Produktionswelt ist das Produkt ein aktives Element seines eigenen Fertigungsprozesses, in dem die digitale und die physische Welt nahtlos ineinandergreifen. Die Produktionssysteme sind einerseits entlang der einzelnen Prozessschritte miteinander vernetzt, gleichzeitig aber auch mit betriebswirtschaftlichen Prozessen der Unternehmen. So entsteht ein ganzheitliches System, das die Entwicklung von Produkten oder Produktionsanlagen ebenso erfasst wie die Produktion selbst. Eingebunden sind aber auch Bestellprozesse, Vertrieb, Logistik, Services und die Unternehmenssteuerung.

In der Industrie von morgen besitzen Produkte in sogenannten Cyber-Physical Systems (CPS) sämtliche Informationen, die zu ihrer Produktion notwendig sind. Sie sind in diesem Netzwerk identifizierbar, lokalisierbar und kennen ihre Historie, ihren aktuellen Zustand sowie alternative Wege zum Zielzustand. Es entsteht ein sich flexibel organisierendes System von Maschinen, Lagersystemen und Betriebsmitteln, das eigenständig Informationen in Echtzeit austauscht und die Produktion optimal steuert. Durch die Entwicklung neuartiger Überwachungs- und Entscheidungsprozesse in der Produktion werden sich Wertschöpfungsnetzwerke in nicht-hierarchischen Strukturen steuern und optimieren lassen.

All das ist keine hypothetische Zukunftsmusik; die Anfänge dazu sind bereits gemacht. Denn die Technologien für das Verschmelzen von virtueller und realer Fertigungswelt existieren schon heute und befinden sich im praktischen Einsatz. Planung, Simulation und Optimierung aller Wertschöpfungsschritte erfolgen in diesem System in einer gemeinsamen virtuellen Welt, bevor die erste Maschine anläuft. Nicht nur das Produkt selbst wird dabei am Computer entwickelt, sondern auch dessen Produktion. Aus der physischen Produktion fließen parallel Informationen in die virtuelle Welt für eine laufende Optimierung zurück. Erhebliche Produktivitätsgewinne und kürzere Markteinführungszeiten sind die Folge. Siemens bietet bereits zahlreiche digitale Lösungen und Produkte an, um Produktdesign, Produktionsplanung und -entwicklung sowie die Produktion und den Service durchgängig zu verbinden.

In der Innovationsevolution vom Hardware- zum Softwarebereich wird indes eine Grundvoraussetzung für Entwicklungssprünge bestehen bleiben: Nicht Maschinen machen Innovationen, sondern Menschen. In der Industrie 4.0 wird die Bedeutung des Menschen sogar noch zunehmen. Im kreativen Bereich der Fertigung – etwa bei Produkt- und Produktionsdesign – bleibt die menschliche Intelligenz ohnehin unverzichtbar. Und auf operativer Ebene werden Arbeitnehmer weiter eine zentrale Rolle ausfüllen – vor allem als kreative Planer, Steuerer und Überwacher, weniger als ausführende Organe manueller Tätigkeiten. Und nicht zuletzt müssen vielfach Geschäftsmodelle, Prozesse und Wertschöpfungsnetzwerke umgestellt und interne Widerstände überwunden werden. Dies alles sind Aufgaben, die dem Menschen keine Maschine abnehmen kann

© Mit freundlicher Genehmigung der Siemens AG

S: **Diesen innovativen Dauernukleus – da habe ich Herrn Nitschke lächeln
     sehen – hatte BMW in den 1960er Jahren …**

N: … und auch noch mal mit Rover. Aber in den 1950er Jahren, da hatte sich
     BMW mit einer falschen Modell- und Innovationspolitik beinahe ins Aus
     manövriert – da gab es einerseits die Isetta, und auf der anderen Seite den
     „Barockengel", vielleicht erinnern Sie sich an die Fernsehserie „Isar 12".
     Man hat also diese beiden Extreme bedient und wichtige Marktsegmente aus
     der Mittelklasse außer Acht gelassen. So hatte man sich in eine Misere manö-
     vriert, die beinahe die Selbständigkeit von BMW gekostet hätte. Bei einem
     Verkauf an Daimler wäre die Marke BMW wahrscheinlich untergegangen
     und wir wären ein Montagewerk für Daimler geworden.

P: Da fällt mir jetzt zu Bayer in der Art und Weise gar nichts ein …

S: **Seien Sie froh, Herr Plischke, man muss nicht alles mitmachen …**

P: Wir hatten andere Dinge, die bewegend waren, aber eben aus anderen Grün-
     den. Weniger, dass wir auf das falsche Pferd gesetzt haben, was Innovationen
     anbelangt, oder die Positionierung von Innovationen. Das größte Ereignis
     war 2001, als wir ein Medikament freiwillig zurückgezogen haben, das hat
     uns in eine arge Schieflage gebracht. 2003 hatten wir noch einen Börsenkurs
     von 9,80 €. Das ist ungefähr zehn Jahre her, das mache ich mir in letzter Zeit
     immer wieder klar, erst zehn Jahre her. Und in der letzten Woche stand unser
     Aktienkurs bei mehr als 100 €.

R: Spartenweise gibt es das Beispiel auch aus der Medizintechnik bei Siemens.
     Das Ende des Röntgens auf Film, das war meine Einstiegszeit …

P: Jetzt habe ich doch noch ein Beispiel, das haben Sie jetzt getriggert: Agfa
     bei Bayer, das hatte ich ganz verdrängt. Erst einmal Kameras, und dann
     Film, draufgesessen bis fast zum Schluss, und dann haben wir uns von dem
     Geschäft getrennt.

R: Bei der Medizintechnik hatte vor jetzt schon wieder 20 Jahren ein Beratungs-
     unternehmen dem Siemens-Vorstand erklärt, es sei völlig aussichtslos, die
     Medizinsparte zu retten, und man müsse das Geschäft verkaufen. Am Ende
     war es niemand anderes als der verantwortliche Manager, der gegen alle Wet-
     ten gesagt hatte: „Ich dreh das Ding rum." Und der damalige Leiter der Sparte
     konnte den Vorstandsvorsitzenden davon überzeugen, dass er es schafft. Gott
     sei Dank, muss man aus heutiger Sicht sagen: Denn fünf Jahre später war
     Siemens wieder Innovationsführer in einer neuen Welt und ist es bis heute.
     Bei großen diversifizierten Unternehmen ist es glücklicherweise oft so, dass
     Schwierigkeiten im Produktbereich nicht das ganze Unternehmen betreffen,
     sondern nur eine Sparte davon. Wenn man in einer Einproduktwelt, wie bei

BMW damals, daneben liegt, kann das hingegen existenzgefährdend werden. Die Misere bei der Medizintechnik hätte Siemens selbst im schlimmsten Fall nicht in den Ruin getrieben, hätte aber ähnlich ausgehen können wie das Thema mit Rover bei BMW.

S: **Herr Plischke, hat der Rückzug des Medikaments bei Ihnen auch zu veränderten Innovations-Policies geführt?**

P: Nein, eigentlich nicht. Wir haben immer schon darauf geachtet, dass der therapeutische Vorteil eines neuen Medikaments, d. h. das Produkt aus Wirkung und Nebenwirkung, positiv ist. Seltene Nebenwirkungen oder Interaktionen mit anderen Arzneimitteln werden aber oft erst in der therapeutischen Anwendung eines Medikaments erkannt. Ein Arzneimittelhersteller muss dafür Sorge tragen, dass solche bestmöglich erkannt werden und in die Therapieempfehlungen eingehen. Deswegen hat sich im letzten Jahrzehnt der Umfang der klinischen Forschung vor und nach der Zulassung eines Medikaments beträchtlich erhöht.

R: Eine abschließende Anmerkung ist mir in diesem Zusammenhang noch sehr wichtig, wenn wir über Innovationskultur sprechen: Auch den kritischen Umgang mit vermeintlicher Innovation, die jedoch keinen oder nur minimalen Kundennutzen erzeugt, bei der sich Forscher und Entwickler voller Euphorie in eine Welt von Möglichkeiten verstricken, die jedoch niemand haben will – diesen kritischen, reflektierenden Umgang müssen wir pflegen. Auch dieses Bewusstsein gehört zu einer vorwärtsgewandten Innovationskultur.

S: **Wir haben jetzt sehr viel über Umbruch, Unruhe und große Bewegungen gesprochen. Jedes kreative System braucht aber auch Ruhe. Wie stellen Sie sicher, dass Ihre Innovatoren diese Ruhe bekommen und genügend Freiraum für das Kreative besitzen?**

R: Auch bei uns kann es vorkommen, dass der Freiraum einmal kurz weg ist. Das kann man Innovatoren durchaus vermitteln – wenn es nicht zum Dauerzustand wird! Das war zum Beispiel der Fall, als wegen Fukushima bestimmte Bauelemente nicht mehr verfügbar waren. Damit wurde unsere Auslaufstrategie für ein bestimmtes Bauelement über Nacht obsolet, weil es die Fabrik, in der es hergestellt wurde, schlichtweg nicht mehr gab. Und weil sich das Bauelement sowieso in der Auslaufphase befand, sollte es auch nicht mehr an anderer Stelle gefertigt werden – das hätte wirtschaftlich keinen Sinn gemacht. Damit war die Auslaufstrategie am 11. März 2011 hinfällig. Dann muss eben jeder, der helfen kann, einen handwerklichen Entwicklungsschritt wie einen Versionswechsel zu beschleunigen, mitziehen. Da ist dann null Freiraum für Kreativität. Das verstehen auch Innovatoren, dass dies schnell geschehen muss und das Thema Innovation auf der Prioritätenliste vorübergehend nach hinten rückt. Im Normalfall aber muss es Zeit und Raum für Kreativität geben, zum „Rumspinnen", Ausprobieren, Netzwerken und so weiter. *Das* ist zentraler Bestandteil einer exzellenten Innovationskultur.

P: Ja, das ist so eine Frage. Da würden Sie natürlich auch bei uns Leute finden, die sagen, „Ich habe eigentlich nicht genügend Zeit, bin überlastet, wir haben zu viele Projekte, kommen nicht zum Nachdenken ...".

S: **Welche Ansätze versucht man dann?**

P: Also, wir denken im Augenblick mehr über den notwendigen Freiraum für Innovatoren nach, weil sich das bei uns auch als Notwendigkeit herausgestellt hat. Und Ansätze sind z. B. ein Sabbatical, etwas, was es ja in der wissenschaftlichen Forschung gibt. Eine Auszeit, um Kraft zu tanken und neue Eindrücke zu gewinnen. Oder warum nicht mal ein Wechsel von einer Forschungseinheit in die andere? Wenn ein Mitarbeiter viele Jahre in einer Einheit gearbeitet hat, bieten wir ihm gegebenenfalls die Opportunität, in eine neue Abteilung, in ein anderes Land, in ein anderes Geschäftsfeld zu gehen. Man kann auch ein ganzes Team wechseln lassen – und plötzlich entsteht was ganz Neues. Das ist eine Belebung für die Kollegen, die nach Abwechslung und Freiraum suchen, nach etwas Neuem. Dennoch: Der zunehmende Innovations- und Kostendruck von außen, gerade im Arzneimittelbereich, stellt hier eine Herausforderung dar. Wir müssen hocheffizient innovieren und das mit genügend Freiraum in Einklang bringen.

S: **Viele exzellente Entwickler sind stille Wasser. Wie vermeidet man, dass man solche Edelsteine im Unternehmen übersieht?**

R: Vielleicht klingt das stereotyp: Wenn Führung nur so aussieht, dass sich diese Talente lautstark bemerkbar machen müssen, dann hat man etwas falsch gemacht. Man muss auch als Top-Führungskraft hinter die Kulissen schauen, auch mal tiefer graben und versuchen zu verstehen, wer denn eigentlich die Leute sind, die die neuen Produkte und Lösungen hervorbringen. Wenn sie eine Führungskette von Leuten um sich herum aufgebaut haben, die genauso denken, dann bringen die Sie auch mit den Edelsteinen zusammen.

Diese Führungskräfte weisen einen dann auch auf exzellente Innovatoren hin, die man normalerweise befördern würde, die aber vielleicht gar nicht Manager werden wollen. Das ist gar nicht so unüblich. Und nicht jeder gute Entwickler wäre auch ein guter Manager. Bei einer solchen Beförderung gäbe es also nur Verlierer. Für diese Fälle gilt es, ein anderes Instrumentarium zur Incentivierung parat haben. Bei uns gibt es zum Beispiel CEO-Aktien, die der Vorstandsvorsitzende als Anerkennung für besondere Leistungen übergibt – idealerweise persönlich. Man muss seinen Leuten intern klarmachen, dass solche Möglichkeiten existieren. Oft hat die keiner so recht auf dem Schirm. Daneben gibt es natürlich die bekannte Expertenkarriere. Die muss man aber auch richtig leben. Viele Unternehmen arbeiten außerdem noch mit kreativen Varianten jenseits der Expertenkarriere. Es gibt beispielsweise Menschen, die exzellent mit Kollegen und Mitarbeitern umgehen und inhaltlich gut führen können, denen Bürokratie aber ein Graus ist. Für die sollten Sie Möglichkeiten finden, dass ihnen lästige Themen wie Urlaubsplanung oder Trainingsverfolgung abgenommen werden. Und dann gibt es natürlich auch diejenigen, die inhaltlich *und* organisatorisch gut sind. Auch und gerade für die muss man etwas im Köcher haben. Dazwischen finden Sie alle Schattierungen. Glücklicherweise können wir bei Siemens da extrem flexibel mit umgehen.

N: Aus BMW-Sicht kann ich sagen: Die „Edelsteine" sind meist gut bekannt. Ein großer Fehler wäre es dann nur, diesen Menschen Aufgaben zu geben, von denen man schon weiß, dass sie nicht passen können. Der beste Manager ist nicht unbedingt der beste Entwicklungsleiter. Wie kann man den hochkreativen Designer langfristig ans Unternehmen binden, ohne ihm eine Managementaufgabe mit anderem Fokus anzubieten? Die Management- und Personalmethoden, um das zu bewerkstelligen, braucht eine innovative Firma, damit eben auch die Querdenker, die öfters mal quer im Stall stehen, eine Heimat finden.

P: Stille Wasser zu übersehen, das kann natürlich schnell gehen. Bei Bayer ist es so, dass wir Leute fördern, die gute Wissenschaftler, gute Innovatoren, aber auch gute Manager sind. Und ich hoffe, dass wir die zu Managern befördern, die managen können. Das ist nicht ganz unkritisch, besonders im Innovationsbereich.

S: Für manche ist das eine Strafe …

P: Das kann mancher so empfinden oder es kann leicht passieren, dass man einen zum Manager macht, der ein hervorragender Wissenschaftler ist, aber nicht unbedingt ein guter Manager. Aber ich glaube, dass wir da gescheiter geworden sind in den letzten Jahren. Und die Mitarbeiter werden ja auch kontinuierlich beurteilt, gefördert, ausgebildet. Aber es gibt auch Kollegen – besonders in der Forschung und Entwicklung –, die wollen eben gar keine Manager sein. Das interessiert die gar nicht. Die wollen ihrem Gebiet nachgehen und da wollen sie spitze sein und sich mit Experten austauschen. Für solche Kollegen gibt es die schon angesprochene Expertenkarriere. Dieses Personalinstrument haben wir in den letzten Jahren stark ausgebaut. Und Expertenkarriere heißt, der Innovator bekommt die Anerkennung: „Ich bin Experte, Spezialist und Wissensträger für ein wichtiges Gebiet". Zweitens hat man die Möglichkeit, mehr Geld zu verdienen – so viel wie ein Abteilungsleiter, ohne Manager zu werden. Und man erhält mehr Verantwortung, z. B. seine Expertise an andere weiterzugeben, junge Leute zu coachen, und damit für den Erhalt unserer Technologieplattformen. Und ein Experte soll auch zu strategischen Fragen seinen Input geben können. Eine Expertenkarriere beflügelt führende Forscher und Techniker. Das ist unsere Erfahrung.

S: **Das ist bei Experten gar nicht immer so beliebt, andere zu fördern ...**
P: Das ist personenbezogen unterschiedlich. Man muss die Leute auch fordern, man darf nicht davor zurückschrecken, mal zu sagen: „Das wollen wir von Euch, das ist Eure Aufgabe". Jeder hat da seine Pflichten.

Was wir dieses Jahr machen, ist, unsere Innovatoren, sprich „Erfinder und Autoren unserer Patente", stärker anzuerkennen, z. B. durch ein Symposium mit dem Topmanagement und externen Experten. Einige Kollegen profitieren zwar in Deutschland von ihren Patenten. Aber wir wollen natürlich alle unsere Erfinder auf der ganzen Welt besonders würdigen und mit ihnen in den Dialog treten. Das sind sehr wertvolle Mitarbeiter. Sie ermöglichen dem Unternehmen durch ihre Patente zu wachsen.

S: **Patentieren heißt ja auch Formalisieren von Prozessen. Das treibt auch Blüten ... Kann man da noch mal priorisieren?**
P: Kann man. Muss man aber nicht unbedingt. Denn Patente kosten zunächst einmal nur Geld. Mitunter viel Geld. Wert haben sie aber erst, wenn sie ein Produkt schützen. Kommt das nicht zustande, so werden die Patente schon alleine aus Budgetgründen ziemlich rasch wieder aufgegeben.

Und um unsere Forscher mit den Formalia nicht über Gebühr zu belasten und abzulenken, haben wir eigens Mitarbeiter, die beim Schreiben helfen; und natürlich eine recht beträchtliche Anzahl von Anwälten. Da wird auch gesiebt, denn diese Funktionen sind über die strategischen Ziele ebenso bestens informiert und kennen ihre Budgets.

S: **Was ist das Wichtigste beim Führen von Innovatoren? Wie heißt es so schön: Nur wo Orientierung ist, da ist auch Freiheit. Nur wo Struktur ist, entfaltet sich auch Kreativität. Wer Spielräume schafft, muss auch Spielregeln definieren. Kann man Innovatoren überhaupt führen?**
R: Man muss sogar. Ihre Zitate könnte ich noch um ein Muster ergänzen: „Agilität und Bewegung muss Richtung und Kohärenz bekommen, sonst erhält man nur Wärme." Das ist die wesentliche Aufgabe in der Führung von Innovation. Vorausgesetzt, man hat die agilen und beweglichen Menschen.
N: Wenn man diese Mitarbeiter, diese Querdenker, nach meiner Erfahrung, zu stark in einen starren Prozess einbindet (z. B. schon sehr früh 20 Seiten Busi-

ness Case ausarbeiten lässt), dann frustriert man sie und sie verkümmern. Auch ist es diesen Menschen häufig ein Grauen, eine große Mannschaft von ihrer Idee überzeugen zu müssen. Deshalb muss man Hilfe anbieten, z. B. ein kleines Team zusammenstellen, um Freiräume zu schaffen und gleichzeitig zu ermöglichen, die Hürden im Haus zu überwinden. Es gibt natürlich die Begeisterten, die sich von keinen Widerständen abschrecken lassen, aber die sind deutlich in der Minderheit.

S: **Wie erkennt man einen echten Innovator? Das steht nicht in Büchern.**

N: Wenn man sich mal auf die technischen Innovationen beschränkt und auf die Ingenieure schaut, glaube ich, dass man sich nicht zum Innovator entwickelt, sondern es am inneren Antrieb liegt. Innovator ist man, oder man ist es nicht! Andere berechnen dafür mit großer Akribie eine Karosserie. Das bekommt man aber als Führungskraft relativ schnell heraus – wer „nur spinnt", ohne Fachkenntnis, ohne Substanz und Erfolg. Der wird in der „Community" aber auch schnell identifiziert.

P: Ja, davon bin ich überzeugt: Innovatoren kann man gut führen. Was man braucht, ist das Bewusstsein für unsere Aufgabe als Industrieunternehmen. Was wir wollen, ist, Innovationen zu schaffen *und* zu realisieren. Unsere primäre Aufgabe ist es nicht, wissenschaftliche Forschung zu machen, die durch Neugierde getrieben ist, durch möglichen Erkenntnisgewinn. Das ist zwar wahnsinnig schön, das interessiert mich, mache ich auch gerne. Aber das ist die Aufgabe der akademischen Wissenschaft. Und deswegen bin ich überzeugt: Man muss ganz klare Strukturen haben, klare Zielsetzungen haben, stringente Erwartungen an Mitarbeiter kommunizieren. Die haben sich in den letzten zehn Jahren enorm geändert. Da wird schon hingeschaut, wie viele Projektübergänge habt Ihr gemacht, wie viel Patente sind geschrieben worden?

Das führt zu Zeitdruck, das führt zu Belastung. Aber das ist notwendig. Und man muss natürlich auch den Mut haben, Freiheiten zu geben und sich Freiheiten zu nehmen. Innovation machen ist mit Stringenz alleine nicht möglich. Man muss auch Opportunitäten ermöglichen, über einen ganz anderen Weg oder eine ganz andere Idee Erfolg zu haben. Man muss Flexibilität erlauben, aber nur im gegebenen stringenten Rahmen. Wenn es anders ist, führt es zu Ineffizienz.

S: **Wie ermutigen Sie Ihre Führungskräfte dazu?**

P: Ich glaube, wir haben eine gute Kultur, was das betrifft. Unsere Kollegen in den Managementfunktionen wissen, dass Erfolg nur durch gute Köpfe und gute Zusammenarbeit im Team möglich ist. Da muss man Freiheiten lassen, und Ecken und Kanten bewahren. Sonst wird alles so abgeschliffen, dass nachher nur Stromlinienförmiges rauskommt. Aber unsere Manager wissen auch – und das ist sicher anders als vor 10 oder 15 Jahren –, dass Stringenz eben notwendig ist. Weil man ohne Stringenz eben nichts hinbekommt. Ohne Stringenz verzetteln wir uns, wir machen zu viele Dinge, machen sie halbherzig, nicht zeitgerecht … Wenn das Neue nicht zur richtigen Zeit kommt, kann es für große Ideen zu spät sein.

S: **Und wenn junge Führungskräfte in so eine Verantwortung gehen – können die eine solche Balance dann schon aussteuern?**

P: Ich sage den jungen Führungskräften erst mal: Du musst die Struktur für dich schaffen. Und die musst du dann auch durchhalten! Aber du musst sie auch anpassen, wenn es notwendig ist! Das setzt ständigen Dialog mit deinen Mitarbeitern voraus und ist in Innovationsbereichen noch viel, viel wichtiger als in Bereichen, die eher wiederkehrende, ähnliche Aufgaben abwickeln. Und dann siehst du ja, wie du zurechtkommst. Aber ich würde keinem empfehlen, mit zu viel Flexibilität anzufangen. Er muss Verständnis haben, er muss seine Kollegen kennen, Bedürfnisse kennen, Stärken, Schwächen, er muss Ideen zuhören, aber er muss versuchen, in einer/seiner Struktur, den Prozess, der vorgegeben ist, zu nutzen, um Erfolg zu haben.

S: **Und wie vermeidet man gleichzeitig das Not-invented-here-Syndrom?**

R: Das hängt für mich stark mit Open Innovation zusammen. Je mehr man eine Atmosphäre der Offenheit und gegenseitigen Wertschätzung schafft, desto weniger trifft man auf das Syndrom. Je geschlossener man hingegen ist, desto mehr heißt es: „Meine Burg gegen deine Burg. Und es kann nicht sein, dass in deiner Burg etwas Besseres entsteht als in meiner." Jenseits dessen gilt: Ein harter Maßstab hilft, um zu zeigen, dass andere auch verdammt gut und effizient sein können. An diese Rationalität glaube ich schon, dass die Menschen einsehen, dass andere, die etwas anders machen, die offener sind, besser rekombinieren, damit sehr, sehr erfolgreich sein können. Also wird es nicht so ganz falsch sein. Je mehr sich der Gedanke der Offenheit durchsetzt, desto seltener findet sich dieses Syndrom. Wir versuchen permanent, den Leuten klarzumachen, dass es ohnehin inkompatibel mit unserem Innovationsverständnis ist. Aber zugegeben: Das ist nicht immer leicht.

N: … indem man den Innovationsprozess konsequent verfolgt, Schutzräume bietet und indem man Argumente und Killerphrasen („Das haben wir doch schon probiert …") nicht gelten lässt.

S: **Gibt es bei Ihnen Teams, die bereits auf dem Markt befindliche Lösungen mit einspielen?**

N: Das ist Hauptaufgabe der CoC (Centers of Competence), in Zusammenarbeit mit dem Einkauf: Innovationen, die in den Markt kommen, zu beobachten. Nichts ist ja frustrierender, als mit hohem Aufwand eine Innovation voranzutreiben und dann doch nur Zweiter am Markt zu sein.

Von Zulieferern erwarten wir grundsätzlich auf allen Feldern Innovationen. Es ist nicht vordefiniert, wer was macht. BMW ist bekannt dafür, auch Innovationen bei Zulieferern zu fördern. Das erkennen auch die Zulieferer an, die das regelmäßig hervorheben. Man muss die Innovationskultur auch mit den Zulieferern pflegen. Klar ist es so, dass gerade die zentralen Innovationen bei uns aus den BMW-Suchfeldern kommen. Wir brauchen die Innovationen der Zulieferer dazu. Aber man kann auf diesen Zuliefererinnovationen keine Alleinstellung aufbauen, weil nach kurzer Zeit auch der Wettbewerb Zugang zu diesen Innovationen erhält.

P: Das mit dem Not-invented-here-Syndrom ist schwierig. Das kann man eigentlich nur dadurch vermeiden, indem man zwei Dinge macht – da muss man wirklich sagen: „Es ist gewollt und sinnvoll, dass wir von draußen Dinge reinholen, dass wir kooperieren". Und man muss das Vertrauen der Forscher gewinnen. Sie dürfen nicht das Gefühl haben, sie würden ersetzt durch Ideen von draußen. Sondern, dass es im Gegenteil darum geht, dass wir Ideen nur veredeln, die von draußen kommen – mit unseren Plattformen, die wiederum nur wir haben.

Wir haben jetzt sehr viel über Menschen, Verhaltensweisen und Umbrüche gesprochen. Das alles läuft in Strukturen ab. Auch wenn diese nicht im Vordergrund dieses Buches stehen, wäre es verwegen, sie gänzlich außen vor zu lassen.

Wie ist das Innovationsmanagement in Siemens aus organisationsstruktureller Sicht generell aufgebaut?

Als international agierendes Unternehmen hat Siemens auch sein Innovationsmanagement global ausgerichtet. Wichtige Forschungsstandorte sind auf Europa, Amerika und Asien verteilt. Organisatorisch unterscheidet sich Siemens damit von vielen anderen multinationalen Konzernen, die einen eher zentralistischen Forschungs- und Entwicklungs- (F&E)-Ansatz verfolgen. Rund 29.800 F&E-Mitarbeiter arbeiten bei Siemens weltweit in den unterschiedlichsten Bereichen. Da dies ein hohes Maß an Koordination erfordert, überspannt ein fein austariertes System von Wissens- und Informationsmanagement die vielen Ebenen im Unternehmen und über die

Divisions- und Ländergrenzen hinweg. Hinzu kommen Forschungskoope-
rationen mit Universitäten, Instituten und anderen Unternehmen sowie die
Zusammenarbeit mit Start-ups und deren Förderung.

Die Organisation der Forschungs- und Entwicklungsarbeit bei Siemens
soll ermöglichen, dass das Innovationspotenzial jeder einzelnen Geschäfts-
einheit mit dem jeweiligen Technologie-, Prozess- und Markt-Know-how
gestärkt wird. Entscheidend ist dabei, auf allen Ebenen Synergiepotenziale
zu identifizieren, sie zu erschließen und sie allen Bereichen zugänglich zu
machen. Dazu zählt beispielsweise die gemeinsame Nutzung von Technologien und Plattformen, der Austausch von Best Practices zwischen den Abteilungen und Firmen in den Ländern und auch die Steuerung und Moderation
innovativer, übergreifender Projekte.

Forschungs- und Entwicklungsaktivitäten finden bei Siemens sowohl in
den Divisionen als auch in der zentralen Abteilung Corporate Technology
(CT) statt. Die Divisionen konzentrieren sich mit ihren F&E-Anstrengungen
auf die nächste Generation ihrer Produkte und Lösungen. Im Gegensatz dazu
arbeitet CT mit den operativen Geschäftseinheiten von Siemens zusammen.
Ziel ist es, gemeinsam die Technologien und Innovationsstrategien vor allem
für die nächste Generation von Produkten und Lösungen zu entwickeln.

CT ist mit seinen Hauptstandorten in Deutschland, den USA, China,
Russland, Indien und Österreich als weltweites Netzwerk aufgestellt. Mehr
als 6900 Mitarbeiter, darunter mehr als 4400 Softwareentwickler, bringen
ihr tiefes Verständnis grundlegender Technologien, Modelle und Trends
sowie umfangreiches Software- und Prozesswissen ein. Zu ihren Aufgaben
gehören Kerntechnologieinitiativen zu Automatisierungstechnik und Ener-
giesystemen oder zur Systemintegration entlang der gesamten Wertschöp-
fungskette – von Forschung und Entwicklung über Produktionstechnologie
und Herstellungsprozesse bis zum Testen von Produkten und Lösungen.

Ein weiterer wichtiger Bestandteil in der Forschung und Entwicklung
ist die Zusammenarbeit mit führenden Hochschulen und außeruniversitä-
ren Forschungseinrichtungen weltweit. So kann Siemens das Potenzial für
gemeinsame F&E-Projekte nutzen sowie die Attraktivität von Siemens als
Arbeitgeber für hoch qualifizierte junge Talente in wissenschaftlichen und
technischen Disziplinen stärken.

Diese Kooperationsansätze sind ebenfalls essenzieller Bestandteil des
Open-Innovation-Konzepts von Siemens, das mit wichtigen Impulsen von
internen und externen Experten die Innovationskraft des Konzerns stärkt.
Indem beim Konzept der Open Innovation nicht mehr nur die eigenen F&E-

Abteilungen am Innovationsprozess beteiligt sind, sondern sich Universitäten, Forschungseinrichtungen, Kunden, Zulieferer und branchenfremde Unternehmen aktiv an der Entwicklung beteiligen, ergeben sich Synergien mit Kosten-, Innovations- und Wettbewerbsvorteilen.

Die von Open Innovation adressierten Technologiefelder decken alle technischen Bereiche von Siemens ab: das Erforschen von Materialien, die helfen, die Effizienz von Produkten zu steigern, die Entwicklung von IT-Plattformen und IT-Sicherheitslösungen sowie Softwarearchitekturen, technischen Systemen, Energietechnologien, Sensoren und elektronischen Komponenten, und das Forschen an neuen Lösungen für Systementwicklung, Datenanalyse, Technologien für die Automatisierung und Kommunikation, für medizinische Informationssysteme und bildgebende Verfahren.

Zudem nimmt Siemens an öffentlich geförderten Forschungsprogrammen teil. Zu den wichtigsten Forschungsgebieten zählen für die Entwicklung nachhaltiger Technologien, einschließlich Recycling, das Vernetzen von Maschinen, das Schaffen neuer Materialien und die Biotechnologie.
© Mit freundlicher Genehmigung der Siemens AG

Wie ist das Innovationsmanagement in Bayer aus organisationsstruktureller Sicht generell aufgebaut?
Bayer wurde vor 150 Jahren am 01.08.1863 in Barmen (heute ein Teil Wuppertals) als Farbenfabrik gegründet. Die Konzernzentrale befindet sich seit 1912 in Leverkusen. Seit der letzten großen Umstrukturierung von 2002 bis 2005 ist Bayer ein unter der strategischen Management Holding „Bayer AG" zusammengeschlossener Konzernverbund von weltweit 290 voll konsolidierten Gesellschaften. Der Konzern beschäftigt weltweit rund 113.200 Mitarbeiter auf Vollzeitbasis.

Die Geschäftsaktivitäten der heutigen Bayer-Konzerngruppe ist auf gegenwärtig noch drei, bald zwei operativ tätige, selbständige Teilkonzerne und drei Dienstleistungsgesellschaften aufgeteilt (s. Abb. 7.1).

Der mit rund 50 % – von ca. 40 Mrd. €, gemessen am Gesamtumsatz, – größte Teilkonzern Bayer HealthCare ist in die beiden Geschäftsfelder „Pharma" und das konsumentennähere Geschäftsfeld „Consumer Health" untergliedert. Die Geschäftsaktivitäten von „Consumer Health" umfassen nicht verschreibungspflichtige Arzneimittel (Consumer Care), Diabetes-

Management-Produkte, Kontrastmittel und Medizingerätetechnik (Medical Care) sowie Tiergesundheitsprodukte (Animal Health).

Der Teilkonzern Bayer CropScience vertreibt Saatgut, Pflanzenschutzlösungen auf biologischer und chemischer Basis sowie einen umfassenden Kundenservice für Landwirte (Crop Protection/Seeds). Darüber hinaus gehören Produkte und Dienstleistungen zur Kontrolle von Schädlingen in Heim und Garten bis hin zur Forstwirtschaft (Environmental Science) zum Portfolio.

Der demnächst selbstständige Konzern MaterialScience zielt in allen seinen vier Geschäftsfeldern im Wesentlichen auf einen Markt von professionellen Kunden ab (B2B). Mit etwa 30 % des Gesamtumsatzes trägt Bayer MaterialScience den zweitgrößten Teil zum Gesamtumsatz der Bayer-Gruppe bei.

In den beiden Dienstleistungsgesellschaften Bayer Business Services GmbH und Bayer Technology Services GmbH sind konzernübergreifende, unterstützende Funktionen gebündelt. Hierzu gehören beispielsweise Dienstleistungen auf den Gebieten Ingenieurwesen, IT-Infrastruktur, Einkauf, Personal sowie Finanz- und Rechnungswesen.

Die Currenta GmbH & Co. OHG ist Betreiberin großer Standorte, an denen Bayer in Deutschland angesiedelt ist.

Organisationsstruktur – Innovation bei Bayer

Das Geschäftsmodell aller drei am externen Markt auftretenden Teilkonzerne von Bayer basiert auf Innovation. Inhaltlich bildet daher die Mission „Bayer: Science For A Better Life" die Klammer um alle Innovationsaktivitäten des Konzerns.

Forschung, Entwicklung und damit Innovation erfolgen operativ eigenständig in den organisatorischen Einheiten des Bayer-Konzerns.

Aufgabe der strategischen Management Holding ist es, mögliche Synergien im Konzern zu identifizieren und deren Nutzung zu ermöglichen. Hierfür verfügt die Bayer AG über eine strategische Entscheidungshoheit im Konzernverbund.

Dies spiegelt sich einerseits darin wider, dass die Entscheidung über die (F&E –) Budgets der organisatorischen Einheiten des Bayer-Konzerns zentral im Zuge des jährlichen, strategischen Planungszyklus erfolgt, andererseits darin, dass die F&E-Funktionen aller Bereiche in einer „Innovation Community" zusammengeführt werden, deren Leitung in der Bayer Holding Gesellschaft verankert ist.

Das Steuerungsgremium dieser „Innovation Community" ist das „Innovation Committee". Das Gremium umfasst neben dem Vertreter der Bayer

Holding Gesellschaft hochrangige Vertreter der Forschungs- bzw. Entwicklungsbereiche der drei Teilkonzerne sowie der Dienstleistungsgesellschaft Bayer Technology Services GmbH. Ebenso vertreten ist ein Repräsentant der Patentfunktionen.

Aufgabe des Innovation Committee ist die Identifizierung von möglichen Synergien im Bereich Forschung, Entwicklung und Innovation, die Beratung über Personalfragen innerhalb der Community sowie das aktive Management der Innovationskultur in der Bayer-Gruppe.

Die Entscheidungsprozesse im Bayer-Konzern sind allgemein als konsensual geprägt zu bezeichnen. So auch im Zusammenhang mit Innovation.

Der Entscheidung sowohl der jeweiligen F&E-Budgets wie auch der inhaltlich strategischen Ausrichtung der F&E-Aktivitäten, die durch die Bayer Holding Gesellschaft schlussendlich top-down gefällt wird, geht in beiden Fällen ein Bottom-up-Prozess voraus, der aus den operativen Einheiten betrieben wird.

So ist auch die Leitung des Innovation Committee durch die Bayer Holding Gesellschaft im Sinne einer inhaltlichen Klammer nicht im Sinne eines Alleinbestimmungsrechts zu verstehen.

Mit der durch eine zentrale Innovation Community überlagerten, dezentralen Organisationsstruktur seiner Innovationsaktivitäten trägt Bayer den wesentlichen Vor- und Nachteilen von rein zentral bzw. rein dezentral gesteuerten F&E-Organisationen Rechnung.

Gemäß der Innovationsdefinition ist die Befriedigung von Kundeninteressen und damit Kundennähe ein wesentliches Kriterium für Innovationen bei Bayer. Stärkere Kundenfokussierung ist ein wesentliches Merkmal einer dezentralen F&E-Organisation. Dies erklärt die formal dezentrale Organisation bei Bayer.

Auf der anderen Seite führen dezentrale Organisationen allgemein zu möglichen Redundanzen und damit einem Mangel an möglichen Synergien. Dies gilt in Bezug auf Forschung und Entwicklung vor allem inhaltlich, aber auch aufseiten der Kosten. Um diesem Effekt entgegenzuwirken, bestehen – im Übrigen nicht nur in Bezug auf Innovation – bei Bayer die Communities mit ihren zugehörigen Steuerungsgremien.

Wie wertvoll die Idee solcher überlagerter, zentral gesteuerter Gremien gerade für Bayer sein kann, verdeutlicht folgendes Beispiel:

Als einziger weltweit tätiger Großkonzern ist Bayer auf allen drei Gebieten der sogenannten Life Sciences, d. h. der Gesundheit von Mensch, Tier und Pflanze, tätig.

Durch die jüngeren, wissenschaftlichen Erkenntnisse und neueren Methoden der Biotechnologie werden nun zunehmend molekulare Mechanismen
erkannt, die den drei vorgenannten Gebieten zugrunde liegen.

Bayer macht sich an dieser Stelle seine inhaltlich organisatorische Alleinstellung zunutze, indem seit dem Jahr 2011 frühe, bereichsübergreifende
Forschung zusammen mit Partnern aus Industrie und Wissenschaft auf diesen Gebieten gezielt gefördert wird.

Hierfür stellt die Holding-Gesellschaft eigene Budgets zur Verfügung.
Gesteuert wird die Aktivität wiederum zentral über das bereits erwähnte
Innovation Committee.

Der in der betriebswirtschaftlichen Theorie häufig genannte „Parenting-
Vorteil" von Konzernstrukturen wird hier auf wissenschaftlich inhaltlicher
Ebene gezielt gehoben.

© Mit freundlicher Genehmigung der Bayer AG

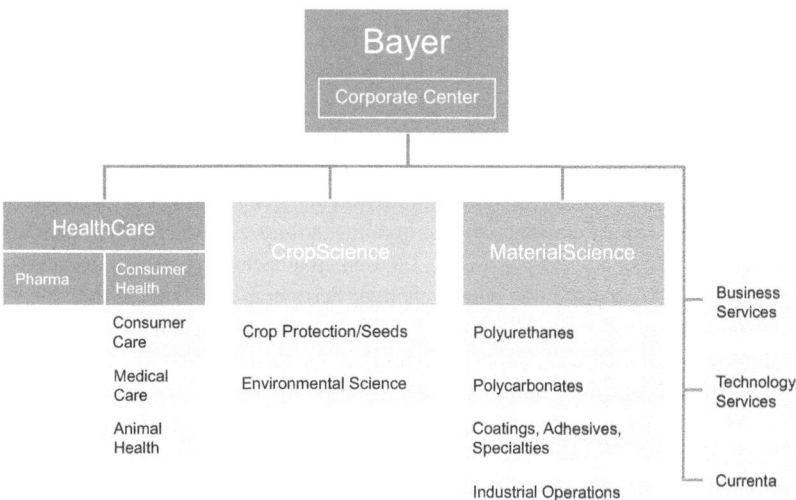

Abb. 7.1 Die Bayer-Konzernorganisation

Wie ist das Innovationsmanagement in BMW aus organisationsstruktureller Sicht generell aufgebaut?

Um Trends frühzeitig zu erkennen und entsprechende maßgeschneiderte Lösungen anzubieten, ist es für die BMW Group von enormer Wichtigkeit, in direkter Kommunikation mit den wichtigsten Märkten zu stehen. Mit zwölf Standorten in fünf Ländern verteilt sich das Forschungsnetzwerk der BMW Group über die ganze Welt und hat den Finger immer am Puls der Zeit.

Im BMW Group Forschungs- und Innovationszentrum, kurz FIZ, schlägt das technische Herz der BMW Group. Als eines der modernsten Entwicklungszentren der Automobilindustrie weltweit dient es als zentrale Schnittstelle für alle technischen wie gestalterischen Forschungs- und Entwicklungsaktivitäten. Alle weiteren Innovationsstandorte der BMW Group stehen mit dem FIZ nach dem Prinzip ‚Hub and Spoke' (Nabe und Speiche) in Verbindung und fungieren sowohl als Dienstleister als auch als Impulsgeber.

In München sind außerdem die Töchter BMW Forschung und Technik GmbH und BMW Car IT GmbH ansässig. Beide forschen für die Erschließung neuer Technologien für den automobilen Einsatz. Die BMW Group Forschung und Technik baut dabei auf ein eigenes weltweites Netzwerk an wissenschaftlichen Partnern.

Die BMW Motoren GmbH in Steyr ist das Dieselkompetenzzentrum der BMW Group. Bereits im ersten Entwicklungsstadium beginnt die Zusammenarbeit mit den Fachleuten der Produktion und den Lieferanten. Gleiches gilt für das Landshuter Innovations- und Technologiezentrum (LITZ). Dort forschen insbesondere Spezialisten für Leichtbautechnologien am Einsatz innovativer Werkstoffe und entsprechender Fertigungsverfahren. Durch die strategisch günstige Lage zwischen Fahrzeugentwicklung und Fertigung fließen die Landshuter Erkenntnisse direkt in die Konstruktion und Produktion neuer Komponenten und Fahrzeuge ein.

In den Vereinigten Staaten ist die BMW Group Forschung und Entwicklung mit vier Institutionen vertreten. Zum sogenannten California Innovation Triangle gehören neben dem BMW Group Technology Office in Mountain View auch das Engineering and Emission Test Center in Oxnard und BMW DesignworksUSA in Newbury Park. An der Ostküste in Woodcliff Lake befindet sich das BMW Group Entwicklungsbüro USA. Weitere Entwicklungsbüros unterhält die BMW Group in Peking und Shanghai (China) sowie in Tokio (Japan).

© Mit freundlicher Genehmigung der BMW AG

S: **Aus welchen organisatorischen Weiterentwicklungen (von A nach B kommend) haben Sie in Ihrer Laufbahn den größten Nutzeneffekt auf die Veränderung einer Innovationsorganisation gesehen?**

P: Vielleicht ein Beispiel, das die Arzneimittelforschung betrifft: Früher war es so, dass wir eine klare Trennung zwischen der Forschung und der vorklinischen Entwicklung hatten. Das hat dazu geführt, dass sich so ein „Über-den-Zaun-werfen"-Prinzip entwickelt hatte. Die Forscher hatten klare Zielsetzungen, wie viele neue Molekülkandidaten entwickelt werden und in die frühe Phase der Entwicklung transferiert werden sollen. Und das haben sie auch erfüllt. Da gab es Schnittstellenkomitees. Und durch entsprechende Überzeugungskraft und starke Argumente konnte man das schon „über den Zaun bewegen". Wobei an dieser Schnittstelle schwer abgeschätzt werden konnte, ob aus dem Input der Forschung mal etwas Erfolgreiches werden würde. Heute haben wir die sogenannte „Proof of concept"-Organisation eingeführt. Der Leiter unserer frühen Forschung besitzt nun auch die Verantwortung für die frühe Entwicklung. Damit gibt es an der ursprünglichen Schnittstelle heute einen Integrationspunkt mit den Entwicklern. Forschung und Entwicklung müssen sich noch mehr miteinander verständigen. Die Forschung wird nicht an frühen Phasenübergängen gemessen, sondern an klinisch erfolgreichen Projekten.

S: **Herr Nitschke, Sie waren früher zuständig für die Konzeptentwicklungen und später hat sich das in der Organisation weiterentwickelt.**

N: Wir hatten, ähnlich wie bei Bayer, Anfang der 1990er Jahre mit der Technik GmbH einen eigenen Think Tank gegründet. Diese hatte das Ziel, nach neuen Lösungen im Automobilbau zu suchen. Rund 100 Entwickler hatten an einem eigenen Standort mit eigenem Arbeitszeitmodell einen besonderen Freiraum zum Innovieren und Erarbeiten hoch kreativer Lösungen. Viele Ideen und Vorschläge scheiterten jedoch bei der Übergabe in die Serienentwicklung. Heute ist die Technik GmbH eng mit dem COC der BMW Entwicklung vernetzt.

Vor circa zehn Jahren haben wir die Fahrzeugentwicklung von BMW grundlegend neu ausgerichtet. Neben der Komponentenentwicklung wurden sogenannte „Funktionsministerien" eingerichtet, mit dem Ziel, cross-funktionale wesentliche Entwicklungen und Innovationen voranzutreiben.

Auslöser war die Erkenntnis, dass, z. B. um umfassend CO_2 und Kraftstoffverbrauch zu reduzieren, ein singulärer Ansatz beim Motor oder bei der Fahrwerkssteuerung/Elektronik etc. nicht ausreichend war. Das „Efficient-Dynamics-Ministerium" hatte Ingenieure aus allen Entwicklungsfakultäten

an Bord, die CO2-Reduzierungsvorschläge ohne Einbußen bei der Fahrdynamik cross-funktional erarbeiten und in die Fahrzeuge einfließen lassen sollten. Und das war auch der Grund, weshalb BMW in den letzten Jahren von
allen Automobilherstellern einen großen Sprung Richtung CO2-Reduzierung
gemacht hat.

Daneben gibt es einen Verantwortlichen für Fahrdynamik, der mit seinem
Team neben Fahrwerksthemen auch Lenkung, Reifen und die Wechselwir-
kungen zum Antrieb verantwortet.

Diese Funktionen sind natürlich mit Budget und einer gewissen Macht-
fülle ausgestattet, um Wirksamkeit zu erzeugen.

R: Ich bin davon abgekommen, zu glauben, dass es die richtige Organisation
gibt. Jede Organisation hat fast schon zwangsläufig auch ihre Nachteile. Ich
habe mir deshalb angewöhnt, sorgfältig zu überlegen und an einem bestimmten Punkt mit dem Wissen der unerreichbaren Perfektion eine Entscheidung
zu treffen, wie wir organisieren wollen. Und in der nächsten Stufe kann man
dann alle Nachteile der gewählten Option angehen. Deswegen bin ich mittlerweile bei der Frage, wie man organisiert, wesentlich entspannter geworden.
Ich wage sogar zu behaupten, dass manchmal wahrgenommene Pendelrück-
schwünge nur eine Frage der Betrachtungsperspektive sind. Also die ideale
Organisation existiert nicht. Manchmal gibt es Situationen, in denen man ein
eingefahrenes Team etwas durchschütteln muss. Da muss man den Acker
auch einmal quer zu den bisherigen Furchen pflügen, um Steine zu finden,
die sich längsseits gelegt haben.

Viel wichtiger als die Organisation selbst finde ich den Modus der Zusammenarbeit – gerade über die Organisationsschnittstellen hinweg. Der Vertrieb
hat eindeutig eine andere Aufgabe als die Entwicklungsabteilung oder die
Verantwortlichen für das Product Lifecycle Management. Und trotzdem gibt
es bei uns viele Entwicklungsprojekte, bei denen sehr frühzeitig ganz erfahrene Vertriebsleute mit am Tisch sitzen. Die kennen die Kundenapplikationen
und bohren hartnäckig nach, ob eine attraktive USP für eine signifikante Kun-
dengruppe vorhanden ist. Denn am Ende beantworten wir nur so die Frage,
wie unser Kunde damit mehr Geld verdient. Solches Nachbohren ist natürlich
unbequem. Dennoch würde im Projekt niemand auf die Idee kommen, den
Vertriebsmann absichtlich zu umgehen. Es ist völlig in Ordnung und richtig,
dass er zu 92 % seiner Zeit beim Kunden ist und dieses spezifische Wissen
kultiviert. Aber die anderen acht Prozent sind Teile eines Entwicklungspro-
jektes und dort ist der Vertriebler der Anwalt des Kunden, der weiß, wofür
sein Mandant zu bezahlen bereit ist. Also, mein Petitum ist, Organisation
nicht zu reduzieren auf Orte, Organigramme und Excel-Listen, sondern vor-

rangig die funktionale Zusammenarbeit in einem gelebten Arbeitsmodus zu kultivieren – in jeder Beziehung.

S: **Sie alle besitzen etablierte Innovationsorganisationen. Wo holen Sie sich denn die Ideen her, um auch diese Organisationen selbst zu innovieren?**

P: Die Ideen kommen von unseren Mitarbeitern, von Konkurrenten und Beratern. In einer Firma, die sich der ständigen Effizienzverbesserung verschrieben hat, ist dieser Schritt eher unproblematisch. Kritischer, schwieriger ist aber die Realisierung von neuen Organisationseinheiten. Hierzu gehört Mut! Um ein Beispiel zu nennen: Wir haben einen großen Teilkonzern Bayer Crop-Science, der für alle Geschäfte, die mit Pflanzengesundheit zu tun haben, verantwortlich ist: Saatgutherstellung, Saatgutzüchtung, Pflanzenschutzchemie und biologischer Pflanzenschutz. Da lag es schon seit Längerem auf der Hand, die getrennten Innovationseinheiten stärker aneinander heranzuführen, weil Technologien, die wir in den Segmenten benutzen, teilweise die gleichen oder zumindest ähnlich sind. Aber der Schritt dahin war ein riesiger Sprung, weil die Organisation historisch gewachsen war. Die Bereiche hatten ihre Unabhängigkeit, ihre Budgets und eine eigene Identität. Dann den Sprung zu machen, das alles zusammenzulegen, war ein richtiger Neuanfang.

S: **Es sind weniger die Ideen als die Zeit, die man braucht, um zu „vertikutieren", um so eine Lösung, die man im Hinterkopf hat, dann in die Umsetzung zu bringen?**

P: Ja, oder den richtigen Auslöser: mal die richtige Frau oder den richtigen Mann, die oder der dann sagt, „Okay, das machen wir jetzt." oder die Notwendigkeit, die getrieben ist durch das wirtschaftliche Umfeld oder durch den Wettbewerb.

R: Es geht um den Wunsch oder den Mut zu entscheiden. Manchmal gibt es Rahmenbedingungen, da fällt einem dieser Mut leicht: Wenn die Hütte schon brennt, ist es eindeutig, dass man schnell entscheiden und dabei Risiken eingehen muss. Wenn aber alles exzellent läuft, ist es zwar etwas Wunderbares, etwas mehr Zeit und dann auch den Mut zur Entscheidung zu haben – gleichzeitig ist das aber auch ein bisschen schwieriger. Ich bin überzeugt, dass der limitierende Faktor vor allem der Mut zur Entscheidung ist und weniger die Kreativität, neue Ideen zu generieren.

S: **Der Mut zur Entscheidung und die Überzeugung, dass das auch gelingt zu diesem Zeitpunkt in diesem Zeitraum.**

R: Wenn ich entscheide, dann muss ich davon hundertprozentig überzeugt sein. Denn das erkennt meine Umgebung, wenn ich nur halbherzig entscheide.

Deswegen nehme ich mir nach Möglichkeit so lange Zeit, bis ich selbst restlos vom Gelingen überzeugt bin.

S: **Bei einem Besuch vor einigen Jahren bei Harley-Davidson hatte ich dort die sogenannten Lonesome Cowboys kennengelernt, die für Innovationen und die Entwicklung von Hauptumsatzträgern zuständig waren. Wir kennen seit vielen Jahren eher die integrierten Marktteams[2] und die interdisziplinären Entwicklungsteams. Wie muss man sich das bei Ihnen im Hause vorstellen? In welchen Fällen setzen Sie eher auf Einzelpersonen, in welchen eher auf Teams?**

R: Wir setzen nur auf ganz wenige Einzelkämpfer. Die hängen dann eher an einzelnen Technologien als an Produkten. Das sind die Gurus, die ganz dicke Bretter bohren. Bei Produkten fällt mir kein Beispiel ein. Denn je mehr wir uns der Kundenschnittstelle nähern, desto weniger gibt es den einsamen Streiter.

Angesichts der Komplexität der Technologien, der Kundenanforderungen in den Regionen und Segmenten gibt es nicht mehr die eine Person, die alles kann – zumindest nicht bei uns.

N: Im Schwerpunkt setzen wir deutlich mehr auf Teams. Die Komplexität im Automobil ist mittlerweile so hoch, dass Einzelpersonen Innovationen kaum mehr allein umsetzen können.

P: Ich setze immer auf Einzelpersonen. Ich hab's gerne. Wir sind ein prozessorientiertes Unternehmen, wie wahrscheinlich viele deutsche Unternehmen. Und gerade da ist es mir wichtig, dass wir eine persönliche Verantwortung haben. „Sagt mir, wer da verantwortlich ist!" Ein Name, eine Verantwortung. Es ist immer wichtig, egal in welcher Phase, Kollegen zu haben, die Verantwortung tragen und Verantwortung wahrnehmen. Auch wenn wir eine klare interdisziplinäre Struktur haben, Projektarbeit fördern, Gremien haben, interdisziplinäre Teams: Persönliche Verantwortung ist immer wichtig. Aber „Lonesome Cowboys", die gibt's bei uns weniger. Bei uns haben wir aber sehr starke, nennen wir das mal vernetzte interne Unternehmertypen. Da ist z. B. jemand zuständig für eine Gruppe von Produkten für die Krebsbehandlung oder Herzerkrankungen, ein Kollege, der zwischen Marketing und Entwicklung angesiedelt ist. Der versteht von beidem etwas und der treibt Dinge voran, weil er sein Produkt weiterentwickeln will. Wie schon gesagt, diese Kollegen sind weniger „Lonesome Cowboys". Sie sind eher diejenigen,

---

[2] Vgl. Value Paper Nr. 7 der Seidenschwarz & Comp. GmbH, Starnberg: Target Costing – auf dem Weg zum marktorientierten Unternehmen, www.seidenschwarz.com.

die sich mit viel eigener Initiative neue Wege suchen und im unwegsamen Gelände die neuen Brücken bauen. Die führen den „Treck nach Westen" an.

S: **Die sind die Hefe im Teig?**

P: Ja, der treibt über den normalen Prozess hinaus. Sonst kann nichts Vernünftiges entstehen. Sonst gäbe es keine abgewogenen Entscheidungen. Unsere „Lonesome Cowboys" brauchen und haben wir ganz am Anfang der Grundlagenforschung: Da gibt es Kollegen, die für sich alleine arbeiten, die ganz tiefe und dicke Löcher bohren. In dieser Phase ist das Team nicht so wichtig. Teams benötigt man hier, um Ergebnisse und Meinungen auszutauschen. Unser Bild gleicht dem einer Kette: „Von der Grundlagenforschung bis in den Markt hinein", da brauchen wir am Anfang den einzelnen Kopf, der die Ideen und genügend Tiefe hat, um Ergebnisse zu schaffen, die kantig genug sind, um sich daran reiben zu können. Dann folgt der Teamprozess, für den man einen starken Projektleiter benötigt, der das Projekt durchbringt, es „prozessiert". Und zum Markt hin brauchen wir dann die Galionsfigur, die an der Schnittstelle zum Markt agiert, die für das Produkt oder die Produktgruppe steht. Innovationen zu ermöglichen ist offensichtlich ein vielschichtiger Organisationsprozess!

S: **Exzellenten Teams stehen eigentlich immer sogenannte Heavy-weight Project Leader vor? Sind die bei Ihnen im Unternehmen auch ein Engpass? Wie entwickeln Sie solche Typen von Projektleitern?**

R: Die sind immer knapp, weil an sie sehr hohe Anforderungen gestellt werden. Es ist eine große Managementaufgabe, weil man auch den Inhalt der Aufgabe im Auge haben muss sowie exzellent führen und motivieren können muss. Es handelt sich um absolute Ausnahmetalente. Einen systematischen Filter, diese „Typen" zu identifizieren, haben wir nicht. Aber es kristallisieren sich immer wieder welche heraus, die dann auch an der Aufgabe wachsen, denen man über die bestehende Aufgabe „n" auch das „n+1" zutraut. Ich kenne keinen funktionierenden Auswahlmechanismus. Da braucht man ein Händchen für Menschen, gutes Bauchgefühl, muss sich Track Records anschauen und dann auch mal eine unkonventionelle Entscheidung treffen.

S: **Können solche schwergewichtigen Projektleiter bei Ihnen Karriere machen?**

R: Grundsätzlich natürlich, schließlich bringen sie exzellente Grundvoraussetzungen mit. Nur eine einzige, aber sehr entscheidende fehlt ihnen häufig: der unbedingte Wille, Karriere zu machen. Das liegt meist daran, dass die klassische Gewinn- und Verlustverantwortung vergleichsweise wenig Beinfreiheit für innovative Dinge lässt: Produktion, Budgetverantwortung mit Distributoren, kaufmännische Alltagsthemen – so etwas frisst viel Zeit. Wer sich aber gerne darauf und auf die Breite der Anforderungen einlässt, der ist als Heavyweight ein besonders guter Kandidat für unternehmerisches Führen.

N: Große Innovationen werden von Projektleitern „von der Idee bis zur Serienreife begleitet. Das sind schon echte Schwergewichte. Sie müssen die Gabe haben, bei uns ohne disziplinarische Weisungsbefugnis Teams zu leiten. Die Aufgabe ist aber auch sehr erstrebenswert, weil man sich damit für weitere Aufgaben empfiehlt. Leute zu finden ist deswegen eher kein Problem. Die Frage bei uns ist eher, wie viele Themen ein solches Schwergewicht insgesamt parallel bearbeiten kann.

P: Ja, die sind schon rar. Klar. Wenn ein solches Schwergewicht dann ein Entwicklungsprojekt mit einem Jahresbudget von 150 Mio. führt …

S: **Auch das Vorhandensein schwergewichtiger Projektleiter kann ein typisches Spannungsfeld oftmals nicht lösen, nämlich das zwischen Abteilungen und Projekten. Traditionell bestimmt ja häufig die Aufbauorganisation – idealerweise aus einer Strategie abgeleitet – die Schwerpunktsetzung in der Organisation. Auch Budgets richten sich oft primär nach Abteilungsgrenzen und vorhandenen Kopfzahlen. Gleichzeitig kommt den Projekten, die lateral zu den Funktionen und Abteilungen durchgeführt werden, oftmals nicht der notwendige Stellenwert zu; das Projektmanagement fühlt sich in der Summe „nicht empowered" und ist es häufig auch nicht ausreichend. Wie lösen Sie dieses „ewige Spannungsfeld" in Ihrem Unternehmen?**

R: Der Lösungsversuch, dieses Spannungsfeld zu umgehen, erfordert Topmanagement-Attention für die Projektleiter oder umgekehrt den Zugang der Projektleiter zum Topmanagement und zu den Organisationen. Die wesentlichen Innovationsprojekte bei Siemens könnte man wahrscheinlich mit Fahrzeugprojekten bei BMW vergleichen. Unsere großen Projekte kenne ich alle persönlich und zu den Leitern dieser Projekte pflege ich eine intensive Kommunikation. Ich kann daher davon ausgehen, dass die sich bei mir melden, wenn sie ein echtes Problem haben – und dabei notfalls die Organisation ignorieren. Natürlich ist das manchmal schwierig, weil dazwischen ja starke Persönlichkeiten sitzen.

Aber die wesentlichen Projektleiter, die kennen mich, ich kenne sie, und ich bin für sie erreichbar. Ich versuche, ihnen ständig zu verdeutlichen, dass ich persönlich auf sie zähle. Und wenn sie mir ein wirklich signifikantes

Problem vorenthalten, dann hat das seine Folgen. Das kompensiert dann die Aufbauorganisation.

P: Das kann ich nur unterstützen. Es macht wirklich einen Unterschied, wenn die Prioritäten für die wichtigsten Projekte in der Organisation klar verstanden sind. Das spürt man in der Aufmerksamkeit des Topmanagements, in der Art wie Projekte bearbeitet werden, in den Prioritäten der Managementkomitees, in der Sichtbarkeit im Unternehmensalltag u. v. m. Und dann kann man auch wirklich etwas bewegen, über die Monate und über die Jahre hinweg: Fokussieren auf die wichtigen Projekte. Das macht den Unterschied aus.

N: Das ist bei uns eigentlich genauso. Wir haben noch etwas vor Jahren eingeführt, was sich auf den Ebenen darunter relativ gut etabliert hat. Wir nennen das das sogenannte Y-Modell – dass man einem Projektleiter oder einem Verantwortlichen für eine Aufgabe eigentlich zwei gleichberechtigte Vorgesetzte gibt, die in diesem Prozess oder in diesem Projekt die zentralen Stakeholder sind: einen aus der Funktionalorganisation und einen aus der Projektorganisation. Diese beiden führen einen Mitarbeiter gemeinsam, um damit sicher zu stellen, dass z. B. ein Projektmitarbeiter nicht einseitig nur Projekt- oder Fachbereichsinteressen vertritt, sondern im Sinne eines Gesamtoptimums handelt.

Aber was heavy-weight anbelangt, bin ich absolut der gleichen Meinung, da ist das Thema Aufmerksamkeit das allerwichtigste. Ein Durchbruchsthema wie das „project i" hätten wir nie so konsequent durchfahren können, wenn der schwergewichtige Projektleiter nicht im Topmanagement jederzeit direkten Zugang zu unserem Vorstandsvorsitzenden Norbert Reithofer gehabt hätte, um direkt Unterstützungs- und Richtungsentscheidungen zu bekommen. Nur damit war er in der Lage, dieses Projekt mit seinem umfassenden Veränderungsbedarf überhaupt durchsteuern zu können.

S: **Was sind generell Ihre wichtigsten externen Partner zum Innovieren? Arbeiten Sie in Netzwerken? Manchen Unternehmen wie Microsoft und Procter & Gamble wird zugesprochen, dass sie sich zum Ziel gesetzt haben, die Hälfte der Entwicklungen von außen zu holen.**

R: Wir haben kein quantifiziertes Ziel dafür und messen das auch nicht. Offene Innovation im Netzwerk ist unser Wesensmerkmal, aber sehr unterschiedlich ausgeprägt, sehr themenspezifisch. Mal mit vielen Universitäten, mal mit wenigen, mal mit vielen Kunden, mal mit wenigen. Und in allen Konstellationen. Es ist eine Kunst, das richtige Netzwerk zusammenzustellen. Keine Metrik, aber ein klares Verständnis, dass der Closed Shop nicht mehr in die Zeit passt.

P: Im letzten Jahrzehnt haben wir uns nach außen geöffnet, weil Arzneimit-
      telforschung und -entwicklung im „Elfenbeinturm" heute nicht mehr mög-
      lich ist. Wir haben eine große Anzahl von Partnerschaften geschlossen. Wir
      können die Zahl nennen: 800 Partnerschaften. Und zwar in allen Phasen der
      Forschung und Entwicklung. Und wir haben Zielvorgaben, was wir mit die-
      sen Partnerschaften erreichen wollen, was wir von draußen ins Unternehmen
      bringen wollen. Besonders wichtig sind uns dabei „strategische langfristige
      Partnerschaften". Nur wenn beide Partner sich verstehen, sich vertrauen und
      gewinnen können, kann Kooperation erfolgreich sein.

N: Die Kulturen sind weniger das Problem in unseren Entwicklungspart-
      nerschaften, auch nicht mit den Universitäten. Problematischer sind die
      unterschiedlichen Innovationszyklen: Consumer-Elektronik taktet im Halb-
      jahresrhythmus, die Automobile im Fünf-bis-Sieben-Jahres-Zyklus. Ein
      Presswerkzeug zu planen und zu erstellen dauert deutlich über ein Jahr. Da ist
      die Consumer-Elektronik schon wieder zwei Zyklen weiter.

S: **Ist Open Innovation dabei nur ein Schlagwort oder spielt das in Ihrem
      Geschäft eine explizite Rolle?**

N: Schon vor circa zehn Jahren haben wir eine virtuelle Innovationsplattform
      im Netz gegründet, wo Universitäten, aber auch Privatpersonen, Vorschläge
      einbringen können, die regelmäßig ausgewertet werden. Wir haben auch
      „unlösbare Aufgaben" ins Netz gestellt, um gezielt nach Lösungsansätzen zu
      suchen. Aber nicht so konsequent, wie die chemische Industrie das macht.

P: Das ist etabliert. Wir haben eine starke Business Development-Organisation
      und Gruppen in der Forschungsorganisation, die für den Import von Ideen
      zuständig sind. Diese Kollegen beschäftigen sich den ganzen Tag nur mit
      Kooperationen. Mit wem könnten wir noch netzwerken, was könnten wir
      da noch besser machen, wo passt welches Programm bei uns rein? Ein Bei-
      spiel: Ein wesentlicher Teil der Wirkstoffforschung ist die Entdeckung und
      Beschreibung eines Wirkprinzips, das man Target nennt. In diesem Prozess
      stellen sich zwei wesentliche Fragen: Gibt es ein Target, das bei bestimm-
      ten Krankheiten eine Rolle spielt? Und wenn ja, welches Target ist das rich-
      tige? Besonders attraktiv ist es natürlich, ein neues Target auszuprobieren,
      weil das Patentfreiheit schafft, die Wettbewerbsfähigkeit stärkt und auch die
      Möglichkeit bietet, eine Sprunginnovation zu verwirklichen. Solche Targets
      entdeckt man in der industriellen Forschung nur selten. Das sind Nobelpreis-
      aufgaben. Es gibt Fälle, wo wir das selber gemacht haben, aber das sind abso-
      lute Ausnahmen. In der Regel nutzt man Erkenntnisse aus der Wissenschaft.
      Wir beschreiben das Target dann noch besser. In diesem Kontext haben wir

vor zwei bis drei Jahren ein Programm ausgeschrieben, mit dem Ziel, neue Targets kennenzulernen. Das Programm heißt „Grants4Targets". Das Programm haben wir z. B. in der berühmten Zeitschrift *Nature* ausgeschrieben. Die besten Arbeiten wurden publiziert. Mit riesigem Erfolg. Wir haben die Forscher auch eingeladen, mit uns zusammenzuarbeiten, unsere Infrastruktur und Expertise zu nutzen, um die Targets weiterzubeschreiben – ohne einen Anspruch auf Patente zu erheben. Wobei wir aber eine spätere Kooperation, auch in kommerzieller Hinsicht, nicht ausgeschlossen haben. Dieser flexible Ansatz war einmalig in diesem Forschungsbereich; und entsprechend erfolgreich. Fast 1000 neue Targets wurden vorgestellt. Und 100 davon sind noch in Bearbeitung.

Welche Rolle spielen Tools beim Innovieren?

S: Sie besitzen ein ausgeprägtes System an Innovationsprozessen mit Meilensteinen, Referenzprozessen und vielem mehr. Was sind die zwei Toppunkte, die Ihre Innovationsprozesse besonders erfolgreich werden lassen?

R: Erstens: Von wenigen Ausnahmen und einem sehr überschaubaren Budget für explorative Ideen abgesehen, gibt es bei uns keine Projekte, bei denen die Wahrscheinlichkeit, daraus ein Geschäft machen zu können, nicht überprüft wird. Ein solcher Plausibilitäts-Check ist ein ziemlich feinporiger Filter. Das erzieht sehr früh zu der Denke, dass ein Projekt am Ende immer in ein Geschäft münden muss. Wenn es nicht mal ein Szenario dafür gibt, dann machen wir das Projekt nicht. Und das bringen wir auch unseren kreativen Entwicklern sehr früh bei.

Und zweitens: Es gibt einige wenige, aber verbindliche Regeln, die mögliche Vorgehensweisen einschränken. Langfristige Verlässlichkeit und Kompatibilität sind ein Thema, für das Siemens steht, weil unsere Kunden unsere Lösungen langfristig einsetzen. Wir setzen deshalb auch konsequent auf offene Schnittstellen. Das setzt gewisse Grenzen für technologische Lösungen. So darf man zwar Consumer Electronics verwenden – aber nur so, dass deren kurze Zyklen sauber von der Kernentwicklung abzukoppeln sind, damit diese unterschiedlichen Zyklen auch darstellbar sind. Diese Regeln bilden für unsere Innovatoren unverrückbare Leitplanken, sind wichtig und Teil unseres Erfolgs.

© Springer Fachmedien Wiesbaden 2015
W. Seidenschwarz et al., *Führend innovieren*,
DOI 10.1007/978-3-658-05468-7_8

N: Erstens: gezielte Gateway-Steuerung mit Selektionskriterien.
    Zweitens: klares Commitment im Konzern, egal bei welcher Krise immer
    einen Freiraum für Innovation zu belassen. Das haben wir auch immer durch-
    gehalten und immer unsere „Saatkartoffeln" gepflanzt.

P: Fokussierung, totaler Fokus. Lieber ein Projekt mal nicht machen. Aber die
    richtigen Projekte machen. Und Fokalität – Konzentration auf das Wesentli-
    che – auch, was den Ressourceneinsatz anbelangt. Immer auch nach dem Geld
    schauen und rigoroses Ausfiltern. Hart diskutieren, das ist das Wichtigste.

S: **Die Richtung vorgeben heißt auch Filtern – Auswählen. Strategie heißt**
    auch „nein" sagen. Wie lernt man die Kunst des Filterns, welche Themen
    und Technologien aus Grundlagenforschung, Technologieentwicklung
    und Vorentwicklung jeweils die nächsten Stufen passieren sollen?

R: Ganz schwierig, weil es keinen einfachen Algorithmus gibt. Was man ja letzt-
    endlich beantworten will: Kann das grundsätzlich ein Geschäft werden? Dafür
    muss man sich die Kundenbrille aufsetzen: Worin besteht der Nutzen? Kann
    der Kunde diesen Nutzen leicht erkennen und wird er bereit sein, dafür zu
    zahlen? Gerade im B2B-Geschäft fragt sich der Kunde, aus welchem Investi-
    tionstopf er das Geld nehmen will und ob er damit eine bessere Gewinn- und
    Verlustrechnung haben wird. So etwas sind generische Filter, die im B2C
    etwas anders angewendet werden als im B2B-Geschäft. Je spezifischer ein
    Filter wird, desto schwieriger ist auch der Umgang damit. Es birgt die Gefahr,
    echte Paradigmenwechsel mit auszufiltern und dadurch wichtige Trends zu
    verpassen. Wenn man zum Beispiel einen Technologiefilter darauf legt, wird
    vielleicht gerade die neue, erfolgversprechendste Technologie ausgefiltert.
    Deswegen dienen in erfolgreichen Unternehmen eher die generischen Filter
    als Entscheidungshilfe. Letztlich bleibt es eine Managemententscheidung, die
    manchmal auch auf dem richtigen Riecher beruht. Aber das ist schließlich
    Teil unseres Jobs. Beim Führen geht es schließlich immer um „Führen in
    Unsicherheit".

S: **Die menschliche Komponente ist also wichtig?**

R: Ein gutes Beurteilungsvermögen ist wichtig, der Mut zur Entscheidung.
    Was für das Filtern gilt, gilt auch für erfolgreiches Führen: es gibt keinen
    Algorithmus, aber da hilft auch nicht der Zufall. Es geht am Ende immer um
    Entscheidungen auf Basis einer – im wörtlichen Sinne – soliden Due Dili-
    gence, also was ich mit der „gebührenden Sorgfalt" nachfragen, analysie-
    ren, objektivieren kann. „Give me more detail" ist oft eine faule Ausrede,
    sich um Entscheidungen zu drücken – weil Fakten zwar extrem wichtig sind,

ab einem bestimmten Punkt für eine fundierte Beurteilung aber nicht mehr weiterhelfen.

S: **Das heißt, erfolgskritisch ist die Bereitschaft, sich mit den Dingen auch in der Tiefe auseinanderzusetzen. In vielen Unternehmen gibt es Beispiele für schnelle Managementsitzungen, wo man kurz mal auflistet, „was machen wir alles?", wo dann aber nicht mehr die Zeit zum Reflektieren bleibt. Es ist in vielen Fällen oft eher ein Durchwinken.**

R: Genau da fehlt dann aber die gebührende Sorgfalt. Das richtige Maß zu finden, ist entscheidend. Denn bei zu wenigen Details gilt umgekehrt auch: Je weniger man gebührende Sorgfalt walten lässt, desto mehr würfelt man.

P: Also Filtern ist erst mal was Gutes – das Unwichtige vom Wichtigen zu unterscheiden. In den späten Phasen der Forschungsentwicklung ist das eher leichter, weil man da mehr weiß, mehr Daten vorhanden sind, mehr Unsicherheit genommen ist. Schwierig ist es in den Anfangsphasen, wo viel Unsicherheit da ist, wo die Projekte viel versprechen, aber keiner weiß, ob es wirklich so ist und wenn es um neue Technologien geht, die man noch nicht bewerten kann. Aber da ist es einfach notwendig, dass man ein starres, auch tiefgehendes Gerüst hat für die Beschreibung von Projekten, und vor allen Dingen die wissenschaftliche Beschreibung von Projekten. Der Markt ist natürlich wichtig. Ich will sowieso nur in Märkten aktiv sein, von denen ich überzeugt bin, dass wir da etwas erreichen können. Und die dazugehörigen Marktanforderungen muss ich natürlich beschrieben haben. Aber damit ist es auch genug in den frühen Phasen. Vor zehn Jahren haben wir den Fehler gemacht, als Industrie, in frühen Phasen zu viel über Margen zu reden und Projekte dadurch totzurechnen – viel zu früh rauszufiltern.

Also am Anfang geht es um die solide Tiefe, um die Beschreibung und das tiefe Verständnis des wissenschaftlichen Rahmens eines Projekts. Und es geht um eine breite Diskussion im Team aller Funktionen in der Forschung. Dann kann man vernünftige Entscheidungen treffen.

S: **Was sind das für wissenschaftliche Kriterien?**

P: Da geht es bspw. um das Wirkprinzip, das sie durch ein Arzneimittel beeinflussen wollen. Ist das gut genug beschrieben, wissen wir darüber genügend, was macht die Konkurrenz, haben wir Freedom to Operate, haben wir überhaupt chemische Leitstrukturen, von denen wir glauben, dass wir eine Wirkung erreichen können? Und dies sind nur einige der vielen Fragen, die wir stellen (s. Abb. 8.1)!

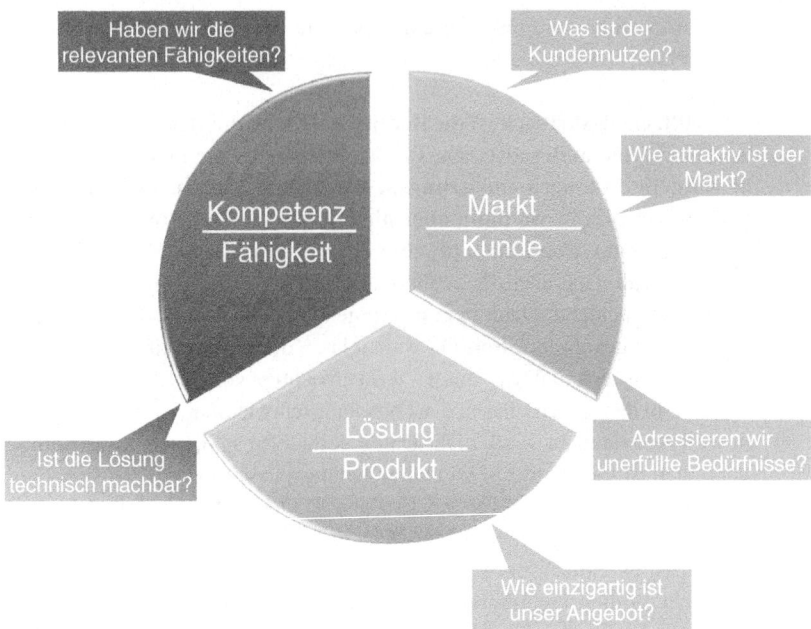

Abb. 8.1 Kriterien, nach denen Bayer Innovationen bewertet

S: **Ist die letzte Entscheidung dann eine persönliche?**

P: Also der Prozess hilft natürlich. Es wird öfter diskutiert, eine Entscheidung entwickelt sich. Aber in den wenigsten Fällen ist es eine Entscheidung, die nur durch die Datenlage getragen wird. Das gibt's fast gar nicht. Es ist fast immer ein Ermessensentscheid, weil in unserer Branche die Sicherheit eben nicht gegeben ist, dass der nächste Schritt zum Erfolg führt. Die Erfolgswahrscheinlichkeiten von Projekten sind klein, auch in den letzten Schritten der Entwicklung. Bei uns müssen sich die Menschen schon noch entscheiden. Der Leiter eines Projektkomitees hat schon einen fast unheimlichen Einfluss auf das Wohlergehen der Firma, mittel- und langfristig – zum Guten wie zum Schlechten. Jetzt verstehen Sie vielleicht noch besser, wie kritisch hier die Auswahl der richtigen Mitarbeiter ist.

S: **Hat dann auch ein Vorstand diese Entscheidung zu treffen?**

P: Die Entscheidungen werden eher in den Bereichen getroffen. Nehmen wir einmal an, wir überlegen uns, ob wir ein biologisches Wirkprinzip als Arzneimittel-Target nutzen wollen. Das entscheidet der Leiter unserer Arzneimittelforschung. Natürlich mischt sich der Leiter des HealthCare Geschäfts ein. Das dient aber eher zum kritischen Hinterfragen, zum Verstehen, zum Verproben. Aber letzten Endes ist es seine Entscheidung in seinem Team. Und wenn die Forschung in eine neue Technologie geht, dann muss der Bereichsleiter schon dafür Sorge tragen, dass eine fruchtbare Diskussion in seiner Gruppe stattfindet. Das ist sehr wichtig. Bei einem Ermessensentscheid muss der Anspruch für eine Entscheidungsfindung hoch sein. Die Latte muss quasi sehr hoch liegen. Der Vorstand ist z. B. gefordert, wenn es um neue Therapiegebiete, externe Kooperationen und Ressourcen geht.

S: **Mussten Sie in den letzten Jahren eine Stopp-Entscheidung treffen?**
P: In den frühen Phasen naturgemäß viele. Aber in den späten teureren, kritischen Phasen mussten wir dies in den letzten Jahren nicht mehr tun.
N: Bei BMW ist die Marke ein starkes Filterkriterium. Weitere Filter sind: Wie schnell kann man die Innovation auf den Markt bringen? Wie risikobehaftet ist sie? Muss man die Technologie erst entwickeln? Und dann sind Themen wie einmaliger Entwicklungsaufwand, erwarteter Kundennutzen von besonderer Relevanz. Man kann hier viele Kriterien heranziehen. In jedem Fall muss man aber das, was man verfolgen will, selektieren und dann konsequent vorantreiben. Wer aus Angst zu viele parallele Projekte vor sich hertreiben will, wird keines ins Ziel bringen. Mit den Filtern sollen, wie in der Evolution, die Starken von den Schwachen getrennt werden. Und dann müssen im Übrigen noch die zarten Pflänzchen geschützt werden.

S: **Wie viele Personen sind an diesen Filterprozessen beteiligt? Wenn zu viele Personen mit zu vielen Kriterien zu viel bewerten, tritt ja auch der Zufall durch die Tür herein.**
N: Bei BMW sind das wenige Personen. Es ist eine kleine, feine Mannschaft in einem Mix aus Vertriebs- und Marketingspezialisten, Controllern, Entwicklern und Strategen, die diesen Prozess managen. Das Management nimmt die Empfehlungen in der Regel an. Es gibt aber Ausnahmefälle, wo z. B. ein Vorstand gewisse Innovationen speziell in einen Schutzraum stellt und das Tracking persönlich überwacht.

S: **In nahezu allen Unternehmen gibt es in den Entwicklungsprozessen sogenannte Meilensteine auf Basis von Stage-Gate-Modellen. In den meisten Unternehmen ist bekannt, dass die erreichten Ergebnisse zu den gewünschten Zwischenzielerreichungen voneinander abweichen. Was läuft da falsch?**

R: Ich glaube, der Knackpunkt ist, dass man einen automatischen Zusammenhang unterstellt, der so hart nicht existiert. Das Erreichen von Zwischenzielen ist weder eine hinreichende noch eine notwendige Bedingung für den Erfolg am Ende. Es gibt sicher eine Korrelation, aber keinen harten Algorithmus. Das sehe ich aber entspannt. Das ist Statistik. Denn bei der Breite und Menge, die wir durch solche Prozesse schieben, gibt es für jede Kategorie mindestens einen Ausreißer.

S: **Haben Sie eine höhere Disziplin in der Meilensteinerreichung?**
N: Eine gewisse Diskrepanz ist systemimmanent. Eine Innovation lässt sich nicht exakt vorausplanen. Verzögerungen sind die Regel. Deswegen sehen wir das nicht technokratisch und schauen uns die Themen an sich genau an. Natürlich prüfen wir da auch die Zeitschiene, weil viele Innovationen an Neu-anläufe gebunden sind. Und manchmal muss man dann auch entscheiden und die Notbremse ziehen, selbst wenn schon ein Teil des Geldes ausgelöst wurde.

S: **Meilensteindurchsprachen kommen oft nicht genügend in die Tiefe, um die Herausforderungen substanziell genug diskutieren zu können.**
N: Das funktioniert auch nur dann, wenn man nicht zu viele Ideen parallel in der Pipeline hat. Eine frühe Fokussierung ist erfolgskritisch. Fünf bis zehn Top-Innovationen pro Marke sind realistisch.
P: Eine langfristige Entwicklung ist ein Evolutionsprozess. Wenn man von einem Zehn-Jahres-Zyklus redet, wie bei uns in den Lebenswissenschaften, da kann ruhig mal ein anderes Ergebnis auftauchen als das anvisierte. Das ist systemimmanent. Wichtig ist nur, dass man die Meilensteine dazu benutzt, um daraus zu lernen und in der Planung besser zu werden, für den nächsten Meilenstein und für die nächsten Projekte. Generell muss das Ziel schon sein, Planungssicherheit zu erreichen – und dann auch eine hervorragende Exeku-tion zu haben. Wohl wissend, dass das nicht bei allen Projekten so sein kann. Woran es meistens mangelt, ist, dass nicht genügend gelernt wird aus nicht gut gelaufenen Projekten, dass nicht genügend kommuniziert wird, über die Funktionen hinweg.

S: **Lassen Sie mich mal auf ein paar Themen eingehen, die sehr viel Vorlauf brauchen, bis sie gut funktionieren: Produktarchitekturen, Baukästen, Modularisierungen.**
R: Ist für uns wichtig aus genau dem Grund, dass Skaleneffekte bei vielen Pro-dukten ein Erfolgsfaktor sind – spätestens, wenn wir über Kosten reden. Deshalb denken wir über Modularisieren nach, auch über die Frage, welche Dinge wir selbst machen, welche wir als hochqualitative Komponente von

anderen besser und billiger zukaufen können, weil diese Hersteller zum Beispiel Skaleneffekte haben. Deshalb ist eine solide Modularisierung wichtig. Sie sollte nur nicht in einer reinen Kombinatorik enden, bei der das Ergebnis nur die Summe aller Teile ist. Dann hätten wir nur noch eine ganz dünne Wertschöpfung beim Produkt. Denn wenn jemand anderes das Ganze wie bei Lego-Bausteinen zusammenbauen kann, dann macht er das vielleicht auch bald selbst. Also gilt: Wenn die Systemintegration nur noch eine Kombinatorik wäre und keine eigene Wertschöpfung mehr hätte, dann wird es gefährlich für die eigene Wettbewerbsfähigkeit. Da muss man aufpassen. Das ist die Grenze der Modularisierung.

S: **Bei BMW hat sich dazu in den letzten Jahren sehr viel getan. Und Sie können das besonders gut beurteilen: Sie waren der Chef der Konzeptentwicklung für BMW, dann haben Sie MINI geleitet und heute leiten Sie die M GmbH. Sie durften sich also mal als Standardisierungsliebhaber versuchen, fanden sich dann aber sicherlich auch oft in einer Lage, Standardisierungen eher ablehnend gegenüberzustehen. Wie wägt man Nutzen und Spannungsfelder ab?**

N: Das ist eine der schwierigsten Aufgaben überhaupt. Der Premiumkunde möchte die spezifische Lösung, segmentadäquat und keinen Standardbaukasten. Das ist eine Frage der Spreizung. Man muss vorher definieren, wo es Klassensprünge gibt, z. B. von der Verbundlenkerachse zur Mehrlenkerachse. Der Kunde ist dort aber immer das Maß der Dinge. Tendenziell bauen wir im Zweifel eher das Bessere ein und gehen nicht an die Grenze des Akzeptablen. Das ist teurer, aber für einen Premiumhersteller angemessen. Wenn man im negativen Fall mal eine Marke verbrannt hat, ist das viel schwerer zu reparieren. Aber auch wir brauchen Baukästen, um wirtschaftlich zu arbeiten.

P: Bei Bayer haben wir andere Plattformen als in der Autoindustrie. Unsere Plattformen sind Technologien, sind Targets, sind Molekülbibliotheken, sind Analysetechniken, sind Verfahrenstechniken.

Für uns ist eine Plattform eher ein Werkzeug in einem großen Werkzeugkasten. Wir sehen Plattformen nicht so sehr als Standardisierungsform, wie das wahrscheinlich in der Autoindustrie oder in der Elektroindustrie der Fall ist. Dort führt das dann zu anderen Kosten und zu schnelleren Entwicklungszyklen. Das sehen wir nicht ganz so; obwohl es hier sicher Parallelen gibt. Vielleicht könnte man da etwas voneinander lernen. Über die Industrien hinweg.

Containerisierung von Fein- und Spezialchemie – das Beispiel einer disruptiven Verfahrensentwicklung

Die Invite GmbH ist ein Public Private Partnership der Bayer AG mit der TU Dortmund. Bei diesem „Think Tank mit angeschlossener Umsetzungseinheit" handelt es sich um eine Open Innovation-Plattform. Ziel ist es, innovative Produktionskonzepte für die chemische und pharmazeutische Industrie in präkompetitiven Forschungs- und Entwicklungsprojekten, zusammen mit Partnern aus Industrie und Wissenschaft, zu entwickeln, in bilateralen Kundenprojekten zu realisieren und damit die Industrialisierung dieser neu entwickelten Technologien vorzubereiten. Die Einheit an sich verfügt über überschaubare eigene Ressourcen von ca. 20 Mitarbeitern, arbeitet jedoch in einem Partnernetzwerk mit über 50 Unternehmen und Institutionen und kann auf ca. 300 Technologen bei der Bayer Technology Services zurückgreifen.

Im Fokus der Arbeiten steht das Modularisierungskonzept „Plug and Produce", das einen Paradigmenwechsel in der Produktion der Fein- und Spezialchemieindustrie einläuten könnte: Chemikalien werden nicht mehr in großen, dedizierten Anlagen hergestellt, sondern in modularen, kontinuierlich betriebenen kleineren Einheiten. Analog dem Lego-Prinzip können Chemiefabriken schnell, flexibel und modular aufgebaut werden: Die einzelnen Module werden in einem Container, der die Superstruktur für das Equipment vorgibt, montiert. Zur Steigerung der Produktionsmenge besteht zudem die Möglichkeit, mehrere Container miteinander zu verbinden.

Die Entwicklung dieser modularen Anlagen war nur deshalb möglich, da sich führende europäische Chemiefirmen in einem durch die EU geförderten Forschungsprojekt namens F³ Factory auf gemeinsame Richtlinien für deren Design und Aufbau verständigt haben. Ein wesentlicher Erfolgsfaktor war zudem, dass der Test der Anlagen unter einem Dach – im Technikum der Invite – durchgeführt wurde. So konnten die Partner aus Industrie und Wissenschaft ihre Erfahrungen effizient austauschen und sich gemeinsam auf einer Lernkurve bewegen. Jeder der beteiligten Partner kann innerhalb der Produktlaufzeit sowohl eigene Patente für die Verfahrenstechnik anmelden als auch die Patente der Partner während dieser Zeit nutzen. Details über die hergestellten Produkte werden hingegen nicht im Projektkonsortium besprochen und ausgetauscht.

Motivation für alle Beteiligten ist das enorme Potenzial, das in den modularen Chemieanlagen im Containerformat aufgrund der Ergebnisse von F³ Factory gesehen wird: Das sind zum einen die flexiblen Einsatzmöglichkeiten der Module; sie erlauben die Menge und den Ort der Produktion genau auf die lokalen Marktbedürfnisse anzupassen. Sie zeichnen sich durch Wirtschaftlichkeit aus; das bezieht sich sowohl auf deren wettbewerbsfähige Investitions- als auch laufende Kosten. Die Technologie ermöglicht eine schnellere Produkteinführung: Die Dauer von der Forschung zur Markteinführung ließe sich drastisch, um bis zu 50 %, reduzieren. Zudem resultiert aus der kontinuierlichen Prozessführung eine intrinsische Sicherheit der Containeranlagen.

Im Projekt F^3 Factory, das Mitte 2013 endete, haben die Partner bewiesen, dass modulare Anlagen aus technischen, ökonomischen und ökologischen Gründen machbar sind.

Aktuell arbeiten die beteiligten Firmen daran, die noch vorhandenen technischen Herausforderungen anzugehen – beispielsweise den Umgang mit Feststoffen zu optimieren oder für eine versiertere Ansteuerung und Automation der modularen Einheiten zu sorgen. Dies erfolgt u. a. erneut durch gemeinsame Anträge und Beteiligung an öffentlichen Ausschreibungen. Den involvierten Firmen wurde in den vergangenen und laufenden Gemeinschaftsprojekten klar, dass disruptive Entwicklungen am besten im Schulterschluss angegangen werden sollten – sowohl aus Gründen der Risikominimierung als auch der Komplementierung der benötigten Kompetenzen in einem starken Partnernetzwerk.

Zudem engagiert sich Invite gemeinsam mit BTS in Projekten mit den Bayer Teilkonzernen und Bayer-externen Kunden an der Realisierung erster kommerzieller Anlagen. Die Erfahrungen mit diesen ersten Piloten wird ein weiterer entscheidender Meilenstein für den breiten Einsatz der vielversprechenden Produktionsplattform sein.

© Mit freundlicher Genehmigung der Bayer AG

S: **Bei Siemens lebt man allein schon im Industriegeschäft mit einer ungeheuren Sortimentsbreite. Welche Orientierung geben Sie Ihren Entwicklungsteams?**

R: Da gibt es kein Rezept. Man muss stets aufpassen und wachsam sein, denn an den Rändern des Portfolios gibt es immer wieder die Tendenz zum Ausfransen. Deshalb muss man dort gelegentlich die Schere ansetzen und glattschneiden. Es gilt ganz bewusst zu entscheiden: Bis zu diesem Punkt wollen wir mit unserem Produktportfolio gehen, und da nähen wir jetzt die Kante. Wir haben zum Beispiel in der Fertigungssensorik einst Näherungsschalter produziert und irgendwann entschieden, das nicht mehr zu tun. Die Schnittstellen waren eindeutig und es gab einen Spezialisten, von dem wir die Schalter dann bezogen haben. Solche Arrondierungen sind immer notwendig. Portfoliomanagement ist eine permanente Herausforderung: Wo ergänzen wir unser Portfolio bewusst? Aber auch: Wo sollten wir Fransen abschneiden? Das gilt insbesondere, wenn es nicht nur Flusen sind, sondern jemand Interesse an diesen Fransen hat – also bereit ist, uns diesen Teil abzukaufen.

Es ist in jedem Fall eine eigenständige Aufgabe, das Portfolio handhabbar zu halten. Das reicht von großen Milliardendeals bis zu den kleinen Teilen. Wenn die Welt so einfach wird, dass sie nur noch rote und grüne Schalter braucht, sollte man aufhören, gelbe Schalter zu produzieren.

Unsere Technology-to-Business-Center sind ein Beispiel dafür, wie wir gewinnbringend mit Technologien umgehen, die wir nicht selbst brauchen, aber die noch einen Wert haben. Das galt bei uns im Hause für Piezostacks. Die hatten wir bei uns nicht mehr im Portfolio gesehen. Das Wissen dazu hatte aber einen bestimmten Wert für andere Unternehmen. Also entschieden wir: Wir gliedern das aus. Andere führen das wieder zum Erfolg. Nach dem Motto: „Das Know-how an sich ist ein Asset, lass uns diesen Wert heben."

Systematisch Portfolios bereinigen – die Technology to Business-Center bei Siemens

Eine sehr praxisbezogene Form der Kooperation sind bei Siemens die sogenannten Technology-to-Business-Center (TTB). Sie identifizieren neueste Technologieinnovationen von aufstrebenden Start-ups, einzelnen Entwicklern, Universitäten und Forschungslabors. Dabei werden zum Beispiel Auftragsarbeiten vergeben. Aus erfolgreichen Projekten können sich so neue oder verbesserte Siemens-Produkte, neue Siemens-Geschäftsaktivitäten oder neue unabhängige Partnerschaften ergeben. Die TTB-Center befinden sich in Berkeley (Kalifornien), Shanghai (China) und München (Deutschland).

2014 legte Siemens zudem den neuen Venture-Capital-Fonds „Industry of the Future Fund" auf. Mit einem Volumen von 100 Mio. US-Dollar ergänzt er bereits bestehende Venture-Capital-Fonds von Siemens, konzentriert sich aber im Rahmen der „Industrie 4.0"-Strategie von Siemens insbesondere auf Innovationen im Industriebereich. Ziel ist es, Partnerschaften mit Unternehmen zu fördern, deren innovative Technologien und Visionen Produktionstechniken und Industrieautomatisierung grundlegend verändern könnten, die bestehende industrielle Märkte entweder revolutionieren oder durch bahnbrechende Technologien sogar ganz neue Märkte erschließen.

© Mit freundlicher Genehmigung der Siemens AG

S: **Welche Rolle spielen dann Tools im engeren Sinne beim Innovieren?**

R: Tools sind praktisch. Keine Tools zu verwenden, wäre unintelligent. Tools können fördern, tun aber nicht alleine die Arbeit. Diesen Realismus muss man behalten. Wo Tools hilfreich und effizient sind, muss man sie einsetzen. Wenn etwas mit ihnen leichter, schneller, besser geht, darf man nicht erlauben, dass jemand ohne sie herumdilettiert. Aber Entscheidungen werden einem durch Tools nicht abgenommen.

N: Nicht die entscheidende, aber eine wichtige.

P: Tools spielen eine große Rolle. Wir nutzen alles, was es an Tools gibt, um Entscheidungen zu ermöglichen!

S: **Was sind Ihrer Meinung nach die drei wichtigsten Tools beim Innovieren an sich?**

R: Eine nicht ganz einfache Frage. Ich fange mal von hinten an:

1. Tests, die Kompatibilitäten effizient prüfen, damit man nicht nach dem Zufallsprinzip alle Kombinationen durchtesten muss und nicht weiß, wann man fertig wird.

2. Nach vorne heraus: Kreativitätstools. Das kann jeder für sich selbst entscheiden – ob morphologischer Kasten oder Mindmap. Ich muss dort auf einer Metaebene kreativ sein, um unterschiedliche Unterstützung für die verschiedensten Nutzer zuzulassen.

3. Und wenn man dann zwischen diesen beiden Enden die Geschäftsperspektive sieht – und das sage ich jetzt nicht nur Werner Seidenschwarz zu Ehren –, ist das Target Costing unabdingbar, im Sinne einer wirtschaftlichen Darstellbarkeit und um den Abgleich zwischen Kundenwünschen und Zielkosteneinsatz darzustellen. Ohne das geht es nicht.

Target Costing from idea to value® – ein methodischer Gesamtansatz der Seidenschwarz & Comp. zum Entwickeln profitabler Hauptumsatzträger mit außergewöhnlicher Kundenzufriedenheit

Dass eine Methodik mit einem so irreführenden Namen zu einem Klassiker der Neuproduktentwicklung werden konnte, erscheint aus heutiger Sicht fast ein wenig überraschend. Dies gilt umso mehr, wenn man sich deren Zweck vor Augen führt: Target Costing dient dem Entwickeln von profitablen Hauptumsatzträgern (HUT), die für eine außergewöhnliche Kundenzufriedenheit sorgen. In seiner ursprünglichen Anwendung aus den Erfolgsstorys japanischer Unternehmen der 1970er und −80er kommend[1], hat die Methodik insbesondere zu Beginn der 1990er Jahre in Deutschland zu einer außerordentlich großen Verbreitung in deutschen Technologieunternehmen geführt. Pioniere mit nachhaltig außerordentlichem Erfolg waren zum damaligen Zeitpunkt Siemens (Sill 1995) und Audi.[2] Viele deutsche Industrieunternehmen sahen sich zu diesem Zeitpunkt einem großen Restrukturierungsdruck ausgesetzt, der sich durch eine in der Mehrzahl der Fälle ungenügende Kundenorientierung ausdrückte und sich in Overengineering und nicht-wettbewerbsfähigen Kostenniveaus (deshalb auch die ursprünglich hohe Bedeutung des „Costing") bemerkbar machte. Die Einführung des Target Costing führte zu einem fundamentalen Umbruch im Produktentwicklungsverständnis vom abrechnungsperiodenbezogenen Cost-Plus hin zum produktlebenszyklusbezogenen Preis-Minus. Auf einmal galt: „Es steht nicht mehr die Frage im Vordergrund ‚Was wird uns ein Produkt kosten?', sondern ‚Was darf uns ein Produkt kosten?'" (Seidenschwarz 1991). Das Ergebnis waren sog. goldene Produkte, also scharfschützenmäßig auf den Kundennutzen („market into company") hin entwickelte Produkte mit hoher Profitabilität.

Exzellente Anwender der Methodik steigerten die Profitabilität ihrer Produktfamilien nachhaltig, indem sie es verstanden, die Marktorientierung interdisziplinär und durchgängig in ihren Unternehmen zu verankern – beginnend beim Marktvorbau und bis hin zur Konzeptverabschiedung in den ersten 20 % der Produktentstehung sowie danach über die Folgephasen im Produktlebenszyklus hinweg. Sie verankerten das Konzept im Verständnis einer marktorientierten Produktentwicklung mit „Target Costing inside" und vereinten die Zielwert- *und* Zielkostenbetrachtung. Andere Anwender fielen zurück in den abteilungsspezifischen Trott und reduzierten ihr Vorgehen auf das Kostenreduzieren bereits vorher entwickelter technischer Konzepte. Nicht selten gingen dann unter dem Deckmantel eines Design to Cost nach Konzeptverabschiedung Kundensichten und Differenzierungsmerkmale endgültig verloren. Gerade die aus dem Target Costing hervorgehenden Pro-

---

[1] Dort war das Target Costing die dominierende Methodik, die dem – für die Produktion unter dem Namen Lean Production einen weltweit beispiellosen Siegeszug feiernden, „dahinter liegenden" – Konzept aus der Entwicklung heraus voranstand.

[2] Siehe bspw. die Veröffentlichung zum Deutschen Betriebswirtschafter-Tag: „Target Costing bildet den Kern unseres marktorientierten Kostenmanagements und basiert auf dem Ansatz nach Seidenschwarz, der sich heute auch zunehmend im Unternehmen etabliert." (Sill 1995).

dukte zeichnen sich aber dadurch aus, dass es ihnen in besonderem Maße gelingt, die vom Markt kommenden Kundenerwartungen mit den eigenen Markenwerten und den dafür eingesetzten Konzepten und Ressourcen so in Einklang zu bringen, dass sie als „besonders stimmig" („da passt alles zusammen") gelten.

Als vorrangig für Investitionsgüter und komplexe Gebrauchsgüter eingesetzte Methodik hat sich das Target Costing und dessen Einsatz seit dessen Aufkommen ständig erneuert und weiterentwickelt. Die Topanwender finden sich vor allem in den Branchen Automobil, Automatisierung, Maschinen- und Anlagenbau, der Elektroindustrie, der Medizintechnik.

Mit dem klassischen Target Costing existieren heute für die Entwicklung von profitablen Hauptumsatzträgern wohl etablierte Vorgehensmodelle from idea to value®, das sich in ihren Varianten insbesondere darin unterscheiden, inwieweit in den HUT-Entstehungsprozessen System-, Hardware-, Software-, Dienstleistungs-, Konsumerelektronikanteile, Architekturen, Plattformen und/oder Baukästen zu berücksichtigen sind.

Das Target Costing der zweiten Welle (Seidenschwarz 2014) treibt auch die Innovationen an sich voran: Wie denkt man die übernächste Produktgeneration voraus? Wie wird ein stimmiger Anschluss an Baukastenansätze hergestellt? Wie schafft man den Freiraum für radikale Innovationen? Wie lassen sich mithilfe des Target Costing Vertriebssysteme und Softwareprodukte gestalten?

Insbesondere der Marktvorbau, also alles, was man vom Markt im Vorlauf der Entwicklungsarbeiten wissen muss, hat sich in den letzten Jahren weiterentwickelt – sowohl, was die Vorarbeiten als auch deren Einarbeiten in den Entstehungsprozess betrifft. So hat sich beispielsweise die Analyse der Kundenprozesse – von Beginn an zentraler Bestandteil der Methodik – so weiterentwickelt, dass man heute auf Basis von Customer Journeys sogar eine geschickte Vorausschau auf Basis von Einzelerlebnissen der Kunden einzubringen vermag.

Eine andere Bereicherung und Revitalisierung des dem Target Costing zugrundeliegenden Prinzips des „Unternehmers im Unternehmen" in Person sogenannter Heavy-weight Project Leaders, die in der Regel den integrierten Marktteams im Target Costing voranstehen, kommt aus dem modernen Lean-Start-up-Konzept. Dadurch entstehen einesteils schnell anfassbare und durch den Markt bewertbare Produktkonzepte, die zu spürbaren Beschleunigungen der Time-to-Market und frühzeitig ausgetesteten Konzepten führen. Anderenteils werden dadurch festgefahrene Unternehmensstrukturen „verti-

kutiert" und beweglicher gemacht sowie die Türen zur fundamentalen Weiterentwicklung von Geschäftsmodellen geöffnet.

Die Anwendung des Target Costing hat sich in den letzten Jahren – über
das klassische Target Costing für die Produktentwicklung – stark in Richtung der Entwicklung von ganzen Produktfamilien und Geschäftsmodellen
erweitert. Der Unternehmer im Unternehmen bekommt damit ein vielseitig
einsetzbares Vorgehensmodell an die Hand, das es ihm erlaubt, Innovationen
in profitable Hauptumsatzträger unterschiedlichen Ausmaßes zu verwandeln
– soweit man sich traut, den Weg überzentralisierter Bürokratenmodelle,
überdeterminierter Prozesslandschaften und „Hauptsache, wir setzen alle
Tools ein, die es gibt, auch wenn sie nicht zusammenpassen." zu verlassen
und einen marktorientierten Weg mit „Target Costing inside" (s. Abb. 8.2)
einzuschlagen.

© Mit freundlicher Genehmigung der Seidenschwarz & Comp. GmbH

N: Erstens: Alles, was einem hilft, über den Tellerrand zu schauen und sich Anre-
    gungen und Informationen aus ganz anderen Gebieten holen, um dann eine
    erweiterte Basis zu besitzen und daraus frühzeitig einen möglichen Kunden-
    nutzen definieren zu können.

    Zweitens: Arbeitszeitmodelle, die uns helfen, in unseren Arbeitsumfeldern
    den Aufbau der richtigen Atmosphäre zu unterstützen.

    Drittens: Das „Basic Tool Set", das von Gateways über Zeitpläne bis hin zu
    einem (nicht zu stringenten) Business- und Vermarktungsplan reicht.

P: Es gibt Tools, die wir benutzen, um den wirtschaftlichen Wert, die Wirt-
    schaftlichkeit von Projekten, zu beurteilen. Das sind z. B. probabilistische
    Barwertanalysen und Sensitivitätsanalysen. Parameter, die uns darstellen, wie
    risikoreich ein Projekt ist. Und auf welche Risiken wir ganz besonders achten
    müssen.

    Dann setzen wir Strategietools ein: „Passt das in unsere Strategie?" Die
    sind eher qualitativ, mit Kriteriensets hinterlegt. Das Schlimmste, was man
    machen kann, ist irgendetwas anzufangen, was man eigentlich nicht wollte
    und das erst nach drei oder fünf Jahren merkt. Und dann gibt's natürlich
    Tools, die Projekte beschreiben – in ihrer Ausprägung, und zwar von der
    wissenschaftlichen, technischen Seite. Da gibt es klare Vorgaben, wann was
    abzuliefern ist, in welchem Stadium welche Daten vorliegen müssen. Und
    dann gibt es noch die Portfoliosicht, wo wir Projekte miteinander vergleichen

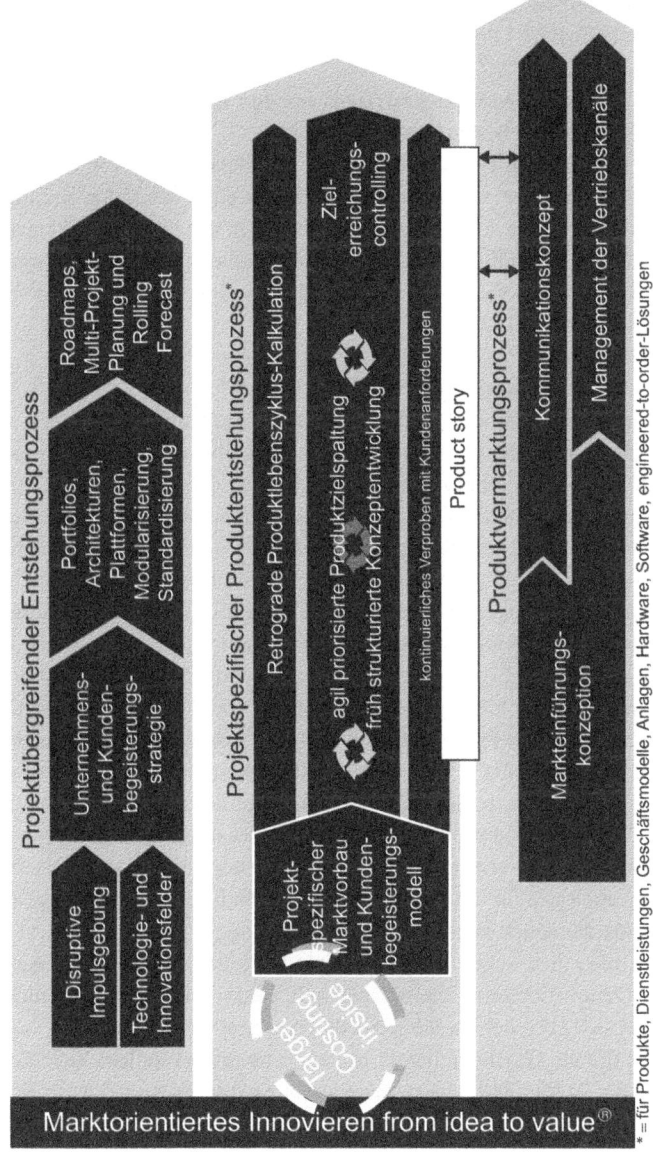

Abb. 8.2 Das Konzept marktorientiertes Innovieren mit Target Costing inside

und Prioritäten setzen. Das machen wir aber nicht jede Woche. Das machen wir dann einmal im Jahr.

S: **Welche Konzepte, Ansätze und Tools werden in Zukunft Ihrer Meinung nach besonders an Bedeutung gewinnen?**

R: In einer immer komplexer werdenden Welt wird das Prüfen von Querwirkungen immer wichtiger, sonst kommt man in der explodierenden Komplexität aus dem Testen nicht mehr heraus. Wir sollten in der Frage der Kompatibilitätstests sehr viel strukturierter und stärker toolunterstützt vorgehen, um diese Komplexität zu beherrschen. Ansonsten gibt es nicht die Fülle an Innovationen in der Welt der Tools.

S: **Wenn wir in Richtung PLM-Software denken?**

P: PLM-Software ist Standard in den Lebenswissenschaften. Wir brauchen eher noch mehr Tools, die uns helfen, schon frühzeitig zu entscheiden, welche Projekte einen großen Innovationssprung ermöglichen.

R: Pragmatisch ja. Man geht dort aus der physischen Notwendigkeit heraus. Ich bin ein großer Verfechter der digitalen Welt in der Innovation, weil sie Kreativität fördert. Mein Lieblingsbeispiel ist der Maschinenbauer, der ein Konzept als Prototyp zum Laufen gebracht hat. Die Gefahr ist jetzt, an diesem Prototypen inkrementell ständig weiterzuarbeiten. Einen solchen physischen Prototyp zu verwerfen und von vorne anzufangen, ist eine große Hürde. Zum einen steckt im ersten Prototyp viel Zeit und Geld. Zum anderen ist die Gefahr groß, dass der zweite Prototyp gar nicht wirklich besser wird. Und auch beim zweiten Konzept muss man wieder Schlüsselkomponenten aus dem ersten Konzept verwenden, beispielsweise in der Antriebstechnik den Controller. In einer digital reproduzierbaren Welt dagegen kann man auch Endprodukte direkt miteinander vergleichen. Das ist mindestens ein so großer Hebel für die Innovation wie für die gewonnene Geschwindigkeit und die eingesparten Kosten für die neuen Einzelteile für den Prototyp. Aber solche PLM-Tools sind für mich inzwischen so selbstverständlich, dass ich sie schon gar nicht mehr als Innovation sehe. Das hat man halt. Und wenn man es noch nicht hat, lässt man sich eben helfen. Ich stehe da gerne zur Verfügung.

N: Ansätze, die die Geschwindigkeit in den Vordergrund stellen. Viele Firmen, auch in der Automobilindustrie, werden es sich nicht mehr leisten können, sehr lange an Innovationen zu arbeiten. Geschwindigkeit wird ein noch wesentlicherer Erfolgsfaktor als er heute schon ist.

Des Weiteren sehe ich dank intelligenter Vernetzung von vorhandenen Funktionen ganz neue Innovationen in den Fahrzeugen Einzug halten, z. B.

die Vernetzung von Navigationsdaten mit dem Motor- und Fahrwerksma-
nagement bietet hier ungeahnte Möglichkeiten.

P: In den Lebenswissenschaften brauchen wir noch mehr Tools, die einem helfen zu entscheiden, wie hoch der Innovationssprung eigentlich ist, wie groß
der Benefit für den Kunden ist, wie hoch der Better-Life-Aspekt ist. Es geht
darum, herauszufinden, um wie viel wir besser sind als der Standard of Care.

S: **Es geht also um das Abschätzen von Nutzensprüngen?**

P: Ja, damit wir sicherstellen können, dass wir am Ende dort mehr Innovation
bekommen, wofür der Kunde bereit ist zu bezahlen. Und das muss ich vor der
Feldentwicklung oder der klinischen Entwicklung ableiten können. Das gilt
auch für die Kombination von Produkten mit Dienstleistungen und der Kombination von Produkten mit IT-Technologie. Es gibt bereits eine Arzneimit-
teltablette, in die ein Sender eingebaut ist. Über einen Empfänger kann man
feststellen, ob der Patient die Tablette genommen hat, was bei bestimmten
Krankheitsbildern wichtig ist, ggf. lebenswichtig. Man kann sich dann leicht
vorstellen, dass über dieses IT-Tool noch andere Daten erfasst werden, der
Blutdruck oder andere physiologische Daten. Dann haben wir plötzlich eine
riesige Datenmenge, die für die therapeutische Versorgung von Bedeutung
sein kann. Wie wir den Nutzen solcher Technologien bewerten, wie wir damit
umgehen, weiß ich noch gar nicht. Aber mit solchen Zukunftsfragen beschäftigen wir uns – inklusive der Folgefragen, die vor allem den sicheren und
verantwortungsvollen Umgang mit diesen teilweise sehr persönlichen Daten
betreffen.

S: **Durch zunehmenden Wettbewerb haben auch die Effizienzmaß-
stäbe an das Innovationsmanagement angezogen. Wie stellt man einen
hohen Return on Innovation sicher? Wie messen Sie diesen in Ihrem
Unternehmen?**

R: Es gibt Indikatoren dafür: Welche Ergebnisse hängen an Produkten welchen
Alters? Dies kann man nach den unterschiedlichsten Kriterien auswerten:
Nach dem Produktvolumen, nach dem Fertigungsbeitrag, dem Deckungsbei-
trag, nach Neukundenabschlüssen usw. Jeden Indikator für sich kann man
natürlich mit guten Gründen infrage stellen. Aber wenn man auf das ganze
Gebilde blickt, bekommt man eine Idee, wie das Tier unter dem Tischtuch
ausschaut. Es gibt aber nicht die oder die einzige Metrik.

N: Langfristig lässt sich das messen, aber nicht so kurzfristig, wie man das
möchte, und schon gar nicht von vornherein. Es hat sich gezeigt, dass man um
gewisse Leuchttürme herum Innovationen scharen muss, z. B. darf man beim
Leichtbau nicht auf den einen Big Bang hoffen. Die werden immer selten

bleiben. Sondern man muss viele Innovationen in diesem Feld bündeln und mit einer kontinuierlichen Vermarktung die Wahrnehmung der Innovationen beim Kunden stärken.

P: Da gibt es ein Instrumentarium, z. B. Umsatz der Produkte, die jünger als fünf Jahre sind, Anzahl und Qualität der Patente, Phasenübergänge in der Forschung und Entwicklung. Wichtig für uns ist aber, wie schon erwähnt, größere Innovationssprünge zu erzielen! Wirklich einen Unterschied für den Patienten zu machen! Wir gehen diese Frage gerade mit einem Projekt an. Das heißt „Breakthrough-Innovation". Da geht es darum herauszufinden, was dazu beiträgt, „wirkliche Innovationen" zu schaffen: „Welche Ziele müssen wir uns setzen? Müssen wir andere Wirkprinzipien nutzen? Wie bewerten wir die Möglichkeit von Innovationssprüngen? Können wir dazu schon Entscheidungen treffen in relativ frühen Phasen? Welche Rolle spielen Netzwerke? Welche Rollen spielen kreative Freiheiten von Wissenschaftlern? Müssen wir Änderungen am F&E-Prozess vornehmen?

S: **Wie verhindert man dann eigentlich in wirtschaftlich engen Zeiten, dass zu viel an Innovationen eingespart wird?**

R: Es erfordert in jedem Fall ein Gefühl der langfristigen Verantwortlichkeit, die aber oft mit der Quartalsdenke kollidiert. Wenn man jetzt spart, badet man das später wieder aus. Der heutige Applaus fürs Quartalsergebnis verwandelt sich schnell in Buh-Rufe, wenn in drei Jahren auf der Innovationsseite verloren wird. Das tut dann viel mehr weh. Gut beraten ist daher, wer im übertragenen Sinne die Prügel von morgen auf heute abzinst, d. h. sich bewusst macht, dass die Schläge in drei Jahren so grausam sein werden, dass sie schon heute schrecklicher erscheinen als die Watschen, die kurzfristig für schlechte Quartalszahlen zu erwarten sind. Das ist leicht gesagt, aber in der Realität nicht einfach umzusetzen, weil der Umkehrschluss auch nicht trägt. Wenn es finanziell eng wird, erwartet man einen Solidaritätsbeitrag auch aus dem PLM. Aber dafür das richtige Maß zu finden, ist wieder eine Entscheidung für den Einzelfall.

S: **Das heißt, es ist eine einsame Entscheidung des CEO, das durchzuhalten?**

R: Am Ende ja. Sie bekommen viele gute Ratschläge, nur die rote Linie müssen Sie selber ziehen. Wo da die richtige Grenze ist? Es sind Plausibilitäten. Wie viel Spielraum ist noch drin? Wie viel Varianz muss ein Prozess noch aushalten? Das Schwierige an Portfolioentscheidungen ist ja nicht, die unsinnigen einfach wegzulassen, weil diese nämlich sowie schon nicht mehr zur Entscheidung anstehen. Die Frage ist die Priorisierung. Deswegen habe ich mir angewöhnt, mir beide Seiten der Schnittlinie zeigen zu lassen: das attraktivste Projekt, das gerade noch durchgegangen ist, und das attraktivste, das gerade schon abgeschnitten wurde. Das hilft, die Entscheidungen zu plausibilisieren.

S: **Die berühmten fünfmal „Warum" fragen?**

R: Ja, nachfragen, ein Gefühl bekommen, wie viel Luft noch drin ist. Der Sache auf den Grund gehen.

P: Indem man sicherstellt, dass diese Budgets in gewissem Maße sakrosant sind. Dass diese Budgets zentral verwaltet werden. Ich gebe Ihnen ein Beispiel: In der Vergangenheit wurde in unserem Pflanzenschutzgeschäft ein Teil der Forschungs- und Entwicklungsbudgets in den Regionen verwaltet. Und was ist passiert? Am Jahresende hatten wir da immer noch ein bisschen Spielgeld übrig, um ggf. die Gewinn- und Verlustrechnung zu verbessern. Und das geht natürlich nicht. Und das gibt's auch heute nicht mehr. Das Geld wird zentral verwaltet. Und wir stellen sicher, dass Projekte entsprechend ihrer Bedeutung mit Ressourcen versorgt werden.

Literatur

Seidenschwarz, W.: Target Costing – Ein japanischer Ansatz für das Kostenmanagement, in: Controlling 1991, S. 199

Seidenschwarz, W.: Das Konzept marktorientiertes Innovieren mit Target Costing inside, Starnberg 2014, www.seidenschwarz.com

Sill, H.: Marktorientiertes Kostenmanagement – Erfahrungen im Hause Siemens, in: Schmalenbach-Gesellschaft für Betriebswirtschaftslehre: Reengineering, Stuttgart 1995, S. 180

Kunden warten nicht auf jede Innovation 9

S: **Kunden schätzen den Nutzen eines von ihnen eingesetzten Produkts in der Regel irrational hoch ein. Gleichzeitig stufen Unternehmen, die entwickelte Neuheiten in den Markt einbringen, deren Nutzen besonders hoch ein. Wie geht man in Ihren sehr erfolgreichen Unternehmen mit solchen bekannten Erkenntnissen um? Nicht jeder Kunde wartet auf jede Innovation.**

R: Das stimmt. Das schlägt sich schon in der Auswahl der Leitkunden nieder: Sie dürfen nicht zu exotisch sein, sonst repräsentieren sie nicht mehr den Markt. Sie dürfen aber auch nicht zu konservativ sein, sonst wirken sie innovationsfeindlich. Nur so bekommt man ein plausibles Maß für den Kundennutzen. Denn dieser Leitkunde sollte dir sagen können: „Hier überschätzt du den Impact." Und er sollte auch offen darauf hinweisen: „Der Impact ist wirklich gut, auch wenn das im ersten Augenblick vielleicht gar nicht danach aussieht." Das ist der einzige Weg: eine sehr bewusste Auswahl.

Das bedeutet aber nicht, aufgrund der guten Erfahrungen immer auf die gleichen Leitkunden zu setzen. Das ist zwar bequem, aber es verhindert den nötigen frischen Wind für Innovationen. Ab einem gewissen Punkt muss man sich eingestehen: Dieser Partner war vor fünf Jahren vielleicht noch der absolute Innovationsführer in der gedanklichen Auseinandersetzung, ist jetzt aber so erfolgreich, dass er zu wenig Veränderungsdruck verspürt und man daher mit ihm nicht mehr so weit kommt, wie man es selbst möchte. Dann muss man Ausschau nach innovativeren Leitkunden halten.

© Springer Fachmedien Wiesbaden 2015
W. Seidenschwarz et al., *Führend innovieren*,
DOI 10.1007/978-3-658-05468-7_9

S: **Wie hoch ist die Hürde dabei, wenn man das eigene deutsche Umfeld verlässt und z. B. nach China geht?**

R: Es ist als Managementaufgabe immer wieder eine Herausforderung. Denn am liebsten geht jeder von uns ja den leichten Weg. Aber wenn es darum geht, Querdenker zu hören, die vielleicht auch einmal unbequeme Dinge ansprechen, dann muss man das eigene Umfeld verlassen. Man muss mit Repräsentanten aus anderen Gruppen sprechen, wenn ich das Beispiel Werkzeugmaschinen nehme etwa auch mit einem Großserienhersteller wie Foxconn und eben nicht wieder nur mit dem mitteleuropäischen Mittelständler. Um die richtigen Fragen zu stellen, muss man den Markt kennen. Es hat einen gewissen Vorteil, wenn man als CEO sowohl seinen Markt als auch seine Kunden gut kennt.

N: Wir verkaufen Träume. Mit Automobilen wird mehr verbunden als der Nutzen alleine. Da hängen die Themen „Image", „Luxus", „Selbstverwirlichung" dran, sicher mehr als bei einfachen Konsumgütern. Das macht es uns einerseits leichter, das Risiko des Scheiterns ist aber auch größer.

P: Ich glaube, uns ist schon bewusst, dass in der Vermarktung an sich ein großes Risikopotenzial steckt. Wenn Sie ein Produkt als Arzneimittel in den Markt bringen, ist die Erfolgswahrscheinlichkeit (wenn es schon zugelassen ist) nur 30–35 %, dass es zu dem Produkt wird, zu dem Sie es machen wollen. Für uns spielt die Vorbereitung auf die Vermarktung eine wahnsinnig große Rolle. Dies beginnt schon Jahre vor der Zulassung!

Und so ähnlich ist es auch im Pflanzenschutzbereich. Wir müssen uns gründlich auf die Vermarktung vorbereiten und mit allem Fokus auch diese Vermarktung betreiben und das immer mit dem Wissen, dass wir nur einmal eine Chance haben, das Produkt erfolgreich zu vermarkten, nämlich beim ersten Mal. Wenn wir es dann nicht schaffen, dann ist es in der Regel vorbei.

S: **Über 50 % aller Neuproduktentwicklungen, die den Markt erreichen, ernten keinen wirtschaftlichen Erfolg. Das kann an den Produkten liegen. Das hatten wir vorher schon mal diskutiert. Das liegt oft aber auch an der Vermarktung. Wo liegen Ihrer Meinung nach hier die kritischen Punkte, an denen es immer wieder gerne scheitert?**

R: Die größte Falle ist es, Features aufzuzählen und nicht vom Kundennutzen zu kommen. Was ist der innovative Kundennutzen? Das hilft in der Produktdefinition, aber auch in der Vermarktung, weil man dann auch die Sprache des Kunden trifft.

N: In einem Beispiel gesprochen: Wenn man ein neues Automobil auf den Markt bringt, das 200 Innovationen hat, wird am Ende von dieser Liste beim Kunden nichts hängen bleiben. Es muss mir schon sehr frühzeitig klar sein, welche Innovationen ich besonders vermarkten möchte. Die Wahrnehmung eines Produktes als innovativ hängt in der Regel an drei bis vier Innovationen, nicht an der gesamten Breite. Viele Innovationen dienen der Erfüllung von Gesetzen und Auflagen. Das wird vom Kunden dann gar nicht als Innovation wahrgenommen. Diese Innovationen sind dann aber die Voraussetzung, um überhaupt am Markt mitspielen zu dürfen.

P: Woran es oft scheitert, woran es scheitern kann, ist die ungenügende Interaktion zwischen der Entwicklung und dem Marketing und zwar in der Zeit, bevor das Produkt im Markt angeboten wird. Es kann auch daran scheitern, dass das Produkt nicht richtig positioniert ist. Wenn man mit dem falschen Fuß in den Markt gegangen ist, mit den falschen Annahmen über den Wettbewerb, mit den falschen Annahmen über den vermeintlich wichtigen Patientennutzen. Aber was noch viel wichtiger ist, ist die Perzeption des Arztes! Wenn der Arzt das Produkt nicht versteht, wird er es auch nicht verordnen.

Das Wichtigste ist die totale Priorität auf das neue Produkt. Alles, was wir vorher hatten, gilt es nun zu vergessen. Ältere, auch erfolgreiche und wichtige Produkte, werden in der Priorität nach hinten gestellt. Sonst geht der Fokus weg von den neuen Produkten. Wenn wir ein neues Produkt einführen, liegt der Fokus auf dem Neuen. Nur auf dem Neuen!

S: **Deutschen Unternehmen wird gerne zugeschrieben, dass Sie es nicht gut genug beherrschen, den Markteintritt von Innovationen vorzubereiten. Welche Art von Unternehmen kann das am besten?**

R: Es gibt immer Phasen, in denen Unternehmen für Innovationen stehen und ein selbstverstärkender Effekt eintritt, bei dem jeder nur auf den nächsten Schritt wartet. Das geht eine gewisse Zeit gut. Dann ändert sich der Markt und das Unternehmen reagiert nicht schnell genug. Es gibt wenige, die über lange Zeit Trendsetter geblieben sind. BMW ist so ein Beispiel seit der neuen Klasse in den 1960er und −70erJahren. Es ist ein Unternehmen mit einer langen Historie. Aber die Erfolge der Vergangenheit schützen niemanden vor Fehlern der Zukunft. Dennoch scheint es beispielsweise bei BMW einen guten Prozess zu geben, der über Managementgenerationen hinausgeht. Der Eintritt ins Lifestyle-Segment mit dem MINI etwa war eine gute Entscheidung.

S: **Imponiert Ihnen Red Bull? Ist das innovativ beim Vermarkten?**

R: Eine solche Bewegung um ein singuläres Produkt herum zu schaffen, ist grandios. Technisch gesehen ist es ja eher überschaubar komplex. Damit aber ein solch sagenhaftes Markenimage aufzubauen und aufrechtzuerhalten, ist eine großartige Leistung. Aber auch hier bestand das Erfolgsrezept wieder in mutigen Entscheidungen. Man hätte ja auch weniger für Marketing ausgeben und trotzdem noch gut sein können. Aber hier war die Devise „Think Big", und die Rechnung ist aufgegangen.

N: Sehr. Red Bull ist Weltmeister in der Vermarktung eines Produktes.

P: Bei den Lebenswissenschaften sind wir in einem sehr regulierten Markt tätig, obwohl der Markt der nicht verschreibungspflichtigen Arzneimittel einige Parallelen mit dem Konsumgütermarkt aufweist. Auch hier geht es um die Pflege von Megamarken! Bayer ist hier stark aufgestellt. Wir sind die Nummer zwei in der Welt der nicht verschreibungspflichtigen Arzneimittel. Wir haben die Marke Aspirin, die gibt es seit mehr als 100 Jahren und ist immer noch unser größtes Produkt im Consumer-Geschäft. So ein ehrwürdiges Produkt! Das Produkt hat sich aber verändert, es gibt andere Darreichungsformen und Einsatzgebiete. Früher war Aspirin ein Schmerzprodukt. Auch heute noch! Aber mehr als die Hälfte des heutigen Verbrauchs erfolgt für die Prävention. Auch das hat etwas mit Innovationsmanagement zu tun, das Lebenszyklusmanagement unserer großen Marken. Und da besitzt der Vertrieb eine ausgesprochen wichtige Bedeutung - zukünftig vor allem der Mehrkanalvertrieb.

Innovation im Vertrieb

Insbesondere die Digitalisierung der Kunden- und Wettbewerbslandschaften führt zu (teilweise) disruptiven Weiterentwicklungen der Geschäftsmodelle. Während dieser Umbruch im B2C bereits voll am Laufen ist, beginnt der fundamentale Wandel in der B2B-Landschaft gerade mit großem Nachdruck. Eine solche Digitalisierung der Geschäftsmodelle macht auch vor dem Vertrieb nicht halt. Die Vertriebswertigkeit wird dabei gegenüber dem Produktangebot in vielen Branchen überproportional zunehmen und auch umgekehrt deutlichen Einfluss zurück auf das Produktentwicklungen nehmen.

Den Vertrieb gilt es dabei zukünftig über die traditionellen und die neuen/digitalen Kanäle zu orchestrieren. Dadurch entstehen neue Möglichkeiten für profitables Wachstum. Dies wird aber nur dann gelingen, wenn daraus integrierte Modelle entstehen, in denen sich der Kunde - je nach Präferenz - frei über die Kanäle hinweg bewegen kann (Channel Hopping) und die "Customer Journey" ohne Brüche über die Kanäle hinweg betreut werden kann.

In einem innovativen Leading-Sales-Kreis der Seidenschwarz & Comp. GmbH wurde damit begonnen, den Mehrkanal-Vertrieb auch für den B2B-Bereich aus dem Markt heraus zu entwickeln, zu konzipieren und in Lean-

Start-up-Projekten zu implementieren.[1] Hierbei geht es um die Transformation von lange Zeit außerordentlich erfolgreichen Geschäftsmodellen in eine derzeit von digitalen Regelbrechern dominant beeinflusste Wettbewerbsarena. Dabei erfinden sich die beteiligten Unternehmen neu. Ankerpunkt dieser Transformation ist der Vertrieb – mit fundamentalen Veränderungen in der Vertriebskultur, der Vertriebsführung und der Vertriebssystematik.

Dies lässt sich auch anhand eines hier im Buch genannten Beispiels aus dem B2C-Bereich (siehe Kapitel 6) illustrieren: Dem Beispiel des BMW i3. Dieser wird heute über ein vollumfänglich vernetztes Mehrkanal-Vermarktungsmodell vertrieben. In Deutschland gehören dazu 47 BMW-Partner und -Niederlassungen ebenso wie der online-Auftritt, ein Customer Interaction Center sowie mobile Berater, die zu den Kunden nach Hause oder an den Arbeitsplatz kommen. Dem Vertriebskonzept mit seinem orchestrierten Gesamtvorgehen liegen u. a. mehrere Annahmen zugrunde: Dass sich das Informations-, Auswahl- und Kaufverhalten für diese Art von neuem Mobilitätskonzept fundamental ändern wird und vor allem Digital Natives zukünftig auch Premiumprodukte im Internet kaufen werden; dass für das umfassende innovative Mobilitätskonzept den Interessenten und Kunden speziell ausgebildetes Personal zur Verfügung stehen soll, das sich fachlich mit den neuen Materialien, den neuen Technologien und der gesamten neuen Prozesskette vom Bestellen über das Aufladen bis zum Entsorgen hin auskennt.
Die Idee dazu ist aus dem project i-Kernteam heraus selbst entstanden.
Das Konzept wird demnächst in Europa, Japan und den USA ausgerollt.

© Mit freundlicher Genehmigung der BMW AG.

---

[1] Der Leading-Sales-Kreis ist ein unternehmensübergreifender Think Tank der Seidenschwarz & Comp. GmbH, in dem führende Vertriebsmanager Vertriebs- und Geschäftsmodelle der Zukunft erarbeiten.

S: **Das Kopieren von Produkten ist seit Jahren ein großes Thema. Vor allem chinesische Unternehmen standen hier wiederkehrend im Mittelpunkt der Diskussion. Wie gehen Sie damit um?**

R: Wie im Sport gibt es auch in der Industrie gewisse Spielregeln. Die Eins-zu-eins-Kopie, die suggeriert, man selbst sei der OEM, ist unanständig. „Stolen with pride and added some value" ist dagegen cleveres Weiterentwickeln. Dazwischen gibt es einen Graubereich. Wichtig ist, es den Wettbewerbern nicht zu leicht zu machen. Im Prinzip gibt es dafür zwei Möglichkeiten. Erstens: proaktives Herangehen. Manche unserer Kunden machen das durch Geschwindigkeit, indem sie ihre eigenen Entwicklungszeiten drastisch reduzieren, teilweise um bis zu 40 %, zum Beispiel japanische Kamerahersteller. Da kommen die Copycats nicht hinterher. Zweitens: reaktives Herangehen. Dabei werden Funktionalitäten so gut versteckt, dass das Kopieren nicht so einfach ist. Das wird zwar trotzdem versucht und auch getan – aber der Unterschied zum Original bleibt meist spürbar.

N: Wir als BMW sehen das eher mit Stolz: Kopiert wird nur das wahre Original. Man kopiert nichts Schlechtes, sondern in der Regel das Beste. In China gilt: „Kopiere den Meister" – und je besser ich das kann, desto näher komme ich dem Meister. Bei BMW sehen wir das eher gelassen. Die einzelnen X5-Kopien mit Trommelbremse für 12.000 € haben uns nicht wehgetan. Hier sind sicher auch andere Industrien mehr betroffen, wie Markenkleidung, Uhren etc. Wir sind selbstbewusst genug zu sagen, dass wir unseren Vorsprung halten können.

© Springer Fachmedien Wiesbaden 2015
W. Seidenschwarz et al., *Führend innovieren*,
DOI 10.1007/978-3-658-05468-7_10

P: Das ist natürlich ein Thema. Für uns ist Patentrecht eine Voraussetzung für das
     Geschäftsmodell. Wir müssen für den Schutz von solchen Patenten eintreten,
     wohl wissend, dass es Menschen gibt, die das nicht anerkennen, die Produkte
     kopieren, die gegen diese Rechte verstoßen.

S: **Auch die Chinesen haben in der Zwischenzeit die Patentpolitik entdeckt
     und sich sogar im Spitzenfeld der Patentanmeldungen etabliert. Was
     wird das denn?**

R: Das klingt jetzt vielleicht nach schlechtem Verlierer, aber ein guter Teil die-
     ser Patentpolitik ist Foulspiel: Ich schütte lokale Patentämter mit Patenten in
     Mandarin zu und hoffe, dass irgendwann jemand dagegen verstößt, um ihn zu
     verklagen. Das ist so wie Filibuster. Kein Regelverstoß, aber unanständig. Der
     Substanzteil von Intellectual Property aber ist mehr als willkommen in der
     Welt. Es wäre ein Irrtum zu glauben, dass Chinesen das nicht könnten.

N: Das wird der logische nächste Schritt dort sein: vom Hersteller von Massen-
     ware zum Innovationsland. Die Koreaner haben das ja sehr erfolgreich vorge-
     macht. China will in bestimmten Gebieten zur Weltspitze aufschießen. In der
     Batterietechnik geht man da ja durchaus industriepolitisch weiter und sichert
     sich den Einfluss auf bestimmte Rohstoffe, die für Technologien wichtig sind,
     in denen China seine Chancen sieht. Das ist für uns ein kritischeres Thema als
     das Kopieren. Hier kann BMW sicher nicht alleine vorangehen, Wirtschafts-
     verbände und Politik sind hier gefragt. Aber wenn es um limitierte Rohstoffe
     geht, gilt es hier auch Alternativtechnologien zu entwickeln (z. B. E-Moto-
     ren ohne Magnete, Katalysatoren ohne Platin), damit wir nicht irgendwann
     am Nachschub scheitern. Hier forschen wir intensiv, auch im Verbund mit
     Universitäten.

P: Ja, das stimmt, die haben viele Patentanmeldungen und es ist ganz klar chi-
     nesische Strategie, viele Patente zu schreiben. Das ist auch Regierungsziel.
     Und die schreiben auch alte Patente neu, was gefährlich sein kann, wenn die
     Transparenz nicht gegeben ist und es plötzlich in China für in anderen Län-
     dern durch die Erfinder bereits lange patentierte Produkte oder Verfahren im
     Wesentlichen identische Patente von chinesischen Wettbewerbern gibt. In
     China muss man achtsam sein! Wir haben entsprechende Patentfachleute in
     China, die das beobachten und begleiten. Man muss sich aber auch darüber
     bewusst sein, dass die chinesische Regierung im eigenen Interesse Patente
     schützen will. Der Chef des chinesischen Patentamtes hat das zum Teil hier in
     München beim Europäischen Patentamt gelernt. Wir haben auch vor einigen
     Jahren einen Patentlehrstuhl an der Tongji-Universität eingerichtet, der sehr
     viel Mitarbeit leistet, was Entwicklung und Patentschutz in China anbelangt.

Trotzdem gibt es noch Plagiate. Darauf muss man sich einstellen und dafür sorgen, dass man rechtlich seine Produkte und Prozesse schützt. Aber man muss auch nach innovativeren Wegen suchen, sich zu schützen. Patente sind ein wichtiges, aber eben nur eines von vielen Mitteln dafür.

S: **Welche Schutzpolitik, glauben Sie, wird in Zukunft die richtige sein?**

N: Da wird man die komplette Klaviatur aus Innovations- und Patentpolitik spielen müssen. Manchmal muss man der erste sein, aber USPs haben heute schon eine immer geringere Haltbarkeit – in der Consumer-Elektronik ist man da schon fast im Monatsbereich, der unterscheidet, ob man erfolgreich ist oder als Follower nicht einmal seine Investition zurückbekommt. Bei der Intellectual Property (IP) muss man sehr selektiv vorgehen, weil weltweiter Schutz ja teuer ist. Das wird in den nächsten Jahren eine große Aufgabe bleiben.

Letztlich wird das Thema „Branding" und „Mit Innovationen schneller sein" Europas große Chance sein – und vielleicht auch die einzige Überlebenschance. Wir müssen da genau auf das Umfeld schauen. Und unsere Innovationskultur weiterentwickeln, ausbauen, pflegen.

P: Indem man dafür sorgt, dass interne Informationen, die intern bleiben müssen, auch intern bleiben. Natürlich müssen wir Sachen nach außen offenlegen. Das tun wir auch. Aber es gibt ja begleitende Informationen, so etwas wie Firmen-Know-how in der Produktion u. Ä. Da muss man natürlich dafür sorgen, dass die geschützt bleiben und da muss man Systeme in der Firma etablieren, die das sicherstellen.

R: Es wird weiter sehr wichtig sein, die Golden Nuggets zu identifizieren und weniger mit der Schrotflinte vorzugehen. Präzise IP-Arbeit, angefangen beim Demand bis hin zur bewussten Entscheidung, was ich wo in welcher Granularität anmelde. Auch die Applikationspatente sollten nicht vernachlässigt werden. In diesem Dreieck muss man sich bestmöglich bewegen. Und aus Fehlern lernen. Siemens hatte zum Beispiel ein Robotikpatent eingeschränkt auf industrielle Anwendungen, sodass wir kein Recht auf OP-Roboter haben. Wenn man den Nebensatz weggelassen hätte, wäre es besser gewesen. Das zeigt, dass schon kleine Nachlässigkeiten bei der Formulierung große Wirkung haben können.

S: **Die gute Nachricht zu den „Golden Nuggets" ist, dass auch der Gold Rush in Kalifornien im Sägewerk eines Deutschen begonnen hat...**

Woher kommt der Nachwuchs?

S: Wo hat Deutschland – im internationalen Vergleich – den größten Nach-
holbedarf beim Thema „Vorbereiten späterer Innovatoren", aus der
Schule, aus der Universität, aus der Weiterbildung heraus? Und was läuft
schon sehr gut?

N: Ich versuche mit einem Beispiel zu beginnen: Wir haben die universitäre Landschaft weltweit in den letzten Jahren gescannt und haben uns da nicht nur die
Universitäten im Ganzen, sondern im Wesentlichen vor allem die Lehrstühle
angeschaut, um zu ermitteln, welche Lehrstühle an welchen Universitäten für
uns hochinteressant sind. Wo bildet welcher Lehrstuhl an welcher Universität weltweit derzeit anerkanntermaßen am besten aus und wo gehen auch die
High Potentials hin? Die Studenten wissen ja, welche Universitäten besondere Klasse haben und wo internationale Möglichkeiten gut sind. Wir wissen
sehr genau, welche Qualifikationen wir an welchen Lehrstühlen bekommen.
Mit ausgewählten internationalen Universitäten haben wir strategische Partnerschaften gegründet, dort vergeben wir gezielt Forschungsaufträge bzw.
finanzieren Lehrstühle. Darüber hinaus pflegen wir ein umfangreiches Dokto-
randennetzwerk, hier werden wichtige Forschungsthemen von BMW-Doktoranden bearbeitet. Nach Abschluss bekommen über 80 % eine Festanstellung
bei BMW.

P: Wir machen das bei Chemieingenieuren in einer ähnlichen Art und Weise.
Wir arbeiten mit ein paar exzellenten Hochschulen zusammen, mit denen
wir Kooperationsprojekte haben. Und dort rekrutieren wir auch die meisten
Ingenieure. Bei den Chemikern ist das ähnlich. Da gibt es bei Bayer schon
„ewig" die sogenannten Doktorandenkurse. Daran nehmen fähige junge Wis-

© Springer Fachmedien Wiesbaden 2015
W. Seidenschwarz et al., *Führend innovieren*,
DOI 10.1007/978-3-658-05468-7_11

senschaftler von hervorragenden Forschungsgruppen teil, die wir natürlich kennen. In den letzten Jahren haben wir darüber hinaus noch etwas anderes forciert: Es gibt ja viele Chemiker und Biologen, deren Zuhause in Deutschland ist, die aber in den USA arbeiten und gerne mal wieder zurück wollen, um bei so einem Unternehmen wie unserem zu arbeiten.

In der Regel sind sie in die USA gekommen, weil sie hervorragend sind. Sie wurden gesponsert und arbeiten dann bei hervorragenden Instituten. Für diese Kollegen veranstalten wir einen Workshop, speziell in den USA. Das haben wir jetzt für Chemiker gemacht und das fangen wir jetzt auch für Biologen an. Die Zielsetzung ist – wie bei BMW –, dass wir Mitarbeiter rekrutieren, die gut mit Forschungsorganisationen vernetzt sind, die neue Ideen mitbringen und die natürlich qualitativ auf einem sehr hohen Niveau liegen. Wir wollen nur die besten Leute. Aber mit Ecken und Kanten. Und die bekommen wir auch in der Regel.

R: Zweigeteilte Antwort: Zum einen pflegen wir ganz bewusst die Zusammenarbeit mit standortnahen Universitäten, auch wenn diese vielleicht nicht in allen Themen international an der Spitze stehen. Aber durch diese Kooperationen kennen wir dort die besten Exekutoren, die häufig heimatverbunden sind und sich daher nicht unbedingt von noch so spannenden Forschungsprojekten anderswo locken lassen. Das schafft Stabilität. Die Ostbayerische Technische Hochschule Amberg-Weiden ist ein gutes Beispiel dafür: Wir bekommen von dort gute Mitarbeiter, die gerne in unserem Werk in Amberg arbeiten, nur selten zu Wettbewerbern wechseln und aufgrund ihrer Herkunft oder Heimatverbundenheit nicht unbedingt ans Massachusetts Institute of Technology (MIT) drängen, aber trotzdem ausgezeichnet sind. Diese Offenheit wollen wir ganz bewusst, denn viele unserer Top-Innovatoren sind Leute, die an einer deutschen Fachhochschule standortnah studiert haben.

Zum anderen besitzen wir natürlich auch einen globalen Exzellenzanspruch und haben uns – ähnlich wie Bayer und BWW – mit einer Reihe von Universitäten verbunden, die aus wissenschaftlicher Sicht zur Crème de la Crème der weltweit besten Hochschulen zählen. In Deutschland gehören beispielsweise die TU München und die RWTH Aachen dazu. Diese Universitäten spielen in mehr als einem Arbeitsfeld für uns eine herausragende Rolle.

Darüber hinaus gibt es Spezialisten-Universitäten, die in bestimmten Themen hervorragend sind, etwa in der Medizintechnik, und daher nur für einzelne unserer Geschäfte relevant sind. Mit diesen definieren wir Projekte zusammen, entsenden Mitarbeiter, damit diese sich auf den neuesten Stand der Forschung bringen können und werben dort auch um neue Mitarbeiter. Das ergibt eine extrem enge Zusammenarbeit – mit den Besten und zwischen den Besten, sodass im schönsten Fall nicht mehr zu unterscheiden ist, wer in einem Projekt einen Siemens-Arbeitsvertrag und wer einen Arbeitsvertrag mit der Universität hat. Geld spielt dabei natürlich eine Rolle. Das geht aber auch stark mit Verlässlichkeit einher – Siemens hat einen exzellenten Ruf als Arbeitgeber unter jungen Ingenieuren. In Deutschland haben wir darüber hinaus sogenannte SFBs gegründet. Das kennen die Universitäten alle als Sonderforschungsbereich. Bei uns steht das Akronym für Siemens-Forschungsbereich, der wie ein klassischer SFB funktioniert, ähnlich dotiert ist und auch entsprechend attraktiv ist. Aber in unserer Variante muss man Siemens überzeugen, mit einem ein Projekt über fünf Jahre zu machen.

In den USA oder China funktioniert das etwas anders. Dort arbeiten wir zum Beispiel mit der Tongji University in Shanghai zusammen. Insgesamt ist ein globales Portfolio von Universitäten für uns bedeutend.

Es geht aber nicht nur um die Top-Leute, die genialen Vordenker, die man ohne Frage braucht, sondern auch um Exekutoren, die Dinge ordentlich, sorgfältig und mit Detailliebe zu Ende bringen.

N: Es ist absolut wichtig, dass man am Standort auch Flagge zeigt als Unternehmen. Ein Thema, das uns noch sehr viel bedeutet, ist die frühzeitige Bindung der Doktoranden an BMW. Ich bin Mentor der Doktoranden bei BMW. Wir haben ca. 400 Doktoranden. Davon haben 50 % einen BMW-Doktorandenvertrag, mit der guten Aussicht einer Übernahme nach der Promotion. Das ist ein gewisses Asset für sehr viele, bedeutet aber natürlich auch, dass wir uns die Doktoranden im Vorfeld sehr gründlich aussuchen. Früher geschah das eher nach dem Zufallsprinzip. Man hatte eine Doktorarbeit ausgeschrieben. Dann hatte sich jemand beworben, sich einen Doktorvater gesucht und dann hat man versucht, das einigermaßen hinzubekommen. So leicht geht der Weg nicht mehr, weil wir mit einer Einstellung als Doktorand bei BMW heute den Eignungstest eigentlich schon im Vorfeld durchführen.

P: Wenn wir Mitarbeiter rekrutieren, Chemiker, Biologen, Mediziner, Pharmakologen usw., dann rekrutieren wir die gleich „in die Geschäfte hinein". Aber wenn wir Ingenieure einstellen, rekrutieren wir die in der Regel über „eine" unserer Firmen, Bayer Technology Services, eine Engineering-Firma. Die Kollegen dort bauen Anlagen, haben Technologieplattformen für Sicherheitsverfahren, die Instandhaltung usw. und betreiben eigene Technologieentwicklung. Alles, was mit Produktion, Produktionsumfeld oder Technologieservice für Forschungseinheiten zu tun hat, hat Bayer Technology Services unter einem Dach. Und die Ingenieure, die gehen lieber zu dieser Firma als direkt in irgendeinen Produktionsbereich hinein. Weil das noch näher an ihrer Erfah-

rung aus dem Studium ist. Da bekommen wir die Leute leichter ins Unternehmen. Und wir können die Neuankömmlinge exzellent über Projekte, die diese
Engineering-Firma mit den einzelnen Teilbereichen macht, an unser Geschäft
heranführen. Die neuen Kollegen werden praktisch ausgebildet und dann als
schon erfahrene Ingenieure in die Teilbereiche hinein transferiert. Das hat sich
bei uns exzellent bewährt.

S: **Wenn heute junge Leute zu Ihnen ins Unternehmen kommen, was erwar-
     ten Sie sich von ihnen?**
R: Meistens sind die für uns ja keine Wundertüten, sondern wir kennen die Jung-
     ingenieure und Jungakademiker bereits, weil wir vor der Einstellung schon
     irgendwie mal in Kontakt waren: Die haben bei uns ein Praktikum gemacht
     oder eine Masterarbeit geschrieben. Durch drei Gespräche à 45 Minuten fest-
     stellen zu wollen, ob sie oder er zu uns passt, ist ein absoluter Ausnahmefall.
     Der Regelfall ist auf allen Qualifikationsstufen – vom Postdoc aus Stanford
     oder München genauso wie vom Absolventen aus Tongji oder aus Amberg:
     Irgendwo haben wir ihn oder sie schon einmal im Unternehmen gehabt,
     idealerweise sogar dort, wo er oder sie anfangen soll. Und aus der frühen
     Zusammenarbeit heraus erkennt man schon sehr gut, welchen Charakter ein
     Bewerber hat, wie er mit anderen zusammenarbeitet, wie er denkt und ob er
     sich vielleicht fürchtet, in einen Flieger nach Nanjing zu steigen oder sich eher
     darauf freut. All das können wir vorher klären – teilweise Monate im Voraus,
     sodass sich keiner verstellen kann. Das reduziert das Risiko enorm, dass ein
     Kandidat im Gespräch etwas vorspielt.
N: Ergänzend vielleicht noch ein Punkt, warum Unternehmen so massiv darauf
     aus sind, zu den besten Arbeitgebern in der jeweiligen Branche zu gehören.
     Weil wir damit eigentlich immer deutlich mehr gute Bewerber haben als wir
     einstellen und übernehmen können. Diejenigen, mit denen wir vorher nie
     Kontakt hatten, müssen schon etwas Besonderes in der Bewerbung haben, um
     wahrgenommen und eingeladen zu werden.
        Es sei denn, es handelt sich um absolute Spezialisten.
S: Das ist bei Bayer identisch?
P: Ja, das ist bei uns auch so. Wir sind der beliebteste Arbeitgeber für Naturwis-
     senschaftler in Deutschland nach den Max-Planck- und Fraunhofer-Instituten.
     Das hilft natürlich.
R: Stimmt. Auch Siemens ist in den Rankings immer oben mit dabei. Bei den
     Ingenieuren und Naturwissenschaftlern – meist knapp hinter den Automobi-
     listen, aber auch bei den Wirtschaftswissenschaftlern gelten wir als einer der
     beliebtesten Arbeitgeber.

S: Kurze Frage zum Thema „Schulen", weil in der Vorwärtsbewegung natürlich die Schulen auch relevanter werden: Es gibt zum Beispiel von der Technischen Universität München das sogenannte TUM-Kolleg, wo naturwissenschaftlich interessierte und besonders begabte Schülerinnen und Schüler von der 11. Klasse am Gymnasium ab bereits einen Tag in der Woche an der Universität verbringen und da an die technischen Fächer herangeführt werden – wenn sie geeignet und interessiert daran sind. Was wären Ihre zwei wichtigsten Wünsche, die Sie an die Schulen hätten?

R: Beginn ab achter Klasse, nicht erst ab der elften! Das TUM-Kolleg ist eine tolle Sache. Das ist für die Besten. Aber das sollte oder muss sogar schon viel früher passieren. Es sollte möglich sein, wenn junge Menschen noch offen sind, und diese Offenheit ist in der achten oder neunten Klasse stärker ausgeprägt als kurz vor dem Abitur.

P: Ich bin der gleichen Meinung: Früher den Kindern die Lust an den Naturwissenschaften vermitteln können als bisher, aber nicht zielgerichteter! Wir hatten jetzt bei unserer 150-Jahr-Feier Bayer eine Veranstaltung mit ganz vielen Honoratioren aus Politik und Wirtschaft. Und dann hatten wir noch eine junge Forscherin eingeladen – statt eines etablierten Forschers! Diese junge Frau hat eine besondere Rede gehalten. Sie hat über den Reiz des Forschens gesprochen und wie sie als Mensch dazu gekommen ist. Durch Ausprobieren – nicht zielgerichtet –, getrieben durch reine Neugier, nicht reglementiert. Am Schluss hat sie dann gesagt, dass es die Möglichkeit zum Ausprobieren eigentlich häufiger und schon viel früher geben müsste, vor allem in der Schule und um die Schule herum. Einfach ausprobieren! Experimentieren! Dann kommen die Fragen von selbst: Wie funktioniert das, was ich beobachtet habe? Und das Interesse an Naturwissenschaften wird dadurch nachhaltig stimuliert!
       Das ist heute nicht der Fall. Da wird zu stark reglementiert. Der spielerische Umgang mit den Naturwissenschaften kommt zu kurz. So wird das nichts.

N: Es ist wichtig, den jungen Leuten das Thema „Technik" schmackhaft zu machen. Natur- und Ingenieurwissenschaften müssen wieder „in" werden. In den Schulen und Familien wird der Samen gesät. Hier sollte die Lehramtsausbildung reformiert werden, denn was ich selbst nie erfahren habe, kann ich mit Begeisterung nicht weitergeben. Nur so lassen sich Innovationen – echte High-End-Innovationen – wieder vorbereiten.

P: Na klar, das ist eine Frage der Kultur, was ist wichtig in der Schule? Bei mir war es genauso, Naturwissenschaften waren doch nicht wichtig, gebildet sein war anders besetzt.

S: **Wann entstand Ihr Interesse an den Naturwissenschaften?**

P: Das ist schon dort entstanden, aber nur durch ein, zwei Lehrer. Schulkulturell war das eigentlich irrelevant. Daran ist man nicht mit anderen gemessen worden. Wenn man mit anderen zusammen war oder mal zeigen musste, wie intelligent man ist oder nicht, musste man schon über andere Sachen zu reden wissen: Politik, Musik, Sprache, Kunst.

R: Ich hatte Latein- und Chemieleistungskurse absolviert, das hatte mit Chemieingenieur- oder Maschinenbaustudium erst einmal gar nichts zu tun. Ich war zwar technikaffin. Aber Technik und Schule waren völlig unterschiedliche Welten. Technik besaß leider keine Relevanz in der Schule.

P: Das sehen Sie auch an solchen Aktivitäten wie „Jugend forscht". Das lebt durch die Lehrer in diesen Schulen, aber es lebt nicht durch unser Schulsystem.

R: Das geht schon bei den Schulbüchern los. Ich habe das bayerische Schulwesen als Vater jetzt zweimal durchlebt. Dabei durfte ich erfahren, wie die Lebenswirklichkeit des Industriestandortes Deutschland in den Schulbüchern präsentiert wird. Da ist immer noch vom Schreiner, Schuster und Metzger die Rede. Sicher alles sehr ehrenhafte Berufe. Aber die Lebenswirklichkeit eines Industrielandes kommt in unseren Schulbüchern schlichtweg nicht vor – beginnend bei den Textaufgaben der siebten Klasse im Mathematikunterricht.

Innovationen ohne Grenzen?

12

S: **Innovieren bedeutet auch, gesellschaftliche Verantwortung für das Aufsetzen fundamentaler Veränderungen zu übernehmen – gerade wenn man in Grenzbereiche vordringt, die fundamentale ethische Fragen hervorrufen.**

P: Unsere gesellschaftliche Aufgabe ist es, Produkte anzubieten, die dem Leitbild „Science for a better Life" gerecht werden. Wissenschaft zum Nutzen der Menschen einzusetzen!? Da scheiden sich aber manchmal die Geister.

S: **In der Automobilindustrie gibt es das Thema „Energieeffizienz", das auch stark an Bedeutung gewonnen hat. Ist das ein Wert? Wie trägt er sich ins Unternehmen stärker rein? Ist das etwas, das früher unüblicher war? Ist das eine Diskussion, die man führt?**

N: Die Energieeffizienz geht ja einher mit dem Thema „Nachhaltigkeit" – letztendlich etwas für die Umwelt tun. Ich glaube, kein Unternehmen kann es sich heute mehr leisten, das Thema zu ignorieren. Die Automobilindustrie steht hier besonders im Fokus. Bei BMW ist nachhaltiges Handeln und Wirtschaften fest in den Grundwerten und Grundüberzeugungen verwurzelt. Wir sind seit neun Jahren führend beim Global Sustainability Award, davon achtmal in Folge als Gewinner in unserer Branche. Die Verantwortung nachhaltig zu agieren betrifft jeden Mitarbeiter.

R: Wir versuchen ganz bewusst, das Thema breiter aufzuspannen, aus unterschiedlichen Perspektiven heraus. Ich fange mal mit dem unpopulärsten an. Unser wirtschaftlicher Erfolg ist für uns eine gesellschaftliche Verantwortung, weil 370.000 Leute direkt und noch einmal mehr als doppelt so viele in den

© Springer Fachmedien Wiesbaden 2015
W. Seidenschwarz et al., *Führend innovieren*,
DOI 10.1007/978-3-658-05468-7_12

Familien mittelbar davon wirtschaftlich abhängig sind. Deshalb ist für uns auch wirtschaftlicher Erfolg ein Beitrag zur gesellschaftlichen Verantwortung. Ein wesentlicher Teil unserer gesellschaftlichen Verantwortung besteht aber auch im Thema „Ressourceneffizienz". Das schlägt bei uns in zweifacher Hinsicht durch: einmal in unseren eigenen Abläufen, also in unseren eigenen Fabriken. Wir haben 300 Werke und wissen, was Produktion bedeutet. Da kommt die ganze Palette, die Fritz Nitschke schon genannt hat, mit ins Spiel. Aber wir haben natürlich auch jede Menge Produkte, mit denen wir unseren Kunden helfen, Energieeffizienz neu zu definieren. Heute wird eine Lackieranlage einfach anders gesteuert als vor zehn Jahren, als Energieeffizienz nicht die oberste Priorität hatte. Heute ist es ein zumindest gleichwertiges Designkriterium, wenn die Anlage konzipiert wird. Das ist der Ressourcenteil.

Der Teil, der eher in die Rubrik Good Corporate Citizen fällt, reicht vom Kultursponsoring an unseren Standorten bis dahin, dass wir unsere Stimme erheben, wenn wir Fehlentwicklungen sehen – zum Beispiel, wenn für die Energiewende in Deutschland ein Scheck über 200 plus X Mrd, Euro ausgestellt wird, das X aber nicht zu Ende gedacht ist. Das ist etwas, das wir im Vorstand sehr intensiv diskutiert haben. Hier sehen wir als Unternehmen etwas, das gesellschaftspolitisch nicht rund läuft und das wir zumindest transparent machen wollen. Es kann ja in einer Demokratie dann immer noch eine politisch tragbare Entscheidung sein, es trotzdem zu machen. Dann akzeptieren wir das natürlich. Wir sind aber auch aus manchen Themen ausgestiegen, die technologisch und gesellschaftlich wertvoll sind, bei denen wir den wirtschaftlichen Erfolg aber nicht mehr sahen – diese unternehmerische Freiheit muss dann auf der anderen Seite auch sein.

P: Da gibt es ein schönes Beispiel aus dem Arzneimittelbereich, die Antibiotikatherapie. Wir haben hier eine ganz große Geschichte; seit den 30er Jahren des letzten Jahrhunderts hat Bayer Antibiotikaforschung betrieben. Vor circa zehn Jahren haben wir die Forschung eingestellt. Der Grund war, dass mit einem vertretbaren Aufwand keine großen Innovationssprünge zu erreichen waren. Andere Firmen sind dann auch ausgestiegen, aber auch aus kommerziellen Gründen, weil im Antibiotikamarkt nur sehr niedrige Preise erzielt werden und neue Antibiotika nicht breit eingesetzt werden können, um Resistenzen zu verhindern. Ein vernünftiges Prinzip, das wir unterstützen und auch schon sehr lange aktiv propagieren. Aber das führt dazu, dass jede Neuentwicklung eines Antibiotikums in der Regel wirtschaftlich gar nicht darstellbar ist. Deswegen haben wir auch jetzt die beklagte Misere, dass es zu wenige neue Antibiotika gibt – obwohl jeder mit einem kleinen Innovationssprung zufrieden wäre. Sonst ist die Zufriedenheit mit Innovationssprüngen bei Arzneimittel ja klein. Bei Antibiotika wäre aber jeder mit wenig, einfach einem neuen, sicheren Wirkstoff, zufrieden, einfach, um etwas in Reserve zu haben und was im Fall von Resistenzen eingesetzt werden kann. Das kann aber nur geschehen, wenn sich gesellschaftlich etwas ändert, wenn Überwachungsbehörden, wenn die Politik sagt, „Wir brauchen das."! Die Arzneimittelhersteller würden das gerne entwickeln, aber wir müssen die Rahmenbedingungen ändern, damit wir so etwas wirtschaftlich tragbar entwickeln können. Wir sind Unternehmen. Wir fühlen uns gesellschaftlich verpflichtet, neue wirksame, sichere Arzneimittel zu entwickeln. Das ist unsere gesellschaftliche Aufgabe. So sehen wir uns auch. Es ist nicht der schnöde Mammon, der uns treibt. Aber wir sind Industrieunternehmen, die verpflichtet sind Geld zu erwirtschaften. Diesen Kontext müssen die Gesellschaft und die wichtigen politischen Träger verstehen. Da tut sich im Augenblick auch etwas in diesem Bereich. Ich glaube, dass sich die Rahmenbedingungen ändern und weiterentwickeln werden. Im Sinne der Patienten.

S: **Das heißt eigentlich, dass der Dialog und die Kommunikation über den Wert von Innovation, über den Wert von Technologien, auch über den Wert von Technologiefirmen zwischen Wirtschaft, Politik, Ausbildungsinstitutionen und der Gesellschaft insgesamt eigentlich nicht nur zu wenig ist, sondern eigentlich fast nicht existiert. Wenn ich diese Kommunikation nicht habe, dann kann ich diese Themen ja fast auch gar nicht diskutieren.**

R: Die Logik kann nur heißen, dass Technologiebewertung vielschichtig ist. Ihr Beispiel, Herr Plischke, ist da exzellent, weil man Technologie ja auch bewerten muss. Und wenn man sich um die Bewertung von Technologie als grundsätzlich erst einmal positiv bemüht, dann strahlt das auch zurück auf die Unternehmen, Institutionen und Menschen, die Technologie nach vorne tragen. Ich würde mit der Positivbewertung von Technologieunternehmen als logische Folge daraus anfangen. Wenn ich Innovation will, muss ich Menschen haben, die Innovationen hervorbringen. Bei der Komplexität von Innovation heute ist das auch nicht mehr der einsame Daniel Düsentrieb in seiner Garage, sondern es braucht Unternehmen oder Strukturen, um diese Komplexität hantieren zu können. Wenn wir da die Nadel nur ein bisschen in Richtung „positiv" verschieben könnten, hätten wir schon viel erreicht.

S: **Aber ich muss es selbst tun, um es verantwortungsvoll tun zu können. Wenn ich's nicht tue, dann schaue ich den anderen zu, wie sie handeln.**

N: Diese Wirkzusammenhänge einfach mal aufzeigen, darum geht es.

R: Und das Ganze einfach ein bisschen positiver besetzen. Wenn man sich heute zum Beispiel als Unternehmen an Schulen engagieren will, dann passieren schon überraschende Dinge – wie z. B. einem Energieversorger in Berlin. Das Unternehmen hatte einen alten Doppeldeckerbus hergerichtet und wollte damit Schulen abfahren und den Schülern das Thema „Technologie und Energie" näherbringen. „Tolle Sache", würden wir denken, oder? Das sahen Pädagogen und Politiker offenbar anders, die eine „Kommerzialisierung des Lehrbetriebs" sahen und gegen das Projekt protestierten. Das Resultat: Die Aktion wurde gleich wieder eingestellt. Es gab dadurch nur Verlierer. Das zeigt in meinen Augen sehr gut die bedenkliche negative Grundhaltung gegenüber Technologie und Technologieunternehmen in manchen Teilen unserer Gesellschaft.

S: **Dann versuchen wir das mal in einen positiven Zusammenhang zu bringen.**

N: Wir in Deutschland hängen mit unserem Lebensstandard am „Tropf von Innovationen".

P: Das ist ja auch das Boot, in dem wir alle drin sitzen. Was würden wir denn ohne Innovationen machen?

Epilog

13

Während der Zeit des Entstehens dieses Buches ist jede Menge passiert. Großunternehmen wurden re-organisiert, Start-ups ins Leben gerufen, nach vielen Jahren, in denen Methoden und Techniken weniger Beachtung fanden, hat eine Renaissance des Einsatzes von Instrumenten begonnen, in deren Mittelpunkt sowohl die Weiterentwicklung von Methoden und Techniken als auch deren Anwendung steht. Die Erwartungen an die Unternehmen nach berechenbaren und vorhersagbaren Ergebnissen im Innovationsmanagement sind gestiegen …, im ein oder anderen Falle fast schon etwas „planwirtschaftlich" anmutend, das „Tuning der Hamsterräder" lässt weniger Spielraum für Strategien und Innovationen, obwohl um uns herum in der Gesellschaft, den Branchen, Technologien und im Zusammenleben derzeit mehr passiert als jemals zuvor.

Diejenigen, die Spaß am Innovieren und Entwickeln von Neuem haben, können damit umgehen. Und drei solcher Persönlichkeiten haben ihre Meinungsbilder zum „Führend innovieren" in diesem Buch offengelegt. Sie haben einen Einblick gegeben, wie sie innovative Unternehmen führen. Mit Beispielen aus ihren Unternehmen haben sie auch einen Eindruck vermittelt, mit welchen Herausforderungen solche nachhaltig erfolgreichen Unternehmen sich über die Jahre und über die Welt hinweg auseinanderzusetzen haben. Und sie haben gezeigt, wie facettenreich und mit welchem Tiefgang der alltägliche Führungsprozess „aufgeladen" ist.

Innovieren ist kurzweilig. *Führend* innovieren zu können ist ein Privileg, das es gilt, sich jeden Tag neu zu erarbeiten. Dazu bedarf es eines starken Willens zu ständiger Erneuerung. Dieses Buch soll dazu die ein oder andere Anregung liefern. Führen heißt Orientierung zu geben, Konsens zu schaffen, andere zu ermutigen

© Springer Fachmedien Wiesbaden 2015
W. Seidenschwarz et al., *Führend innovieren*,
DOI 10.1007/978-3-658-05468-7_13

und ihnen zu helfen, sich zu entwickeln, im richtigen Moment Entscheidungen zu treffen und positive Energie zu versprühen.

Es liegt in unserer Hand, führend zu innovieren.

Prof. Dr. Werner Seidenschwarz

The manufacturer's authorised representative in the EU is Springer
Nature Customer Service Centre GmbH, Europaplatz 3, 69115 Heidelberg,
Germany. If you have any concerns regarding our products, please
contact ProductSafety@springernature.com

Printed and bound by CPI Group (UK) Ltd, Croydon, CR0 4YY

27/04/2026

02097649-0002